刘晋◎著

马克思工资理论及其
当代价值研究

黑龙江人民出版社

图书在版编目（CIP）数据

马克思工资理论及其当代价值研究/刘晋著. —哈
尔滨:黑龙江人民出版社,2018.12（2021.3重印）
ISBN 978 - 7 - 207 - 11569 - 0

Ⅰ.①马…　Ⅱ.①刘…　Ⅲ.①马克思主义—工资—经
济理论—研究　Ⅳ.①A811.66

中国版本图书馆 CIP 数据核字（2018）第 297013 号

责任编辑：李　珊
封面设计：王　刚

马克思工资理论及其当代价值研究

刘晋　著

出版发行　黑龙江人民出版社
　　　　　地址　哈尔滨市南岗区宣庆小区 1 号楼（150008）
　　　　　网址　www.hljrmcbs.com
印　　刷　三河市华东印刷有限公司
开　　本　787 mm×1 092 mm　1/16
印　　张　14.5
字　　数　250 千字
版次印次　2018 年 12 月第 1 版　　2021 年 3 月第 2 次印刷
书　　号　ISBN 978 - 7 - 207 - 11569 - 0
定　　价　42.00 元

前　　言

在市场经济条件下,工资是劳动者收入的主要形式,也是调节收入分配关系的重要目标,关乎民生大事。改革开放以来,我国经济社会发展取得巨大成就,然而伴随经济的增长而带来的收入分配不平等问题却十分突出,集中表现为劳动收入在国民收入分配中所占比重的下降,区域、行业、群体间收入差距的不断扩大。收入分配承载着人们对民生的期待,关系着改革发展全局的稳定与人民群众的切身利益,需要引起我们足够的重视。

马克思工资理论是马克思政治经济学剩余价值理论的重要组成部分,该理论从无产阶级的立场出发,以消除社会两极分化、实现人的平等与全面的发展为其理论价值归宿,并对市场经济条件下工资的本质、变动及其与宏观经济运行的关系都做了深刻的阐释。因此,马克思的工资理论对于我国当前的工资与收入分配制度改革,乃至和谐劳动关系的构建都具有重要的理论与现实指导意义。本书以马克思工资理论的形成及其对于中国当前工资及收入分配问题的理论指导为主线,总体上运用辩证法,并具体运用比较分析、理论分析与历史研究相结合、定性分析与定量分析相结合等具体研究方法,从思想史的角度,系统、深入地研究和探讨了马克思工资理论的基本原理及其对于中国工资及收入分配制度改革的指导意义,对理论与实际相结合的问题做了较深入的探讨。

本书主要是从三部分展开研究:

第一部分是关于马克思工资理论历史渊源、基本内容及理论特征的研究。该部分通过对马克思工资理论的思想来源、主要内容及相关部分进行系统的考察,认识到马克思工资理论是马克思、恩格斯在批判地继承和发展古典政治经济学工资理论以及劳动价值理论的基础上发展起来的,并认为该理论与马克思政治经济学的其他理论一样,具有开放和不断发展的理论特点。第一部分在系统总结马克思工资理论确立过程的同时,也概括和分析了马克思工资理论的阶级性、历史性及科学性特征,为本书其他部分的分析奠定理论基础。

第二部分通过进行马克思工资理论与西方经济学工资理论的比较研究，进一步展示了马克思工资理论所体现的唯物主义历史观和无产阶级立场。首先，对西方经济学工资理论的基本内涵进行理论考察。其次，将马克思工资理论与西方经济学工资理论从研究方法、研究目的以及理论基础等方面进行了比较，挖掘两大理论体系的不同之处，并找寻其相同点。进行比较的目的在于通过对比深化对马克思工资理论的认识，并突出马克思工资理论所具有的无产阶级立场和观点，同时工资的比较分析也强调了马克思工资理论的本质。

第三部分是关于中国工资与收入分配制度现状的考察，并分析马克思工资理论对于当今中国工资与收入分配制度改革的指导意义。首先，结合中国经济的双重转轨，即由农业社会向工业社会、由计划经济体制向市场经济体制转轨的时代背景，考察在这期间工资制度以及收入分配制度的改革与变迁，分析在当今形势下工资及收入分配领域存在的弊端与问题。其次，从马克思工资理论出发论证其对于我国工资及收入分配制度改革所具有的独特的理论指导价值。第三部分的内容强调马克思工资理论的现实意义。

本书的结论主要是：马克思剩余价值视角下的工资理论从无产阶级及人民大众的立场出发，以促进社会生产力发展及实现社会和谐公正为目标，对工资的本质、形式及变化进行了系统的阐述，该理论对社会主义市场经济条件下工资及收入分配制度的改革具有重要的理论和现实的指导意义。

目　　录

第一章　引　　言

第一节　问题的提出及研究意义

一、问题的提出

我国现阶段的工资问题,既关乎居民的切身利益,更关切着经济、社会发展的重大理论与实践。改革开放四十年来,我国经历了由计划经济体制向市场经济体制的改革和跨越,经济建设取得巨大成就,人民生活水平得到极大提高,居民收入也得到显著增长。然而在这种持续增长的背后,不同群体对于社会经济发展成果的分享却存在巨大差异,居民收入差距明显拉大,居民收入在国民收入中所占比重也不断降低,国民收入初次分配领域存在着向政府和企业倾斜的现象,多种形式的权力寻租问题和垄断问题,也成为实现公平的资源分配和收入分配的重要障碍。收入分配承载着人们对民生的期待,关系改革发展全局的稳定。居民劳动报酬的不断降低和收入差距的扩大,也将影响人们组织生产的积极性并埋下社会矛盾的隐患,威胁社会的稳定和经济的发展。在这种情况下,在宏观领域优化国民收入分配格局、提高劳动报酬在国民收入中的比重,在微观领域实行积极的工资政策、建立工资正常增长的机制被摆上了重要的位置。积极的工资政策的实施将有效缓解收入分配领域存在的矛盾,并对于提升人们的心理预期和维护稳定的社会环境起到重要作用。那么,积极的工资政策的内容是什么? 如何建立积极的工资政策以缓解我国目前收入差距扩大的趋势? 如何建立中国特色的收入分配体系? 这些都需要我们从理论上展开思考。

古往今来,关于工资理论的研究一直是经济学研究所必涉及的重要内容之一。其中既有建立在效用、边际和均衡分析的基础的西方经济学工资理论,又有建立在劳动力价值理论基础之上、以唯物史观和唯物辩证法为指导的马克思工资理论。西方经济学工资理论大多采用逻辑实证的数理研究方法,研究私人生产领域的利润最大化问题,其所提出的一些工资管理的方法可以为我国的工资改革路径提供思路指导,由于受西方经济学家阶级性的制约，他们是从维护资产阶级利益的立场出发对工资展开表面和形式上的研究，并没有触及工资的本质。鉴于我国所处的社会主义初级阶段的独特国情以及市场化改革的方向，改革工资制度、调节收入分配不能仅仅依靠借鉴西方经济学工资理论的某些具体措施，而应该从指导思想上、从阶级立场上坚持马克思工资理论的指导地位。马克思工资理论既具有鲜明的无产阶级立场，也体现了对于劳动者的人文关怀。政治立场决定思想的指向与行动的方向，我们应以马克思工资理论所主张的基本原理与基本方法作为分析我国现实问题的理论基石，从人民群众的立场出发，以人为本，构建为人民利益服务的工资与收入分配制度体系。同时，我们还应根据实际情况的变化，创造性地发展、应用马克思的劳动价值理论和工资理论，使我国的工资和收入分配制度改革体现中国特色，增强各项措施的适用性。

二、研究意义

本书坚持史论结合的方法分析了马克思工资理论对于古典政治经济学工资理论的批判与继承，并将马克思工资理论与西方经济学工资理论进行比较，总结概括了马克思工资理论的基本内涵、理论特征及其所体现的唯物主义世界观与无产阶级立场。开展此项研究，具有重要的理论意义与实践意义。

（一）理论意义

第一，本书通过对马克思工资理论的系统梳理，深刻总结了马克思工资理论的本质与理论特征，揭示了马克思工资理论的社会历史特性与唯物主义的世界观与方法论。将马克思工资理论与古典政治经济学工资理论进行比较，有利于深刻地把握马克思工资理论所具有的科学性与历史性特征。从配第开始一直到李嘉图，古典政治经济学家在工资问题上存在的一个共同错误，就是将工资视为劳动的价格，并将资本主义看作自然和永恒的社会制度，把资本主义生产关系看作一切社会的生产关系，暴露了其理论所存在的非历史性的缺陷。马克思在批判地继承古典政治经济学劳动价值论和抽象思维研究法的基础上，将唯物史观与唯物辩证法运用于对经济问题的分析，科学地指出工人出卖的是劳动力而不是劳动，工资的本质是劳动力的价值或价格，从而为揭示资本主义生产过程的实质奠定了基础。唯物史观在马克思经济学中的运用，强调了资本主义生产方式的历史暂时性，使政治经济学成为一门历史的科学,也使得工资理论具有鲜明的历史性特点,马克思工资理论认为工资是一个历史范畴并指出伴随历史的演进和社会形态的更替,在不同的国家和时代的生产和分配关系也具有不同的特点。

第二,将马克思工资理论与西方经济学工资理论进行比较,有利于更加深刻地把握马克思工资理论所具有的阶级性特征,也有助于把握马克思工资理论所体现的对于劳动者的人文关怀和崇尚劳动的理念。通过比较马克思工资理论与西方经济学工资理论的不同,揭示出两种不同的工资理论是由他们各自的阶级立场所决定的。马克思工资理论以劳动价值论为基础,是剩余价值理论重要的组成部分。在该理论体系中,马克思通过劳动力商品理论首先科学区分劳动与劳动力,揭示了资本家剩余价值的来源,并指出在资本主义社会中资本处于主导地位、雇佣劳动处于被剥削地位,资本家通过延长工作日、提高劳动强度甚至将工人工资压低到劳动力价值以下的方式加大对工人的剥削。马克思认为工人应该团结起来进行争取自身利益的斗争,得到与劳动力价值相符的工资。工人的工资应当体现劳动力价值决定的要求,不能仅仅满足于维持生存,还需要满足劳动者进行社会活动的要求,实现自身的全面发展,充分体现了马克思对于劳动者的人文关怀。同时,马克思还认为劳动是价值创造的唯一源泉,资本家所得收入来自工人所创造的剩余价值,工人应参与剩余价值分享,才能提高自己的经济地位,而在这个问题上西方经济学工资理论则以要素分配论为核心,体现了西方经济学工资理论鲜明的资产阶级立场,通过对比突出了马克思工资理论对于劳动的崇尚与肯定,表明了其无产阶级的立场与观点。

(二)实践意义

第一,开展此项研究有利于论证马克思工资理论在我国的适用性。马克思剩余价值及工资理论完成于 19 世纪中期,虽然理论批判的矛头直指自由竞争资本主义时期极端的劳动关系,但该理论形成的基本观点、立场和方法仍具有一般的指导意义。中国现阶段正处在向社会主义市场转型的历史关键时期,社会制度虽具有社会主义性质,但经济、社会发展也具有市场经济初期发展阶段的某些特征,尤其是现阶段的劳动关系分化现象。系统梳理与总结马克思工资理论,以指导现阶段的我国劳动关系及收入分配关系的改善,防止市场化改革为私有化付出更大代价意义重大。

作为古典政治经济学发展和完善的马克思主义经济学对工资理论做了

深刻阐述,以其逻辑与历史相统一的研究方法剖析了资本主义工资的实质、决定标准以及与社会大生产的关系,深刻地探索了资本主义社会经济生活的全过程,工资问题作为分析资本主义生产关系的一条线索起到揭露资本主义剥削本质的重要作用。除此之外,马克思还对未来社会公有制条件下的分配关系进行了展望,认为在社会主义社会应该以按劳分配为原则进行个人消费品分配,搭建了生产资料公有制社会的分配框架。马克思对于工资问题的理论分析是基于资本主义社会的大背景下进行的,分析的是资本主义社会的生产关系。但是除去制度因素,马克思在分析工资问题时所指出的诸如资本主义生产剩余价值采取延长工时、增加劳动强度的方法,在我国社会主义生产中也是确确实实存在的。我国目前处于社会主义初级阶段,实行以公有制为主体,多种所有制经济共同发展的基本经济制度,虽然与马克思所设想的社会主义的生产资料公有制的基本特征存有区别,但是马克思也从来没有打算提出有关社会主义公有制的具体实现形式的现成解决方案。这就如马克思所明确说明的:"在将来某个特定的时刻应该做些什么,应该马上做些什么,这当然完全取决于人们将来不得不在其中活动的那个特定的历史环境。但是,现在提出这个问题是虚无缥缈的,因而实际上是一个幻想的问题。"①而恩格斯也曾指出:"所谓'社会主义社会'不是一种一成不变的东西,而应当和任何其他社会制度一样,把它看成是经常变化和改革的社会。"②这里马克思和恩格斯所要说明的是,他们的理论只是揭示社会主义社会所具有的内在的、根本的规定性,而那个社会所要采取什么样的具体实现形式则要根据具体条件和实际情况而具体确定。这不仅是我们学习马克思主义经济学所必须坚持的基本原则,也是发展和创新马克思主义经济学的基本方法。因此,马克思关于工资与收入分配的基本理论,仍然对于我国社会主义市场经济体制下的工资和收入分配体制改革具有重要的理论指导意义。当然,马克思也并没有为我们提供现成的答案和解决方法,这就需要我们立足经济社会发展实践,以马克思主义的基本原理为指导,总结出适用于现时代发展的理论,这也是我们发展和创新马克思主义政治经济学的科学价值和科学精神之所在。

第二,马克思工资理论对于我国工资及收入分配制度改革的指导价值。马克思工资理论既关注于资本主义生产过程中工资本质的分析,又关注工人

---

① 《马克思恩格斯选集》第4卷,人民出版社,1995年版,第643页
② 《马克思恩格斯选集》第4卷,人民出版社,1995年版,第443页。

现实的生活状态与劳动力价值补偿,包括工资标准制定、具体形式分析等等,充分体现了"经济学研究的科学主义与深刻的人文关怀的统一,形成了马克思主义经济学实践人学的理论本质"①。深刻理解马克思工资理论对于经济生活的科学认识,在此基础上推动和促进我国工资与收入分配制度改革的合理化发展。

对于工资标准的制定来讲,应重视工资形成制度与机制的研究,工资应伴随社会劳动生产力的增长而不断增长。依据马克思工资理论,工资的本质是由劳动力价值决定的,劳动力价值决定所具有的历史和道德因素要求劳动者所需要的生活资料的价值要伴随社会历史条件的变化而做相应的调整,并应在劳动力价值决定中包括劳动者的教育、培训费用。因此工资标准应使劳动者的生活足够与现阶段的社会历史条件相匹配,并能够满足正常质量劳动力的再生产;除此之外,马克思工资理论的重要贡献之一就是将工资与生产过程相联系,并指明了由工资所决定的劳动者消费能力与生产的相互适应作用,要实现社会大生产的顺利运转,就需要使消费与生产相协调,消费应适应生产的规模并反映生产的要求,否则将会出现生产过剩影响经济发展。资本主义制度下资本家对工人进行剥削与压榨,造成工人工资长期偏低,从而导致生产相对过剩,最终造成经济增长停滞。在我国当前阶段进行工资制度改革,应伴随社会经济的发展而相应进行工资标准调整,建立工资的正常增长机制,使工资伴随社会劳动生产力的增长而不断增长,实现劳动者所需生活资料的质量和范围伴随经济的发展而做相应的提高,同时这也是实现社会消费与生产正常运转、拉动国内需求的必然要求。由于通货膨胀、物价变动等因素的影响,居民的实际工资与名义工资会出现差别,而真正能够考量居民生活水平的是居民的实际工资,所以在制定工资标准时应重视对于物价指数、通货膨胀指数的考量,避免工资的增长幅度被外部因素所抵消,这既是保障劳动者权益的需要,也是实现良好宏观经济运行的需要。

在企业中建立工资的集体协商制度,努力实现产业结构转型升级。马克思工资理论认为工资和利润是此消彼长的关系,资本家为获取剩余价值必然压低工资,由于劳动力价值具有生理因素和社会因素所决定的两个界限,因此工资标准是有伸缩性的、可调整的,工人阶级应该团结起来发动工会的力

---

① 杨晓玲:《马克思主义经济学本体论研究特征及当代价值》,《教学与研究》2006 年第 12 期。

量抵制资本家压低工资的行为,实现劳动力价值。在市场经济条件下,我国企业受利润率规律、价值规律的制约,经营者降低生产成本的需求以及对利润的追求,也使我国工人的工资存在被压低的现象。面对这种情况,需要发挥企业工会的作用,完善企业工会职能,实行工资集体协商制度,维护劳动者的合法权益;马克思指出:"相对剩余价值的生产使劳动的技术过程和社会组织发生根本性变革。"①相对剩余价值生产是通过引进科学技术、改善生产管理实现的。在社会主义市场经济条件下,企业要想在竞争中立于不败之地,靠降低劳动者成本不是长远办法,反而会陷入恶性循环,根本方法是要提高科技贡献率,利用现代的管理办法,实现产业结构优化升级。

推进教育体制改革,促进劳动者供给结构合理化发展。依据马克思工资学说,工资标准主要由劳动力价值决定,但供求关系也会对工资水平产生影响,当从事某种职业或具有某种特质的劳动者在市场上处于稀缺地位,这类劳动者的收入就会提高。我国当前居民收入水平低,在一定程度上与劳动者的供给结构有关。我国劳动者人均受教育水平不高,据调查显示,至今仍有51.1%的外出农民工没有接受过任何形式的技能培训,我国教育体制也存在着专业设置与实际需求错位的现象,造成我国目前劳动力市场上企业需要的创新型和高技能人才严重缺乏,而普通劳动者则供过于求,造成这部分劳动者工资偏低。在马克思的收入分配理论中,人的智慧、才能与创造能力占有重要地位,劳动力价值决定的因素之一就是劳动者的教育培训费用。因此,推进教育体制改革,对劳动者及市场潜在的就业者开展专业教育及技能培训,改善劳动者供给结构,实现人才培养结构与人才需求结构的对接,从而也将促进劳动者工资的提高。

宏观经济视角下中国收入分配体系的构建。以劳动为分配的尺度是马克思收入分配理论的重要思想,依据马克思的劳动价值论,活劳动是创造价值的核心和唯一源泉,一定要承认劳动在价值创造中的重要作用。在我国也要确立"尊重劳动,崇尚劳动"的理念,根据劳动者提供劳动数量及劳动的社会实现给予劳动者相应报酬,提高劳动分配率在GDP中的比重。同时,马克思认为分配方式取决于生产方式,我国现在以公有制为主体的所有制结构决定了按劳分配在我国的收入分配方式中的主导地位,鉴于我国目前公有制多

---

① 《马克思恩格斯全集》第44卷,人民出版社,2001年版,第583页。

种实现形式的存在以及非公有制企业的存在,我国应当采取以按劳分配为主体,多种分配方式并存的分配制度,并确立各生产要素按贡献参与分配的原则。而"分配方式本质上毕竟要取决于有多少产品可供分配"①,转变经济增长方式,增加经济总量,对于调整收入分配、提高劳动报酬是有益处的。马克思并不反对国家干预,相反,他曾经指出:"资本在它的萌芽时期,由于刚刚出世,不能单纯依靠经济关系的力量,还要依靠国家政权的帮助才能确保自己榨取足够的剩余劳动的权利。"②因此,在我国当前阶段要更好地实现收入分配的公平性与合理性,还要转变政府职能,实现政府向服务型政府的转型,加大政府公共政策对收入分配的支持力度,充分体现国民收入再分配的功能与作用。

第三,工资关乎民生大事,工资标准的确定与我国经济发展息息相关,而且还将在一定程度上影响社会公平与和谐。工资标准的变化将影响我国经济的内涵式增长。对于大多数居民来讲,工资是他们最主要的收入组成部分,人们收入水平的变化将直接影响到居民消费率的高低。在目前我国投资率过高和国外市场经济低迷的形势下,提高国内需求将为我国经济的发展注入一支"强心剂",从需求总量创造出生产的动力,进而实现经济的发展。根据恩格尔定律,随着家庭收入的增加,其总支出中用在食品上的开支比例就越来越小。伴随我国居民消费结构的变化,产业结构也会随之转型以迎合消费的需要。伴随居民由生存型消费结构向发展型消费结构的转变,工业化也会由第一产业占主导逐步转向以知识技术集约化生产为主导,实现我国产业结构的转型升级和自主创新能力的提高,进而实现经济的内涵式增长。改革开放四十年来,中国经济社会发展取得重大成就,现在已经成为世界第二大经济体。中国取得成功的原因是多方面的,其中一项重要因素就是凭借低廉的劳动力成本和巨大的市场,使中国形成了制造业的比较优势,促成了经济的持续增长。然而正是这一项"优势",使得我国产生了大量以附加值低、技术含量低为主要特征的劳动密集型产业,而并不注重对于劳动力的培养和生产技术的转型升级。在国际科技竞争日益激烈的形势下,若不及时进行产业结构的优化升级并提升科学技术对于生产的贡献率,我国企业将在国际竞争中面临被淘汰的危险。同时,这类附加值低的产业造成我国劳动力收入过

---

① 《马克思恩格斯选集》第 4 卷,人民出版社,1995 年版,第 691 页。

② 马克思:《资本论》第 1 卷,人民出版社,2004 年版,第 312 页。

低,致使国内消费低迷影响了消费和积累的关系,并导致第二、第三产业的发展不平衡。在这种情况下,提高劳动者收入能够对企业形成倒逼机制,促使其进行产业结构转型升级,提高劳动生产率,进而实现我国经济的内涵式增长。

工资问题作为分配问题,是与我国目前阶段的收入分配格局直接相关的。在国民收入的初次分配中,存在着居民收入在国民收入分配中所占比重偏低,而政府和企业收入所占比重偏高的现象,在再分配过程中,体现为消费性支出与投资性支出在政府财政支出中所占比重偏高,而用于教育、医疗、农业以及地区转移支付的保障性支出所占比重偏低,在我国要素资源的配置和要素价格的形成过程中由于受非市场因素干扰较多,普通居民无法参与公平的市场竞争,而部分垄断企业却能够凭借其垄断特权赚取高额垄断利润,资源分配起点的不公平直接造成后期收入分配的失衡,也由此形成了官员利用所掌握特权进行权力寻租的源泉,导致在我国目前阶段存在的群体之间、行业之间、地区之间的收入分配差距,也形成了收入分配领域中的不合理收入。居民劳动收入的减少与特权阶层隐形收入的存在,以及垄断企业高额利润的获取形成鲜明的对比,将严重影响劳动者的工作积极性,形成由社会分配失衡造成的心理敏感,增大群体间的社会矛盾,影响社会和谐。因此研究工资问题,构建合理的收入分配格局具有重要的社会现实意义。

第二节　研究现状

一、国内研究文献综述

关于古典政治经济学劳动价值论与工资理论。1979 年陈岱孙先生所著《从古典经济学派到马克思——若干主要学说发展论略》一书,考察了古典政治经济学派在价值学说、剩余价值学说等方面的主要观点,并论证了马克思科学的劳动价值论对于古典政治经济学的批判和继承。吴易风、顾海良、张雷声著《马克思主义经济理论的形成和发展》也详细论述了古典政治经济学主要代表人物的劳动价值论及工资理论观点。

关于马克思工资理论。目前国内关于马克思工资研究的专著还为数尚少,仅在某些经济学著作的个别章节中有所体现,更多的是见于我国学者发表的论文中。在研究马克思工资理论形成过程的问题上,大部分学者侧重于根据马克思经典著作的写作顺序,梳理其工资理论的初始及形成过程。张佑青、刘学敏(1987)按照《1844年经济学哲学手稿》《哲学的贫困》《雇佣劳动与资本》以及《资本论》的顺序分析马克思对于古典政治经济学派工资观点的批判与继承、劳动(力)成为商品的过程及意义以及马克思对工资水平和变动趋势进行的研究。李善明(1983)也是按照经典著作的出版顺序研究了马克思工资理论的创立,但他主要是从阐释工资实质的角度说明这一创立过程;在关于马克思工资理论基本内容的研究方面,石峰(1997)通过马克思工资理论的分析,指出该理论的三大历史性贡献,分别是以唯物史观和唯物辩证法为指导、把工资与生产过程联系起来进行考察以及指出了社会主义社会的按劳分配原则。孟氧(1985)从对比的角度,对马克思工资理论的形成过程与拉萨尔"工资铁则"的起源和本质进行了比较研究,从而论证马克思的工资理论是从根本上区别于资产阶级以及小资产阶级的工资理论的,并说明了马克思工资理论的理论实质。郭铁民(1999)探讨了马克思把工资问题放在生产过程来研究的重大意义,对工资的补偿职能、激励职能、调节职能和控制职能做了相应的说明,值得一提的是在文章的最后作者论述了马克思的最低工资思想对于建立和完善我国社会主义劳动工资制度的启示,阐明了在我国实行最低工资制度的重要性及意义,对于我国当前最低工资制度的实行与落实具有参考意义。方敏、赵奎(2012)从三种理论研究视角,即劳动力价值理论、资本积累理论和阶级斗争理论分析马克思工资理论,他们认为三种理论并非相互独立,而是分别构成了马克思工资理论的起点和研究资本主义工资运动规律的枢纽。文章揭示了马克思所提出的与劳动价值论相一致的并由资本主义生产方式内生决定的工资理论,揭示了在资本主义工资假象背后所隐藏的起支配作用的规律;在关于马克思工资理论的当代意义方面,胡靖春(2010)透过马克思劳动力价值和劳动力价格理论、工资标准变动以及劳动力价值决定的社会历史性因素等原理,总结马克思工资理论对于解释现代工资差异、劳资谈判以及符合经济社会发展的伦理观的理论指导意义。在关于马克思工资理论的研究方法方面,柯阳(1986)分析了马克思在研究有关劳动力价值或价格转化为工资、由工资的现象揭示工资的本质过程中所采用的直线和曲线的辩证法。李建平(2006)在其所著《资本论第一卷辩证法探索》中对马克思分析工资的方法进行了探索,指出马克思运用逻辑推理的方法论证了劳动不是商品,运用由本质到现象的推移方法戳穿了资本主义社会工资的假象从而揭示了工资的本质,运用中介的概念分析了工资的转化形式和工资的国民差异。

关于马克思主义经济学与西方经济学的比较研究。杨晓玲(2006)从本体论的角度研究马克思主义经济学,认为马克思主义经济学以历史唯物主义为出发点,以唯物辩证法为其表现形式,而西方经济学以实在主义哲学价值观为出发点,以科学主义方法和体系为表现形式,马克思历史唯物主义具有社会存在本体论的研究特点,因此本体论研究也就成为马克思主义经济学区别于西方经济学的重要特征。在研究方法方面,朱富强(2011)认为以马克思为代表的古典经济学家采取从本质到现象的研究路线,侧重于透过事物的现实面目与其本质的差异,分析造成这种"偏离"的原因及其可能造成的危害,并寻找纠正事物异化的途径。而现代主流经济学提倡逻辑实证主义研究路线,侧重于建立局部均衡的经济学理论体系,通过供求分析框架研究经济现象。相较逻辑实证主义研究路线,从本质到现象的研究路线更适合社会科学的学科性质,对社会实践也更加具有指导意义。在关于西方经济学工资理论的研究领域,胡放之(2005)对西方二百年来工资决定理论进行了梳理和概述,为我国目前工资水平的决定提供理论上的启示与借鉴。宋晶(2011)对古典经济学与现代经济学的工资决定理论从工资本质、与现实的贴近程度以及理论观点的相近度三个方面进行了比较,并指出社会主义条件下的工资决定也应借鉴西方经济学工资管理方法,企业的工资决定需要有利于发挥工资的激励作用,企业工资的决定需要充分考虑劳动者的切身利益,不能再出现利润侵蚀工资的现象,需要建立正常的工资增长机制。胡靖春(2010)认为马克思工资理论坚持整体分析的方法,关注劳动者平均工资水平的决定,并以劳动力价值决定为基础合理解释了由于劳动力价值差异造成的工资差异以及由劳动力市场价格与劳动力价值相背离所造成的工资差异。

关于马克思收入分配理论及其当代价值的研究。在社会主义市场经济条件下,与我国公有制的主体地位以及公有制实现形式的多样化相对应,我国存在着多种形式的分配方式。多数学者认为按劳分配原则在社会主义市场经济条件下依然适用,但市场型的按劳分配与马克思所设想的按劳分配模式有所不同,也不同于我国计划经济体制下按产品分配模式,表现出其所具有的新特点。此外,学者还对如何认识社会主义市场经济条件下生产要素分配展开讨论,并致力于研究马克思收入分配理论对于中国工资和收入分配改革的指导意义。李楠在《马克思按劳分配理论及其在当代中国的发展》中认为社会主义初级阶段公有制的主体地位决定了按劳分配是我国现阶段的分配主体也是社会主义公有制经济的基本分配原则,由于劳动、资本、土地、管理等生产要素也参与价值创造的过程,是活劳动得以形成价值的物质载体,因此也需要参与价值的分配过程。由此我国实行以按劳分配为主体,多种分配方式并存,把按劳分配与按生产要素分配结合起来的分配制度。这是生产力发展的内在要求,也是社会主义基本经济制度的必然要求。按生产要素分配是实行市场经济的题中之义,其本身并不存在姓"资"姓"社"的问题,也不具有社会经济制度属性。白书祥(1998)认为生产要素本身并不反映所有制性质,按生产要素分配只有在一定的社会条件下与一定的所有制相联系,才体现特定的社会属性。在社会主义公有制条件下,按生产要素分配体现着国家、企业和劳动者根本利益的一致性,体现的是一种新型的社会主义分配关系。王中汝(2011)认为我国现阶段分配制度的前提条件和制度环境与马克思所处的时代以及马克思设想的共产主义第一阶段都有所不同,我国的分配制度必须从我国国情出发,敢于和善于整合不同的分配方法,但是仍要坚持以劳动为尺度这个正确的原则,我国现阶段在分配领域存在诸多问题,其中一个很重要的原因就是背离了社会主义初级阶段要坚持以劳动为尺度的原则。在关于马克思收入分配理论对于中国收入分配制度的指导意义的研究上,谷亚光、董全瑞(2011)认为马克思所处的时代所具有的劳资矛盾在我国企业中也是客观存在的,劳资矛盾其实是工资和剩余之间所占比例此消彼长的反映,也是社会公平的焦点。在我国需要通过创造条件优化劳动投资环境,实现劳动者充分就业、实现体面劳动、实现可持续的劳动者人力资本投资。同时,他们还指出劳动力价值决定的社会历史因素使得工资不能够仅仅维持劳动者及其子女的基本生存,还应该让他们过上体面的生活,这也是实现包容性增长的需要。覃雪梅(2010)认为收入分配必须坚持以人为本,马克思主义关于建设社会主义全面进步的一个基本特征就是人的全面发展,既要注重提高人民的物质生活水平,又要着眼于人民素质的提高,实现人的全面发展,实现人的发展和社会发展的全面统一。

关于我国当前工资问题的研究。胡放之(2006)分析了我国国有部门和非国有部门职工劳动力市场的工资决定的区别。他认为国有企业虽经过几次工资改革,但其工资决定仍带有与计划经济时期相联系的旧的工资制度,由于垄断因素和竞争因素,尤其是受国家政策保护的垄断行业的存在,使得国有部门各行业间存在较大的收入差距,部分垄断行业享受超额利润与较高的工资水平。而非国有部门的分配制度则是典型的市场化分配制度,劳动双方根据市场原则确定工资,且这部分企业大部分不承担额外的福利保障。由于户籍制度和劳动力市场分割的存在,农民工和国企职工存在着同工不同酬的现象,农民工被迫接受低工资。因此建立完善的劳动力市场形成全社会均衡工资的关键,需要进行户籍制度改革、加强社会保障制度,提高农民工社会地位,并规范企业分配制度,对垄断行业的分配进行规范与监督。胡放之的《中国经济起飞阶段的工资水平研究》从理论上和经验上对中国经济起飞阶段的工资水平及其与收入分配和经济增长的关系进行了系统的研究,并从宏观与微观角度论述了工资水平的决定。李钟谨、陈瀛、齐昊等(2012)通过考察中国工人的生存工资和实际工资,发现长期以来中国私营企业工人的实际工资远低于生存工资,工资过低和劳动超时的现象在私营企业普遍存在。这种状况将造成中国私营企业盈利能力虚高,而且限制了居民消费的提高,阻碍经济增长方式和产业结构的转型升级,并通过论证得出中国工人工资若达到生存工资水平每年将会创造 3%~5% 的 GDP 增长。乔晓楠(2012)通过运用马克思主义基本原理分析 15 个国家跨越中等收入陷阱的数据库样本,提出了中国跨越"中等收入陷阱"的对策与建议,他认为应缩小收入分配差距,实现包容性增长,继续推行扩大内需的政策但同时也应避免过度消费挤压储蓄,以自主创新和人力资本累积推动产业结构升级,控制货币供应量,保持物价水平稳定。

关于我国收入分配问题的研究。当前我国收入分配不公,居民间、地区间、行业间收入差距过大且劳动报酬在初次分配中所占比重偏低已经为学界所认可。在造成我国收入分配不公的根源问题上,苏海南(2010)认为有三大症结造成了收入分配领域的突出问题。一是我国粗放型的经济发展方式和主要依靠投资和外贸的经济发展结构,造成第三产业比重过低而第二产业竞争激烈,导致员工工资过低。二是我国经济体制存在弊端,部分政府官员片面追求 GDP 增长而引发了社会管理中的诸多问题,对于垄断行业监管不力引发群体间收入差距扩大,诚信的缺失也间接助长收入分配的不公平。三是收入分配体系不健全,初次分配中没有明确国家、企业和居民三者之间的关系,二次分配中政府没有在财政预算中以制度形式做好财政转移支付以及社会保障等民生项目的支出比例。同时,既得利益者对于收入分配体制改革的阻挠也加大了解决分配领域突出问题的难度。除此之外,蔡继明(2010)还认为要素市场的不健全也是造成我国收入分配不公的原因之一。我国尚未形成城乡统筹的劳动力市场,户籍制度以及城乡二元经济结构使得我国大量农村剩余劳动力没有纳入政府就业政策的考察范围,由户籍制度带来的就业歧视和福利待遇歧视使农民无法与城镇职工一样享受均等的社会公共服务,拉大了群体间的收入差距。同时,他还认为农民土地无法私有化和商品化也阻碍了农民获得更多财产性收入的机会;在对于收入分配问题解决途径的研究上,赵振华(2009)认为应该调整国民收入分配格局,构建和谐的收入分配关系,提高居民收入在国民收入初次分配中的比重,提高劳动报酬在初次分配中的比例,重视政府在调整国民收入分配中的功能,并进一步强调法律的力量对于优化国民收入分配格局的重要作用。程恩富、胡靖春、侯和宏(2011)认为,政府是当代经济中最大的经济主体并通过调节国民产出的最终用途影响功能收入分配和规模收入分配。居民收入过低是我国收入分配领域存在的主要问题,这与政府再分配职能弱化有关,政府应控制财政支出增长速度使其与经济增长相适应,优化财政支出结构,增大用于非生产性支出的比例,增大公共服务和社会保障的转移支付。并指出未来社会收入分配是否合理关键取决于政府能否完善对市场经济的作用机制。贾康(2011)认为政府应起到维护公正、兼顾均平,高端调低,低端托底的作用,明确政府应尽的责任,保障制度供给实现社会公共产品和公共服务的均等化,提供诸如住房、教育、基本医疗这类"公益品"。郭飞(2010)认为"发展是硬道理",解决收入分配问题首先应把中国的经济蛋糕做好做大,增加用于居民分配的物质基础。转变经济发展方式,大力加强自主创新,提升我国经济在国际分工价值链中的地位,并继续推行扩大内需、稳定并提升外需的举措,促进经济持续发展。郭飞还认为收入分配与所有制结构有重要关系,多种所有制经济共同发展和多种分配方式并存必然会产生收入差距,因此实现共同富裕的根本途径是坚持和巩固社会主义公有制的主体地位,充分发挥国有企业的主导作用,长期坚持农村基本经营制度和农村土地的集体所有制形式。同时还应深化与收入分配有关的经济体制改革,深化完善事业单位、企业和国有企业的工资制度改革,逐步提高居民收入;在提高劳动收入在国民收入中所占份额的研究上,程恩富、胡靖春(2010)认为劳动收入份额过低一方面导致收入差距扩大,另一方面也会影响国内需求。必须发挥政府和工会两大经济主体的作用,并实施最低工资制度、建立工资的正常增长机制,不断提高劳动者收入份额。我国学者还重视对收入分配与社会公平正义的研究。蔡丽华(2012)认为在我国存在的城乡之间、区域之间、行业之间的收入差距严重影响社会的公平正义,应当从政策层面、制度层面和体制层面入手促进社会公平正义。戴洁、李华燊(2012)从社会正义论视角下研究我国的收入分配问题,认为由于先赋性或地域性等客观原因造成我国居民无法平等地享有受教育的机会和求职的机会,社会应对这种由偶然因素造成的起点的不公平进行补偿,给予"最少受惠者"人道主义和人文主义的关怀,消除劳动力市场中的垄断和歧视,促进教育资源均等化,建设让人民有幸福感的社会。此外,杨宜勇等著《收入分配体制改革攻坚》、中国经济改革研究基金会与中国经济体制改革研究会联合专家组著《收入分配与公共政策》、薛进军编著《中国的不平等——收入分配差距研究》等著作,也从不同的角度对我国收入分配问题进行了详尽的分析与论证。

二、国外研究文献综述

国外许多学者及组织也十分关注中国的改革开放以及收入分配政策,其中一些政策建议对于中国的工资及收入分配制度改革以至经济发展都具有重要的借鉴和参考意义。

在谈到中国的社会主义市场经济体制时,国际知名的华裔经济学家黄有光教授指出:"归根到底,任何政策,凡是符合人民福利的,就应该坚持。即使在坚持社会主义的原则下,也并不排斥对市场机制的利用。这不但是指在计划经济为主之下对市场机制的辅助性应用,也指以市场机制为主的应用,也就是说社会主义可以和市场经济相结合。"①新加坡资政李光耀对于中国的改革也进行了深刻的观察,并提出非常有针对性的见解。他态度鲜明地支持中国搞市场经济,他说:"要是中国再争论到底市场经济优越还是中央计划经济优越? 是浪费时间,令人遗憾的。"②在谈到中国的收入分配问题时,李光耀认为中国的改革已无从回头,应当建立一种分配制度,使中国人民有机会在付出劳力后,可得相当于所付出劳力的报酬。当所得报酬和付出的劳力不

---

① 澳大利亚经济学家黄有光文集:《经济与改革》,改革出版社,1994 年版,第 244 页。
② 新加坡联合早报编:《李光耀40 年政论选》,现代出版社,1994 年版,第 609 页。

相称时,就没有人努力工作了。劳伦斯·克莱因曾告诫说:"中国应非常小心谨慎地摸索前进,中国的经济大师们要时时衡量各种趋势的出现。中国的决策者应注意收入分配的问题,不可掉以轻心。"①在政府财政分配方面,Yingyi Qian 的理论可以为我国分配与经济增长理论的研究提供启示,他认为实行财政分权并注重中央银行独立性的情况下,政府减少对于无效率企业的补贴量,可以从侧面提高资金利用率并促进经济的增长。②

世界银行对中国的经济改革一直给予极大关注,曾进行过一系列的专题调研。2003 年世界银行出版的为中国经济改革所做的一份研究报告:《中国:推动公平的经济增长》,对中国改革开放二十多年来在经济增长和减少贫困方面所取得的成就给予了高度的评价,同时也指出了中国所面临的收入差距扩大的严峻挑战。世界银行扶贫与经济管理局对这一问题进行了调查与分析预测,论述了中国推动公平的经济增长的必要性以及应采取何种政策措施解决收入差距扩大的问题。该报告建议中国必须调整经济增长方式,从少数人分享型转向全体人民分享型的增长模式,政府应以社会公共政策提供者的角色保证社会公共服务均等化,建立覆盖面广的社会保障体系,为农民及社会低收入群体提供社会保障。除此之外,还应实现由不公平增长模式向公平增长模式的转化,由不可持续发展的增长转向可持续发展的增长。

此外,约瑟夫·斯蒂格利茨著《社会主义向何处去》,黄佩华(Christine P. W. Wong)和迪帕克(Deepak Bhttasali)等著《中国:国家与地方财政》等文献,对本书的研究也具有参考价值。国外有些经济学的理论分析方法,如恩格尔系数、基尼系数、奥肯定律等,作为原理在本书也被运用。

综合国内外的研究成果,应该肯定地指出,关于马克思工资及收入分配领域的研究取得很大成绩与重要进展,可谓成果丰硕。学者们从不同的视野和层面研究马克思工资理论以及我国当前的工资及收入分配制度,为本选题的研究提供了丰富的理论材料与实践素材。但也不可否认,学界对于该问题的研究尚有一些不足之处,存在着拓展研究理路的可能性与重要性。一是当前现有的研究成果大多从"论"的角度对马克思工资理论的基本内涵进行概

---

① 经济学消息报编:《诺贝尔经济学奖得主专访录——评说中国经济与经济学发展》,中国计划出版社,1995 年版,第 52 页。

② Yingyi Qian, Roland ,G. , 1998 , "Federalism and the Soft Budget Constraint", American Economic Review , December 1998 , Vol . 88 ,No 5 .

括,而鲜有对马克思工资理论形成与发展所进行的"史"的梳理。"论"的表达固然重要,然而"史"的梳理则更能够准确把握理论形成与发展的基本线索。因此本书依据马克思工资理论初建、发展和完善的整体逻辑思路、以经典著作为主线按照时间顺序对马克思工资理论的思想史进行考察,不拘泥于经典文本中的个别表述,而是侧重于挖掘理论的前后衔序性,考察不同时期理论观点的内在逻辑关系,希望能以理论进程的时序性与引经据典的严谨性为马克思工资理论呈现完整的理论形态。二是当前有关马克思工资理论的研究,大多局限于对其理论内涵的表述与概括,而关于马克思工资理论特征的概括,尤其是在此基础上通过比较视野进一步凸显其理论特征的研究在国内尚处空白。归纳马克思工资理论所具有的理论特征,对于深刻把握其内在的理论内涵,突出马克思工资理论的开放性与进取性具有重要的理论意义。通过理论对比突出马克思工资理论的理论实质及阶级性立场,则更是对于在当前我国社会主义市场经济条件下坚持马克思主义的指导地位具有重要的实践价值。因此,呈现马克思工资理论的完整形态,从"史"的角度梳理其理论形成过程,从"论"的角度总结概括其所具有的理论特征,并通过对比进一步展现该理论所具有理论实质及理论立场,也即本书研究马克思工资理论的意义所在。

第三节　研究方法及结构

一、研究方法

本书所采用的研究方法从根本上讲是唯物辩证法,拓展到具体研究中,唯物辩证法的运用体现在以下几方面:

(1)矛盾分析的方法。矛盾分析的方法是马克思主义经济学方法论的核心。任何经济范畴都包含矛盾,工资也不例外。工资问题涉及工资与利润的关系、工资确定的公平与效率的关系等等,都需要借助于矛盾分析的方法对于工资问题展开深入的研究。

(2)理论分析和历史研究相结合的方法。本书既从纵向对马克思工资理论产生、发展和完善的理论形成过程进行了理论考察,又对马克思工资理论的内容进行了阐述,在此基础上论述了马克思工资理论与古典政治经济学、西方经济学工资理论所存在的区别,并结合我国工资和收入分配领域的现状,着力研究马克思工资理论对于我国工资改革和收入分配体制改革的理论指导价值,将理论分析与历史研究相结合,对马克思工资理论进行整体性考察。

(3)比较分析的方法。本书既对马克思工资理论对于古典政治经济学工资理论的批判和继承进行了研究,又对马克思工资理论与西方经济学工资理论进行了比较分析,力图挖掘其各自理论内涵并发现其相同点与不同点。这种方法上的安排使得行文在结构上是清晰的,在内容上是丰富的。这种对比分析的方法,也有助于从本质上把握马克思工资理论的实现机制和实现条件,以更好地理解马克思工资学说。也可以为我国的工资改革提供西方经济学工资管理的经验和方法,为我国工资政策的制定提供思路参考。

(4)从现象到本质的方法。研究工资问题,需要从我国经济发展的实际出发,占有大量工资管理领域和工资分配领域的数据资料,才能分析和揭示出在我国变动的工资政策背后起支配作用的经济规律。

(5)定性分析与定量分析相结合的方法。本书不仅从理论上说明马克思工资理论的逻辑意蕴,分析中国当前的工资问题,而且通过大量的数据来证明主要论点或说明目前所存在的问题。

(6)规范分析与实证分析相结合的方法。规范分析和实证分析都是理论分析的方法。规范分析是回答"应该是什么"的问题,实证分析是回答"是什么"的问题。在具体的理论研究中,二者往往相互渗透,交叉使用。本书在研究马克思工资理论指导下的我国工资和收入分配制度改革时,以我国现实经济生活中工资与收入分配政策到底"是什么"为分析基础,在对现实情况进行考察论证的基础上提出了各项方针政策"应该是什么"的问题,实现了规范分析与实证分析的有机结合。

二、研究结构

本书围绕工资问题这一中心议题展开。阐述马克思工资理论的形成过程及其基本内容,概括其理论特征,并将马克思工资理论与古典政治经济学工资理论和西方经济学工资理论进行比较,把握其相同点与不同点。最后结合我国工资和收入分配制度的现状及其存在问题,分析马克思工资理论对于我国工资制度改革和构建中国特色收入分配体系的理论指导意义。除第1章引言外,本书还有5章,分析结构和主要内容如下:

第 2 章:马克思工资理论的理论渊源及其形成过程。本章主要对古典政治经济学派主要代表人物的劳动价值理论与工资理论进行了阐述和归纳,并追寻工资学说形成和发展的轨迹,进一步研究了马克思工资理论初期探究——深入发展——成熟完善的理论形成历程,并分析马克思工资学说与古典政治经济学工资理论的异同。本章内容侧重于对马克思工资理论的形成过程进行分析,有助于从其建立、完成的脉络上正确理解和把握马克思的工资学说;第 3 章:马克思工资学说及其理论特征。本章在阐明马克思工资理论的理论前提和研究方法的基础上,着重研究马克思工资理论的基本内容,并归纳其理论特征和理论地位;第 4 章:比较经济视野下的马克思工资理论。本章首先概述了近代西方经济学工资理论和现代西方经济学工资理论的主要观点。然后对马克思工资理论与西方经济学工资理论从研究方法、理论基础、研究目的和工资水平决定标准四个方面进行比较,并归纳其不同点、挖掘相同点,并通过比较突出马克思工资理论的阶级性立场与观点,以更好地把握马克思工资理论的理论特征;第 5 章:中国工资及收入分配制度的历史发展及现状。本章首先对我国工资管理制度和收入分配制度的形成和发展过程进行了动态考察,并对我国当前工资及收入分配的现状与特点进行了论述;第 6 章:马克思工资理论指导下的我国收入分配关系调整。本章在第 5 章的研究基础上,结合马克思工资理论的本质及研究方法,主要探讨马克思工资理论对于指导我国工资改革和构建中国特色收入分配理论体系的理论价值,寻求在中国的具体国情下马克思工资理论的适用模式和方法,充分体现了马克思工资理论所具有的现实意义。

三、主要创新之处

本书尝试在以下方面有所创新:

第一,通过系统地考察马克思工资理论的形成过程及其基本内容,总结归纳马克思工资理论所具有的理论特征。马克思工资理论是代表无产阶级利益,反对资本家剥削的科学理论,充分体现了其站在无产阶级立场的阶级性与党性;马克思批判了古典政治经济学工资理论非历史的观点,将历史唯物主义应用于政治经济学研究,着重指出了资本主义生产方式的历史暂时性,确立了生产关系的变动与调整对于政治经济学的全部意义,从历史超越性与发展的角度分析工资与分配问题,体现了马克思工资理论的历史性;马克思工资理论以唯物史观为理论指导,不只从公平角度,也从公平与效率相统一的角度考察工资问题。马克思将工资与宏观经济运行结合起来进行分析,指明了工人收入增长从而消费总量提高对于促进生产、发展经济的重要意义,更深层次地探讨了生产力的发展对于工人收入增加的基础性作用,显示了马克思工资理论所具有的科学性特征。

第二,本书侧重于从比较的视野分析马克思工资理论与古典政治经济学工资理论和西方经济学工资理论,分析不同点、归纳相同点。目前学界对于马克思工资理论、西方经济学工资理论的研究可谓成果丰硕,但是鲜见有理论研究对二者展开比较。本书力图通过比较更加深刻地把握马克思工资理论的理论实质,更加鲜明地凸显马克思工资理论的理论特征,论证马克思工资理论的无产阶级立场。

第三,将马克思工资理论与我国的具体的工资改革实践相结合,依据马克思工资理论、劳动价值理论的基本原理,从马克思工资理论的视角提出我国工资制度改革的目标、方向及原则,并针对我国目前收入分配领域所存在的问题从宏观和微观角度提出政策建议。论证马克思工资理论对我国的工资和收入分配制度改革所具有的理论指导价值,阐明马克思工资理论在我国的适用性。本书引用当前工资与收入分配领域的最新数据及经济政策作为证据支撑。

第二章　马克思工资理论的
理论渊源及其形成

工资作为社会财富分配的重要方面,关系到雇佣劳动者的切身利益,是人类生存和发展下去的手段和基础。关于工资理论的研究一直是经济学研究所必涉及的重要内容。将工资作为一门科学来研究是从古典政治经济学派开始的,马克思的工资理论也是在批判地继承和发展古典政治经济学派研究成果的基础之上,洞察工资现象与其本质之间的联系,建立起科学的工资理论体系。

第一节　古典政治经济学的劳动价值理论与工资理论

古典政治经济学产生于 17 世纪中叶,完成于 19 世纪初,马克思认为:"古典政治经济学在英国从威廉·配第开始,到李嘉图结束,在法国从布阿吉尔贝尔开始,到西斯蒙第结束。"①它是资本主义制度确立和上升时期的资产阶级经济理论体系,反映了西欧社会资本主义生产方式的产生与发展。古典政治经济学是这一时期产业资本运作要求的反映,其研究重点也第一次由流通领域转向生产领域,以研究资本主义生产方式的生产和交换规律为任务,其研究必然涉及工资。由于阶级和现实的局限性,古典政治经济学家的理论仍存在一些庸俗的成分,但是经济学家们在价值理论与工资决定理论方面的科学探索,仍然为马克思劳动力价值与工资理论的研究奠定了基础。

一、配第"最低生活维持费工资理论"

威廉·配第是英国古典政治经济学创始人,他在政治经济学上最重要的历史功绩在于最先提出了劳动决定价值的基本原理,并在劳动价值论的基础

---

① 《马克思恩格斯全集》第 31 卷,人民出版社,1998 年版,第 445 页。

上考察了工资、地租、利息等范畴,由此奠定了科学的劳动价值论的基础。

1. 配第的劳动价值理论

配第在《赋税论》中提出了价值理论,并已认识到劳动是各种价值相等和权衡比较的基础,他认为商品价值是由生产商品所需要的劳动量来决定的,各种商品价值衡量的基础就是劳动时间,各种商品相互交换的共同基础就在于它们生产中都耗费了人类劳动,从而在经济思想史上第一次比较科学地解释了商品交换的等价原则。他在考察商品交换的过程中,发现商品之所以能够互相交换是由于商品之间存在可以比较的共同性即劳动,因此他提出了劳动价值论。另一方面,配第还认识到,作为物质的财富不仅需要人类劳动,还要依靠自然界及自然力,由此他提出“劳动是财富之父和能动要素,土地是财富之母”①的著名论断,这其中所说的劳动不是作为价值源泉的抽象劳动,而是作为物质财富源泉之一的具体劳动,是创造使用价值的劳动。这一论断正确说明了劳动和自然物质都是形成物质财富的源泉,并正确说明了劳动在形成物质财富的各种要素中是一种能动的要素。但如果用劳动和土地来共同说明价值就出现了矛盾,因为土地和劳动是不能一起比较的两种因素。这样配第在价值探讨中就陷入了迷途。

此外,配第在价值论的探讨中还区分了自然价格和政治价格。他认为,自然价格由生产商品时所耗费的劳动时间决定,即商品的价值。政治价格就是经常发生涨落的市场价格,其涨落的中心就是自然价格。关于商品价值量同劳动生产率与劳动时间的关系,配第明确指出商品价值量同劳动时间成正比,与劳动生产率成反比的事实。

2. 配第的工资理论

由于配第初步提出了劳动价值论,因此他就有可能以此为基础去研究工资问题。配第生活的时代,英国工人的工资是由国家用法律规定的,配第对工资所做的分析,就是力图从理论上说明,政府的政策应将工人的工资规定在什么样的水平,在法律规定的工资背后寻找工资的自然基础。配第在研究过程中,把工资和维持工人生活所必需的生活资料联系起来,认为工人的工资是由劳动者为了“生存、劳动和传宗接代而吃的东西”决定的。② 由此,他

---

① 《配第经济著作选集》,商务印书馆,1983 年版,第 66 页。
② 威廉·配第:《爱尔兰的政治解剖》,商务印书馆,1974 年版,第 57 页。

认为劳动者的工资只应等于维持工人生活必需的生活资料的价值,也即工资的自然基础。他说:"法律应该使劳动者只能得到适当的生活资料。因为如果你使劳动者有双倍的工资,那么劳动者实际所做的工作,就等于他实际所能做和在工资不加倍时所做的一半。这对社会说来,就损失了同等数量的劳动所创造的产品。"①在配第看来,政府调节工资必须以这种工资的自然基础为标准,也就是以工人最低限度的生活资料为限,超过这个标准,生产效率就要降低,而低于这个标准,工人则难以维持生活,最终生产效率也要下降。

马克思认为,配第把工资同生活资料联系起来并提出工资是维持工人生活所必需的生活资料的价值,是一个很有价值的见解。配第在这样说明时,也首创了最低生活维持费工资理论的先河,是工资生存理论的最早开端,但是他仅仅从工人的生理需要出发,用自然的因素来规定工人最低限度工资,说明该理论明显是为资产阶级利益服务的。

二、重农学派"最低限度工资理论"

重农学派出现于 18 世纪 50—70 年代的法国,当时法国正处在由封建社会向资本主义社会的过渡时期。重农学派是法国资产阶级革命前夜的古典政治经济学理论体系,它使古典政治经济学发展到一个新阶段。重农学派的代表人物魁奈和杜尔阁在工资决定方面也持有和配第相同的观点,他们认为工人的工资只限于维持生存,但也具有重农学派在理论深度方面的独特特点。

魁奈是法国重农学派的创始人和主要代表,"纯产品"学说是魁奈经济理论体系和经济纲领的核心和基石,其理论体系都围绕这一学说展开,他的工资理论也是以此为基础的。魁奈认为在各经济部门中,只有农业是生产的,因为只有农业既生产物质产品又能在投入和产出的使用价值中表现为物质财富量的增加,而工业和商业并不创造物质财富,因为它们只是对现有物质的变更或组合而已。魁奈在交换等价性原则下,从使用价值的实物财富数量的角度来定义纯产品,他指出:"纯产品就是土地耕种者生产的使用价值及其数量超过生产时所消耗的使用价值及其数量的余额。"②在生产过程中,农业劳动者必需的生活资料是已知的既定的,而农业劳动者生产的农产品的数量

---

① 《配第经济著作选集》,商务印书馆,1983 年版,第 85 页。
② 张人价:《重农学派的经济理论》,农业出版社,1983 年,第 74 页。

却比他消费的生活资料要多,农业劳动者所创造的使用价值超过了他所消耗的使用价值,即农业劳动者能够生产比他的劳动(力)价值,即"必需品"的价格或最低限度的工资更大的生产价值。这种"纯产品"形成的收入,就是土地所有者的地租,而工业中的财富则是经过土地所有者,从农业中转移过来的。

杜尔阁进一步发展了配第和魁奈的工资理论。他比较完备地划分了资本主义社会的基本收入,并说明了工资、利润、地租和利息之间的关系,同魁奈一样,他也认为利息、利润等都来源于地租。但是他是从另外一个层面来说明这个问题,他认为由于工商业和货币资本家投入资本会促进"纯产品"的增加,所以他们有权从"纯产品"中分享一部分收入。但这一点是与重农学派所坚持工业品价值只等于成本,成本中不包含"纯产品"的观点相矛盾的,杜尔阁承认资本家能获取利润思想就包含了与等价交换相矛盾之处。

在工资问题上杜尔阁还认为,工人出卖劳动的代价是工资,但工资的高低不能完全由工人自己决定,而是取决于买卖劳动双方自由竞争的结果,工人所得工资只限于维持工人最低生活水平。杜尔阁在代表作《关于财富的形成和分配的考察》中指出,只能依靠自己双手和勤劳的工人,除了能将自己的劳动出卖他人以外,就一无所有。他以或低或高的价格出卖自己的劳动,但这种或低或高的价格并不完全由他本人决定,而是他与购买他的劳动的人协商的结果。后者尽量少付工资,由于有大量工人可供选择,购买劳动的人会优先选择工资最低的工人。因此,工人们不得不通过彼此竞争从而降低价格,使得工人的工资仅限于维持其生计所需的东西。杜尔阁在研究工资问题时,还发现由于工人所得工资的价值要低于其所创造的价值这一现象,使重农学派的工资理论取得重大进展。杜尔阁把自由竞争原则运用到工资上,提出了当时最好的工资理论,但他也没有揭示工资的本质,从而也就不可能说明在劳动市场上经常出现的供给总是大于需求的现象。

重农学派的思想家虽然还不了解价值本身的性质,但是他们却能够确定最低限度的工资的概念,把劳动能力的价值理解为一定的量,这是重农学派的重要贡献,为创立古典政治经济学体系做了重要准备。马克思指出,亚当·斯密关于社会阶级结构、工资、资本和地租等许多理论观点"深受重农主义的影响",并把重农主义者看作是亚当·斯密的"开路"人。

三、亚当·斯密的劳动价值论与工资理论

亚当·斯密是古典政治经济学发展到成熟阶段的代表人物,他在《国民

财富的性质和原因的研究》中,第一次比较系统地论述了他的价值理论和工资理论,同时这本书也标志着古典政治经济学体系的建立。从方法论上看,亚当·斯密是一个二元论者,他在研究经济问题时,既采用科学的抽象法探索各种经济范畴的内在联系,又采用经验方法进行描述,把经济生活在外部所表现出来的现象加以描述和简单概括。这两种研究方法在斯密的著作中相互交错同时存在,这也就导致斯密对一切问题的见解都具有二重性。

1. 亚当·斯密的劳动价值论

在斯密区分了价值和使用价值之后,便从劳动分工角度出发去研究交换价值的真实尺度,他认为商品交换就是体现在商品中劳动量的交换,商品交换价值的真实尺度就是劳动。由此,他确认了把劳动看成商品价值的普遍的尺度,认为只有劳动,能在一切时代一切地方比较各种商品的价值,这是斯密在政治经济学上的最大贡献。

斯密体系是矛盾的。斯密虽然提出了劳动价值论,但他在说明劳动价值论的同时,又提出了两个相互对立的价值规定即价值决定于生产商品所必要的劳动与价值决定于商品能够买到或支配的劳动。

首先,斯密继承和发展了劳动是价值源泉的观点,把劳动价值论提升到一个新的高度,认为价值是由生产商品所耗费的劳动创造的,这里的劳动指的是一般的社会劳动。他说:"任何一个物品的真实价格,即要取得这物品实际上所付的代价,乃是获得它的辛苦和麻烦"[1],就是指生产商品时所耗费的劳动。这里,斯密所讲的"商品的真实价格",实际就是指真正价值本身,而"辛苦和麻烦"就是指的人类劳动。斯密进一步分析道,在资本积累和土地私有制尚未发生的初期野蛮社会,劳动的生产物都属于劳动者自己,"一种物品通常应可购换或支配的劳动量,只由取得或生产这物品的一般所需要的劳动量来决定"[2]。但是,斯密察觉到,商品价值取决于生产商品所需劳动量的规律在资本主义产生之前和之后存在差别,在资本主义之后,物品可购换的商品与生产该物品所耗费的劳动量已经不相等了。因为在资本主义社会的状态下,劳动的全部生产物,未必都属于劳动者,大都需要与雇用他的资本所有者共分。进而,斯密提出了他的第二种价值规定,即斯密更倾向于将可购买

---

① 亚当·斯密:《国民财富的性质和原因的研究》上卷,商务印书馆,1981 年版,第 26 页。
② 亚当·斯密:《国民财富的性质和原因的研究》上卷,商务印书馆,1981 年版,第 26 页。

或可支配的劳动作为衡量物品价值的尺度。与此同时,在劳动决定价值的问题上,斯密还发现了衡量劳动的复杂程度与商品价值量的关系,即简单劳动和复杂劳动的关系,他说:一小时艰苦程度较高的劳动产品,可交换两小时艰苦程度较低的劳动的产品,这时,斯密已经意识到,复杂劳动是多倍的简单劳动。

其次,在研究资本主义商品交换和商品价格构成现实的过程中,斯密又树立了由工资、利润、地租三种收入决定价值的观点。斯密发现,在资本主义现实生活中购买到的劳动大于补偿工资的物化劳动,这样就与价值规律相矛盾。于是他认为,在资本积累和土地私有后的"进步社会"中,价值规律就不再适用了,商品的价值不再由耗费的劳动量决定,而是由"购买到的劳动量"决定。这种购买到的劳动量可以分解为工资、利润和地租三种收入。所以,一个物品的"真实价格"已经不是由生产商品所耗费的劳动构成,其真实价格除了能够补偿劳动者的工资之外,还要能提供土地的收入地租和资本的收入利润。"工资、利润和地租,是一切收入和一切可交换的三个根本源泉。"①斯密在这样说时,实际上是放弃了劳动价值论,又树立了另外一种价值规定或衡量商品交换价值的尺度,即由劳动决定价值转向了有三种收入决定价值的观点。

实际上,在斯密的第二种价值规定中,他所说的商品能够"购买到的劳动量",是指活劳动而言的,而活劳动是由工资支付的。这样,斯密在这里所提出的实际上就是"商品的价值实际上由工资决定"的观点,这是一种庸俗的观点。

斯密从价值决定于生产商品所必需的劳动时间转向价值决定于商品所能够买到或能够支配的劳动的规定并非偶然,而是有其深刻的原因:第一,由于斯密没有区分劳动与劳动力,因而不能解释资本主义条件下,资本和劳动交换的秘密,而是认为其没有遵循价值规律,导致他由第一种价值规定转向第二种价值规定。第二,斯密混淆了价值形成与价值增值,因而感觉到资本主义条件下,商品所能够买到或支配的劳动量大于它本身所包含的劳动量。而这实际是价值增值的问题,也是斯密所不能解释的复杂经济现象,由此导致斯密认为价值规律不适用于资本积累和土地私有制产生以后的社会。

2. 亚当·斯密的工资理论

斯密结束了价值理论的研究之后,立即转入对分配理论的论述。其分配

---

① 亚当·斯密:《国民财富的性质和原因的研究》上卷,商务印书馆,1981 年版,第47 页。

理论是以三个阶级(工人、资本家和地主)和三种收入的划分为基础的。由于斯密在研究方法和价值论上都存在两重性,使得他的分配理论论述中常包含两种见解。斯密的工资理论就有两种不同的观点。

第一种工资观点是从他的劳动价值论的第一种价值规定出发的。认为工资是来自劳动的产出,由劳动决定,"劳动生产物构成劳动自然报酬或自然工资"①,这也是斯密工资决定论的重要内容。在土地尚未私有、资本尚未积累的原始社会中,劳动者的全部生产成果就是劳动的自然报酬或自然工资。但是,在资本主义制度下,土地所有者和资本所有者要求从劳动者的生产成果中分出一定份额,构成地主的地租和资本家的利润,劳动者只能获得他自己劳动生产物的一部分作为工资。斯密的这种工资论从劳动价值论出发,正确指出了工资的来源,也揭示了利润和地租的真正根源,并认为工人的收入在性质上不同于资本家和土地占有者的收入,这是他的工资规定中的合理因素。但是,他的这种工资论也是有缺陷的,即忽视了工资是资本主义范畴的概念,他认为资本主义以前的一切劳动收入都是工资,这样就把雇佣工人的工资与独立小生产者的收入混为一谈,这种超历史的观点也是古典政治经济学家在理论研究上共同的弱点。

斯密的第二种工资观点是与他的第二种价值规定相适应的,认为工资就是劳动的价格。"劳动者独享全部劳动生产物的这种原始状态,一到有了土地私有和资本积累,就宣告终结了"。② 劳动者需要和资本家、地主共同分享劳动产品,工资仅是其中一部分,而关于这一部分劳动产品是如何分割的,工资的数量究竟是多少? 斯密认为,应该等于劳动的自然价格,其实就是劳动(力)的价值,它是由劳动者的生活维持费决定的。他说:"需要靠劳动过活的人,其工资至少须足够维持其生活。在大多数场合,工资还得稍稍超过足够维持生活的程度,否则劳动者就不能赡养家室而传宗接代了。"③斯密认为,尽管资本家想拼命压低劳动者的工资,但工资总不能低到维持劳动者及其家庭生活必需的水平以下,只有不低于这种最低水平的工资,才可以说是符合一般人道标准的最低工资,由此,斯密提出了工资标准的问题。由于维持工人及其家属生活所必需的生活费用,就是生产和再生产劳动力的费用,

---

① 亚当·斯密:《国民财富的性质和原因的研究》上卷,商务印书馆,1981年版,第58页。
② 亚当·斯密:《国民财富的性质和原因的研究》上卷,商务印书馆,1981年版,第58页。
③ 亚当·斯密:《国民财富的性质和原因的研究》上卷,商务印书馆,1981年版,第62页。

劳动力的价值正是由这种费用所决定的。所以此处所说的"劳动的价值和价格",其实就是劳动力的价值和价格。

在工资问题上,斯密承认工人和资本家之间存在着不可调和的利害冲突。他认为,劳资双方所订契约也影响劳动者的工资水平,由契约所规定的这种劳动的市场价格,是以劳动的自然价格为基础的,劳动者期望自己多得,而雇主盼望少给,这是工资的高低取决于劳资双方争议的结果,而在争议中雇主经常居于有利地位。同时,劳动工资的涨落也受需求的影响,雇工需求的不断增加,以及劳动者的缺乏会使雇主竞相出高价雇佣劳动者,进而使工资提高,工资的提高就会鼓励工人生儿育女,又会造成劳动力供给增多,导致工资水平下降到它的最低水平。如同一般商品的供求情况影响商品价格的升降一样,劳动力的供求状况也对工资的涨跌起着调节作用。工人和资本家在劳动市场上的相互竞争以及劳动力供求都会对劳动的市场价格产生影响。

斯密的工资论还把工资的变动和财富生产的变动联系起来考察。他认为,劳动工资随着国民财富的增加而增加,使劳动工资增高的不是庞大的现有国民财富,而是不断增加的国民财富,劳动报酬的优厚是国民财富增进的必然结果,斯密把工资的提高看作促进生产发展的前提,又是生产发展的必然趋势,这是一种科学的见解。在工资提高和物价上涨的关系问题上,斯密认为国民财富的增长会引起工资的提高,工资的提高又会引起物价的上涨。但是,我们应该看到,虽然斯密认为工资提高引起物价上涨的观点是错误的,但这种观点同后来庸俗经济学家的辩护理论还是有区别的。因为他并没有有意识地把价格的上涨归罪于工资的提高。他认为,高利润提高物价的倾向比高工资大得多,商品价格中归于工资的部分按算术级数增长,归于利润的部分按几何级数增长。

斯密的工资理论虽然有上述科学因素,但仍有其理论缺陷。首先,通过劳动力供给人数的增减来说明工资的涨跌是不妥的。其次,斯密没有区分"劳动"与"劳动力",将工资说成是劳动的价值或价格。当然,这不仅是斯密理论的缺陷,而且也是整个古典政治经济学的理论缺陷之一。马克思说:"劳动是价值的实体和内在尺度,但是它本身没有价值。"①"工资不是它表面上呈现的那种东西,不是劳动的价值或价格,而只是劳动力的价值或价格的隐

---

① 《马克思恩格斯全集》第44卷,人民出版社,2001年版,第615页。

蔽形式。"①正因为斯密不懂得劳动与劳动力的区别,因此他也就不了解工资的本质,也就不能说明资本和劳动交换的矛盾问题。

四、李嘉图的劳动力价值与工资理论

大卫·李嘉图是英国产业革命时期古典政治经济学的杰出代表和完成者。其学说形成于 19 世纪初,正值英国产业革命蓬勃发展的时期,机器生产代替了手工劳动,英国开始成为"世界工厂",是世界其他各国工业品的主要供应者。时代的发展要求有同其相适应的理论产生,李嘉图的经济理论就是适应这个要求产生的,其任务就是要为资本主义大工业的发展制定新的经济理论化政策,为资本主义的发展扫清障碍,大力提高资本主义的生产力。英国产业革命不仅带来社会生产力的提高,还引起社会生产关系的深刻变革,工人阶级第一次真正成为社会中一个稳定的阶级,也已经开始了自发的斗争。但这一时期,社会主要矛盾仍然是资本主义和封建残余势力之间的矛盾,公开的主要的阶级斗争是工业资产阶级和贵族地主阶级之间的斗争。

李嘉图最有影响的著作是 1817 年发表的《政治经济学及赋税原理》,该著作使他成为当时最著名的英国经济学家。在方法论上,李嘉图力图克服亚当·斯密体系中的矛盾,始终一贯地使用抽象演绎法,并以商品价值由劳动时间决定的原理作为分析一切经济现象的基础和出发点,考察资本主义的其他经济范畴是否与这个原理相适合或相矛盾。李嘉图就用这种方法,把掩盖在资产阶级生产关系内部联系的一切东西都抽象掉了,描绘了一个纯粹的资产阶级社会,深刻地分析了资本主义的生产关系。对此马克思指出,正因为李嘉图能深入到资产阶级社会的生理过程中去,他才能运用这种抽象法使资产阶级经济科学发展到可能到的高峰,才能使他成为古典政治经济学的完成者。但是,由于李嘉图把资本主义生产的规律当作社会一般的规律,缺乏历史观点,也就导致他的理论研究中存在把资本主义生产方式绝对化、永恒化的弱点。

1. 李嘉图在劳动价值论上对亚当·斯密的批判

李嘉图是在批判亚当·斯密劳动价值论的基础上建立起来的,并在批判的过程中,发展了古典经济政治学的劳动价值论。

---

① 《马克思恩格斯全集》第 25 卷,人民出版社,2001 年版,第 25 页。

　　首先,李嘉图批判了亚当·斯密在两种价值规定中,把耗费劳动和购得劳动都当作价值尺度的见解。他认为,商品价值只能由生产该商品所耗费的劳动决定,其价值量的大小与所付出的劳动量的大小成正比。其次,李嘉图批判了亚当·斯密所认为的在私有制产生之后,商品的价值由工资、价格和利润三种收入决定的观点。他表示,虽然在资本主义社会之后,商品的价值可以分解为工资、利润和地租,但是商品的价值绝不是由这三种收入决定的,而是由劳动时间决定的。工资、利润和地租只是对于产品价值的分割,他们之间处于相互对立的地位,他们来自商品价值,但他们并不会影响商品价值,对于商品价值由劳动决定的观点的坚持,是李嘉图在劳动价值论上的重大贡献,也是比斯密的理论更进步、更科学的地方。再次,李嘉图不同意斯密关于劳动本身的价值不会改变的说法,他指出"劳动的价值"同其他商品的价值一样是经常变动的。在这一问题上的正确认识,也有助于从反面证明斯密第二种价值规定的错误所在,因为既然"劳动的价值"是变动的,那么就不能以物品所能购买或支配的劳动当作衡量和比较商品价值的最终尺度,从而也就不能把工资当作价值的尺度,驳倒了斯密的错误命题。

　　当然,李嘉图的劳动价值论也有其缺陷。李嘉图认为劳动创造价值,也曾表明此处所讲的劳动是抽象掉它的具体形态的劳动,但是他并没有提出劳动为什么要表现为价值的问题。他对价值的研究,从而对创造价值的劳动的研究,仅仅是从量上进行考察,而不是把价值当作一个历史范畴,去探讨其中所包含的生产关系,也就没有对"劳动的价值"从质上进行探讨。李嘉图在劳动价值理论上的另一个贡献是,他认为决定商品价值的劳动,并不是由个别生产者在生产商品时所耗费的个别劳动时间决定的,而是由必要劳动决定的。但是,李嘉图所说的必要劳动,并不是指的社会平均的劳动强度和生产条件下生产每单位商品所耗费的抽象劳动,而是指在最不利的条件下,生产每单位商品所耗费的最大劳动。李嘉图的错误之处就在于,他不懂得商品的价值量不是取决于最不利的生产条件下的必要劳动时间,而是取决于社会必要劳动时间。

　　2. 李嘉图的工资理论

　　与李嘉图之前的经济学家不同,李嘉图把分配问题作为其研究的重点,并发现地租和利润的对立、利润和工资的对立,这不仅扩大了经济学的研究范围,而且还使经济学带有明显的社会性质。除此之外,李嘉图工资理论的重要贡献还在于他把分配当作生产的一个因素并从生产中寻找分配的基础。李嘉图和斯密一样认识到,工资是影响利润的首要的、直接的和明显的因素。不过,比斯密更进一步的是,他始终把工资与雇佣工人的收入而不是与一般劳动收入相联系。李嘉图的工资理论主要涉及三个问题:决定工资数量的基础、工资变动的规律和相对工资等。

(1)在工资的定义问题上,李嘉图和其他古典政治经济学家一样,把劳动看作是一种商品,认为工资是劳动的价格。劳动的价格包括自然价格和市场价格。"劳动的自然价格是让劳动者大体上能够生活下去并不增不减地延续其后裔所必需的价格"[1],劳动的市场价格就是"根据供求比例的自然作用实际支付的价格。劳动稀少时就昂贵,丰裕时就便宜"[2]。由于李嘉图混淆了劳动与劳动力,所以他并不了解劳动力这种商品的价值和特殊使用价值,但是李嘉图认识到劳动者维持自身生活以及供养家庭的能力,不取决于工资所能得到的绝对货币量,而是取决于用这一笔货币所能购得的必需生活资料的数量,以及由于习惯而成为必不可缺的享用品数量。因此,劳动的自然价格便取决于劳动者维持其自身与其家庭所需的必需生活资料和享用品的价格。生活必需品涨价,劳动的自然价格也会上涨,生活必需品跌价,劳动的自然价格也会跌落。由此可以看出,李嘉图把劳动的"自然价格"或劳动价值用工人实际所能得到的生活资料所耗费的劳动量来说明,这事实上已经确定了工资的自然基础。

(2)工资变动的规律。李嘉图认为,劳动如同其他商品一样,其市场价格也是伴随劳动供求的变化,以劳动的自然价格为中心而上下波动。工人实际所获得的工资(劳动的市场价格)既不会长久高于其自然价格,也不会长久低于自然价格。"劳动的市场价格不论与自然价格有多大的背离,它也还是和其他商品一样,具有符合自然价格的倾向。"[3]李嘉图同时认为,自然价格也并非固定不变的,在不同国家和不同时期是不同的,这取决于人民的风俗习惯,而且他还主张工资应当由市场上的公平竞争决定而不应由立法机关的干涉加以统制。

受马尔萨斯人口论影响,李嘉图在研究工资变动规律时认为工人人口自

---

① 《李嘉图著作和通信集》第1卷,商务印书馆,1981年版,第77页。
② 《李嘉图著作和通信集》第1卷,商务印书馆,1981年版,第78页。
③ 《李嘉图著作和通信集》第1卷,商务印书馆,1981年版,第78页。

然增殖的变化对工资起着自动调节作用。他认为,按照供求比例的自然作用实际支付给工人的是劳动的市场价格,劳动的市场价格在劳动稀少时昂贵,在劳动充裕时便宜,当劳动的市场价格高于自然价格时,劳动者可以得到更多的生活必需品和享受品,从而供养人丁兴旺的家庭,人口的增加将会加大劳动力的供给,而劳动力供大于求的压力又会使工资降到自然价格上去;当劳动的市场价格低于自然价格时,劳动者生活的境况最困苦,当贫困使劳动者数量减少,劳动力供不应求时,劳动的市场价格才会再提高到自然价格的水平。由此可以看出,在李嘉图的论述中,劳动的市场价格依供求而围绕劳动的自然价格上下波动是能够反映现实情况的,但是把工人人口的自然增殖变化看作是对工资的自动调节却存在片面性。首先,劳动供求和工资变动并不直接取决于人口绝对数量,而是取决于产业后备军的大小,并且劳动人口的供求状况是一个相对数量,一方面是劳动者供给人数,另一方面是资本对劳动力的需求程度,这双方比例的变化才影响工资数额,而不是劳动者单方面数量变动的结果。其次,这个规律与实际情况不符,劳动力成长的时间较长,而工资变动所需时间较短,如果说劳动力数量影响工资涨落,二者在时间比例上是不成立的。所以从这个角度而言,李嘉图工资理论是有瑕疵存在的。

(3)相对工资学说。李嘉图在研究工资发展趋势时提出相对工资的概念,即把工资收入作为工资、利润和地租三种收入总和中的一部分,考察工资所占比例的变化。李嘉图认为,工资的价值是按照工人从产品的总价值中得到的比例部分来计算的,而不是按照工人得到的生活资料的量来计算的,也就是说相对工资是一个相对的量,而不是绝对的量。在产品的总价值中,工资的变动将直接引起利润即剩余价值的变动,工资相对提高,利润就相对降低,工资相对降低,工资就相对提高,利润的高低和工资的高低成反比。在技术进步的情况下,即使工资的绝对量有所提高,但是只要工资的提高落后于利润的提高,那么相对工资仍然是下降的。李嘉图还认为,随着社会的发展,由于资本增长率赶不上工人人数的增加,货币工资的增加也赶不上生活必需品价格的上涨,所以工资呈现下降趋势。

马克思对李嘉图的相对工资理论给予了极高的评价,认为这是李嘉图工资理论的最重要的贡献。马克思认为,对于相对工资的分析是李嘉图的巨大功绩之一。在李嘉图以前,始终只对工资做了简单的考察,而在相对工资的范畴中工人是被放在社会关系中来考察的。相对于工资的绝对量而言,比例工资更能够反映阶级间的分配状况。

综上所述,古典政治经济学派在工资理论方面做了重要的探索,从配第到李嘉图,虽然每人对工资的论述有所不同,对于工资的本质也有不同程度的解释,但是,他们大多认为工资水平决定于维持工人及其家属生存所必需的生活资料的总价值或价格,所以后人把古典政治经济学派的工资理论称为"维持生存工资理论"。从配第到李嘉图都把劳动看作商品,却没有将劳动与劳动力进行明确区分,把工资叫作"劳动的价值"或"劳动的价格",并没有对"劳动的价值"给出正面的阐释,这是古典政治经济学在工资理论上的缺陷。另外,古典政治经济学家将资本主义生产方式看作永恒的规律,也是其理论上存在的非历史的缺陷。但是,古典政治经济学派开始出现将工资的研究领域从流通领域转向生产领域,初步出现了剩余价值理论研究的萌芽,并逐渐形成了由表象至本质的分析方法,为马克思劳动力价值理论及工资理论的确定奠定了思想及方法论基础。

第二节　马克思工资理论的形成历程

马克思的政治经济学是在批判地继承古典政治经济学的基础上发展起来的,它的形成标志着经济科学的革命变革,标志着与资产阶级经济学相对立的无产阶级政治经济学的创立。马克思的工资学说如同其他学说一样,不是在短时期内形成的,而是有一个产生、发展、完善成熟的过程,追寻其工资学说的形成和发展轨迹,比较分析其前后学说的异同,才能正确理解和掌握马克思工资理论体系的科学观点。

一、马克思工资理论的初期探究

19世纪40年代到50年代初期是马克思初创其工资理论的时期。这个阶段,马克思在吸收继承古典政治经济学有益成分的基础上参加革命斗争实践,开始初步研究政治经济学。恩格斯同样是马克思主义学说的伟大创始人,其早期的经济学著作,对工资理论的发展也有重要作用。这一时期马克思、恩格斯的研究已经为科学的劳动力价值与工资理论打下了坚实的基础,理论框架也初步建立。但是,这一阶段的理论还带有明显受古典政治经济学派影响的痕迹,理论阐述也还不够系统全面,带有较明显的理论初创期的特点。尤其是由于尚未区分劳动与劳动力,对劳动力价值的剖析不够深入准确,马克思在其早期的著作中多次使用"劳动价格""劳动商品"概念,并借助于不同工资范畴的比较分析来实现对劳动价值的分析或直接讨论工资问题,带有对于工资理论研究的表面性色彩。

1843 年底到 1844 年初,恩格斯所写的《政治经济学批判大纲》是马克思主义文献中第一部讨论工资问题的著作。在这篇文章中,恩格斯分析了资本家和工人的对立,以及在斗争中处于不利地位的工人收入问题,并批判了马尔萨斯的人口论,分析了资本积累和人口过剩的问题,并明确指出"人口过剩或劳动力过剩是始终与财富过剩,资本过剩和地产过剩联系着的。只有生产力过大的地方,人口才会过多"①。也是在这部著作中,恩格斯第一次提出了资本积累一般规律的基本思想。随后,恩格斯在 1845 年发表的《英国工人阶级状况》中,以竞争与危机这两种经济事实为起点探索工资问题,讨论了最高工资、最低工资、平均工资、相对工资、绝对工资等理论范畴与现实情况,并着重描述了资本主义条件下工人阶级的贫困和悲惨生活状况。

恩格斯在前期著作中所论述的经济思想,可视为马克思研究政治经济学若干原理的思想萌芽,推动了马克思经济观点的形成。马克思在研究政治经济学初始阶段所取得的成果,集中反映在他所写的《1844 年经济学哲学手稿》中,这是马克思第一部较为系统的政治经济学著作,也是马克思对于建立无产阶级政治经济学理论体系的初次尝试。在这部著作中也涉及工资问题,分析了最低工资的定义,并探索了社会状态的变化对于工人生活状态的影响,还考察了资本、土地所有权和雇佣劳动三者之间的关系。在这部著作中马克思并不是从劳动价值论的角度来分析工资问题的,而是运用当时流行于德国哲学界的"异化"概念来进行分析的。他从劳动异化的角度,分析了工资同异化劳动的关系,同资本的关系,同劳资双方对立及斗争的关系。马克思工资理论在这一时期的特点是:

(1)由于这一时期尚未区分劳动与劳动力,因此马克思更加关注于工资数量的变化对于工人阶级生存状态的影响,联系社会财富处于衰落或增长的状态分析社会状态的变化对于工人地位的影响,并指出当社会财富处于衰落

---

① 《马克思恩格斯全集》第 3 卷,人民出版社,2002 年版,第 466 页。

状态工人遭受的痛苦为最大,而当社会财富处于增长状态时,对工人的需求量将会上升,工资也将有所提高,但这种工资的提高又将引起工人的过度劳动,放弃一切自由在挣钱欲望的驱使下从事奴隶劳动,其后果就是工人寿命的缩短。另外,当社会财富处于日益增长状态时,社会分工与资本集聚都会增强,工人之间的竞争也会随时加剧,因而他们的价格也会逐渐降低。所以,"即使在对工人最有利的社会状态中,工人的结局也必然是劳动过度和早死,沦为机器,沦为资本的奴隶(资本的积累危害着工人),发生新的竞争以及一部分工人饿死或行乞"①。而无论是社会富裕状态还是衰落状态都会造成工人持续不断的贫困,这种贫困是从现代劳动本身的本质中产生出来的。

(2)对"最低工资"问题展开初步的探讨。在这一时期,马克思的工资理论在很大程度上受亚当·斯密的影响。按照亚当·斯密的看法,工人通常所获的工资就是同普通人维持牲畜般的存在状态相适应的最低工资。马克思在这一时期沿袭亚当·斯密的理论,认为"最低的和唯一必要的工资额就是工人在劳动期间的生活费用,再加上使工人能够养家糊口并使工人种族不致死绝的费用"②。但是,随着马克思和恩格斯不同时期理论的发展,最低工资的含义也在不断发展变化,逐渐形成完整科学的理论。

(3)马克思在这一时期对工资和资本所得之间的关系进行了分析研究,他同意古典政治经济学家关于工资与资本利息之间成反比的观点,并这样评价道:"现代英国国民经济学……揭示了工资和资本利息之间的反比例关系,提出资本家通常只有通过降低工资才能增加收益,反之则降低收益。"③这表明,资本与工资之间相互变化关系反映了剩余价值各种形式同工资之间的关系,在私有财产关系下,资本与劳动是相互对立的,二者的收益也呈反比例变化关系。马克思在其后所写的《雇佣劳动与资本》中,对于工资和利润相互增减变化的关系进行了进一步探讨。

(4)马克思认为,工资是异化劳动的直接结果,而异化劳动是私有财产的直接原因。马克思在《1844年经济学哲学手稿》中指出,要用异化劳动和私有制这两个因素"阐明国民经济学的一切范畴,而且我们将发现其中每一个范畴,例如商业、竞争、资本、货币,不过是这两个基本因素的特定的、展开了

---

① 《马克思恩格斯全集》第3卷,人民出版社,2002年版,第229页。
② 《马克思恩格斯全集》第3卷,人民出版社,2002年版,第49页。
③ 《马克思恩格斯全集》第3卷,人民出版社,2002年版,第282页。

的表现而已"①"工资是异化劳动的直接结果,而异化劳动是私有财产的直接原因。因此,随着一方衰亡,另一方也必然衰亡。"②所谓异化劳动,是指"劳动产品和劳动对象作为异于劳动者的存在物存在,而不属于劳动者"③。异化劳动作为一个过程,包括四个方面的规定:工人与自己的劳动产品相异化,工人与自己的劳动行为本身相异化,人与人的类本质相异化以及人与人相异化。在资本主义社会,资本家占有生产资料,从而占有生活资料,工人为了生存就要出卖自己的劳动(力)以获取工资。在工人的生产过程中,不断创造出劳动产品,但这种劳动产品却不能归劳动者占有,而是作为一种异己的存在物同劳动对立。工人生产的财富越多,资本积累就越大,工人的贫困化就越深。工人在劳动中并不会感觉到马克思在后期所说的能够体会到生命存在的价值和意义,而是不断地否定自己,感到自己的肉体受到折磨、精神遭受摧残。这一切,都是为了取得工资而得以生存,所以,"在工资中,劳动并不表现为目的本身,而是表现为工资的奴仆"④。工人的不断劳动生产出与他异己的、敌对的生产对象和生产关系,这些异己的力量随着他的不断劳动而日益积累增大,与此相对应工人并不会日益富裕,相反却会日益贫困,他生产得越多,他本身也就越没有价值。他为资产者创造了宫殿的同时,却把自己埋进了贫民窟。

异化劳动的理论是马克思初期工资理论的一个重要历史与理论起点,这说明马克思已经意识到了政治经济学这门学科所包含的强烈社会性质,对于工资问题的认识也需要联系资本主义私有制关系进行研究,这就使得马克思的工资理论在原则上不同于传统的工资理论,在视野上也超越了资产阶级古典政治经济学家们的研究范围。但这时,马克思仍然没有摆脱工人出卖的是劳动这样的错误观念。

在1845年至1846年间,马克思与恩格斯合作重要著作《德意志意识形态》。这部著作的重要性在于批判了当时德国哲学界存在的各种唯心主义世界观,系统论述了马克思主义政治经济学指导原理——唯物主义历史观,为人们接受新的世界观扫清了障碍,也为马克思的经济研究奠定了坚实的理论

---

① 《马克思恩格斯全集》第3卷,人民出版社,2002年版,第278页。

② 《马克思恩格斯全集》第3卷,人民出版社,2002年版,第101页。

③ 迟成勇:《评析1844年经济学哲学手稿中的异化劳动理论》,《广西大学学报(哲学社会科学版)》,2007年第5期。

④ 《马克思恩格斯全集》第3卷,人民出版社,2002年版,第167页。

基础并提供了科学的方法论指导。在工资理论方面,这部著作阐述了工资是劳动的报酬,工资由价值规律、生产成本、供求关系决定,即工资由劳动市场的状况决定等观点。按照马克思后期成熟理论的说法,他在《德意志意识形态》中所提到的"报酬,即工资"的说法也是不规范的和不成熟的表述方式,资本主义工资并不是劳动的报酬,这也是一种假象和歪曲的说法。

在唯物主义历史观的指导下,为批判蒲鲁东小资产阶级观点,马克思于1847年完成《哲学的贫困》一书。首先,马克思在这部著作中肯定了李嘉图的劳动价值论,阐明了他自己的劳动价值论观点,并论证了资本主义社会是建立在以劳动(力)成为商品的基础上,即建立在资本家对雇佣劳动的剥削之上。虽然这一时期,他并没有区分劳动与劳动力,但他已经对"劳动"这种商品做了新的解释,他认为"劳动"是一种特殊的商品,是资本主义社会所特有的范畴,由此表明了其客观性与历史性。其次,马克思初次较为细致地论述了"劳动"的价值问题,并研究了"劳动"价值与工资的关系。马克思认为,"劳动"的价值是由生产它所需要的劳动时间来决定的,这种劳动时间也就是为了生产维持不断劳动即供给工人活命和延续后代所必需的物品的劳动时间。在"劳动"价值与工资的关系上,这一时期马克思认为"劳动的自然价格无非就是工资的最低额"。这就是说马克思认为,工资额应该始终等于"劳动"的价值,由于对于该问题的阐述并不确切。后来,在1885年出版这部著作德文版时,恩格斯在脚注中加以说明,并指明马克思在《资本论》中纠正了上述论点。再次,马克思认识到在资本主义条件下,劳动创造的价值,通常比劳动的价格即工资要多,而这个差额是归生产资料占有者所有,而劳动者不占有生产资料,所以不能占有这个差额,在这里马克思已经指明了剩余价值的来源。

完成于1847年12月的《雇佣劳动与资本》,可以看作是马克思和恩格斯在这一时期所创立的工资理论的初步总结,这本书以严密的逻辑论证论述雇佣劳动与资本的关系,指明"劳动"成为商品是资本主义特有的现象,并在资本主义社会生产关系之上,概述这一时期工资的定义以及工人对整个资产阶级的依附性,并通过分析工资和利润之间的对立关系揭露了资本主义剥削的实质。在这部著作中马克思工资理论逐渐形成:

(1)关于工资的定义。在这部著作中,马克思认为工资问题是由劳动(力)成为商品引起的。在资本主义社会,资本家用货币购买工人的劳动,工人为了货币而向资本家出卖自己的劳动,从而去交换各种各样的商品以获得生存。他说:"工人拿自己的商品即劳动去换得资本家的商品,即换得货币,并且这种交换按一定的比例进行的。一定量的货币交换一定量的劳动时间。"①这说明,工人是靠出卖自己的劳动(力)商品以获得工资。"商品通过货币来估价的交换价值,也就称为商品的价格。所以,工资只是人们通常称之为劳动力价格的特种名称,是只能存在于人的血肉中的这种特殊商品价格的特种名称。"②

(2)关于劳动与劳动力区分的新进展。虽然马克思没有明确区分"劳动"与"劳动力",但是在这一阶段关于工资概念的论述中,实际上已经呈现出马克思在《资本论》中所分析的关于"劳动力"的思想,因为存在于人的血肉中的特殊商品只能是劳动力而不是劳动,他所说工人出卖的劳动商品,实际上已经是指工人所出卖的劳动力,反映出他对劳动力价值与工资理论中的这一重要原理有了相当的认识与概括。在此基础上,马克思分析了雇佣劳动对于资本的依附关系,并揭示了资本家对于工人的剥削。工人为了生存,必须把这种生命活动出卖给资本家,工人不是依附于单个资本家而存在,而是依附于整个资产阶级而存在。在资本与劳动的交换中,工人的创造力量不仅能补偿工人所消费的东西,还能创造更大的价值。资本家通过占有两者之间的差额,实现剥削工人的目的。劳动(力)价值与使用价值的思想在此处得到初步显露。

(3)关于工资水平的决定。马克思在这一阶段认为,既然劳动是商品,那么调节一般商品价格的一般规律,也调节劳动价格即工资水平的波动。而根据价值规律的要求,商品的价格总是围绕生产费用即价值上下波动,因此价格由价值决定。而工资作为劳动(力)商品的价格,其价值也是由劳动(力)的价值决定的,由劳动(力)的生产费用所决定。那么劳动(力)的生产费用是什么呢? 马克思指出:"这就是为了使工人保持其为工人并把他训练成为工人所需要的费用。"③"简单劳动力的生产费用就是维持工人生存和延续工人后代的费用⋯⋯这种维持生存和延续后代的费用的价格就是工资。"④

---

① 《马克思恩格斯选集》第1卷,人民出版社,1995年版,第334页。
② 《马克思恩格斯选集》第1卷,人民出版社,1995年版,第476页。
③ 《马克思恩格斯选集》第1卷,人民出版社,1995年版,第342页。
④ 《马克思恩格斯选集》第1卷,人民出版社,1995年版,第343页。

（4）关于最低工资。由于受古典学派最低工资理论的影响，马克思在这一阶段关于最低工资理论的最主要的观点可以归结为劳动（力）的价值由生产它的最低限度的时间所决定。工人所获的最低工资额就是维持生存和延续后代所需费用的价格。这种最低工资额也是就工人阶级整个种属来说的，单个的工人所得也许不足以维持生存和延续后代，但整个工人阶级的工资在其波动范围内是和这个最低额相等的，最低工资是整个工人阶级工资波动的中心。在这一时期，马克思认为工人能得到且只能得到最低工资。

（5）关于生产资本的增长与工资的关系。为了降低生产费用和提高劳动生产率，资本家之间发生全面竞争：他们竭尽全力设法扩大分工并尽可能大规模地使用机器。出现机器排挤工人的现象，"生产资本越增加，分工和采用机器的范围就越扩大。分工和采用机器的范围越扩大，工人之间的竞争就越剧烈，他们的工资就越减少"①。这里，马克思实际上提出并阐明了资本积累规律和无产阶级贫困化学说，在后来的《资本论》中，马克思对此问题又做了更加完整的论述。

（6）通过分析名义工资、实际工资和相对工资之间的关系，说明工资所包含的经济关系，并揭示了资本和雇佣劳动之间的截然对立。马克思通过分析16世纪美洲发现更丰富的矿藏导致黄金和白银价值降低，从而工人的实际工资降低而名义工资却没有变化等具体事例，指出由于货币价值变化、必需生活资料价格的变化等因素的影响，名义工资（劳动的货币价格）和实际工资（用工资实际交换所得的商品量）是不一致的。此外，如果要全面展示工资所包含的各种关系，还应考察比较工资和相对工资。相对工资是直接劳动在自己新创造的价值中所占的份额，是资本家和工人的相互价值。通过对相对工资的考察，马克思引出了工资和利润的对立关系问题，他指出："工资和利润是互成反比的。资本的交换价值即利润愈增加，则劳动的交换价值即按日工资就愈降低；反之亦然。利润增加多少，工资就降低多少；而利润降低多少，则工资就增加多少。"②这就表明了工人和资本家在利益上的对立。假如资本增加迅速，工资是有可能提高的，但是这是在利润增加得更加迅速而相对工资却同样迅速下降的条件下才实现的，所以即使工人的物质条件有所改善，这也是以他们社会地位的下降为代价而换来的。

---

① 《马克思恩格斯选集》第 1 卷，人民出版社，1995 年版，第 362 页。
② 《马克思恩格斯全集》第 6 卷，人民出版社，1961 年版，第 495 页。

《雇佣劳动与资本》代表了马克思和恩格斯在这一时期工资理论的最高水平,同《哲学的贫困》相比较,它已经在事实上初步揭示了工资是劳动力价值的货币表现,并论述了劳动力价值以及工资是如何决定的,通过研究工资与利润此消彼长的关系在理论上表明了工人和资产阶级之间的根本利益的对立。相较古典政治经济学家进步的一点是,马克思认为劳动成为商品是资本主义特有的现象,体现了马克思工资理论的历史性观点。此后,马克思在为《雇佣劳动与资本》所作的后续提纲《工资》中更加明确指出工资的历史性问题:"工资不是生产所绝对必需的要素。在另一种劳动组织之下,它可能消失。"①"生产的一切的关系(资本、工资、地租等)都是暂时的,在一定的发展阶段上都要被消灭的。"②马克思还分析了失业工人对在业工人工资的影响,他指出:"一般说来,可能有两种市场,正式更低的市场价格(在质量相同的情况下)占上风,这是普遍规律。假定有一千个同样熟练的工人;五十个失业;在这种情况下,价格不是由九百五十个在业者决定,而是由五十个失业者决定。"③

此外,这一时期马克思、恩格斯的其他一些论著也从不同角度分析阐述了劳动力价值与工资问题。其中比较有代表性的,如:《共产主义原理》《关于自由贸易的演说》《共产党宣言》《10小时工作制问题》等。通过以上论述,我们可以看出,马克思和恩格斯在这一阶段分析了"劳动"成为商品的意义及其价值决定,并将工资与"劳动"价值之间的关系做了进一步阐述,关于劳动力价值和使用价值的思想也得到初步形成,并指明了工资是资本主义生产方式下的特有经济范畴,还对工资水平和工资的变动趋势做了分析和探讨,揭示了工资和利润的对立,并进一步指明工人和资本家的对立。通过对异化劳动的分析,指出工人所受剥削的渊源,以及工人贫困化的制度内生性特征,已经显露了劳动力商品理论的思想萌芽,初步显示了马克思工资理论的社会历史性特征。但是,由于这一时期的理论没有区分"劳动"与"劳动力",也就没能深入揭示出工资的本质。

二、马克思工资理论的深入发展

19世纪50年代中期到60年代中期,是马克思主义工资理论的深入发展

---

① 《马克思恩格斯全集》第6卷,人民出版社,1961年版,第640页。
② 《马克思恩格斯全集》第6卷,人民出版社,1961年版,第656页。
③ 《马克思恩格斯全集》第6卷,人民出版社,1961年版,第637页。

阶段。在经历了 40 年代末欧洲大革命实践之后,马克思移居伦敦于 50 年代初期继续潜心研究政治经济学,进一步丰富和发展他在这之前已取得的理论成果。由于英国是当时资本主义经济最发达、最典型的国家,伦敦作为当时资本主义国际贸易和世界金融中心是观察资本主义经济关系最理想的地方,因此在这一时期马克思政治经济学理论研究取得重大进展。马克思除了出版《政治经济学批判》第一分册以及其他一些经济学短篇论著之外,还写出了篇幅庞大的经济学手稿,包括《1857—1858 年经济学手稿》《1861—1863 年经济学手稿》和《剩余价值理论》(手稿)。这一时期是马克思构建其经济学说、剩余价值理论的关键时期,对所有与"资本一般"分析相关的重要经济问题都做了深入的研究。特别是在《1857—1858 年经济学手稿》中,马克思第一次明确区分了劳动和劳动力,这对马克思工资理论体系的形成具有重大意义。只有进行这一科学区分,才能揭示出工资的本质,才能对工资与劳动力价值的内容和关系做更为全面准确的阐述。

《1857—1858 年经济学手稿》是马克思自 1843 年以后的十五年间政治经济学研究的光辉结晶,在这部手稿中,马克思第一次提出了劳动力商品理论的基本内容。

(1)马克思区分了"劳动"和"劳动力",但这一时期,他大多使用"劳动能力"一词。马克思认为,"劳动能力"本身"根本不存在于工人之外,因此不是在实际上,而只是在可能性上,作为工人的能力存在"①"是在一定的形式下表现出来的生命力本身。"②"这种使用价值只有在资本的要求下,推动下,才能变成现实……变成工人的一定的生产活动"③,使价值得以增值。因此,劳动实质上只是"劳动能力"使用价值发挥作用的过程。那么"劳动能力"的价值和使用价值有何区分呢?马克思认为"劳动能力"的价值是由生产劳动者本身所耗费的劳动量决定的,而"劳动能力"的使用价值则体现在资本占有劳动的价值增值的过程中。"劳动能力"在生产中能够创造比自身价值更大的价值,这些超过他维持生命力的直接需要而形成的价值余额就是剩余价值,来源于剩余劳动。这样马克思就初步形成了劳动力商品理论的基本框架,成为马克思揭示剩余价值理论的重要理论基点,也为揭示工资的本质奠定

---

① 《马克思恩格斯全集》第 30 卷,人民出版社,1995 年版,第 223 页。
② 《马克思恩格斯全集》第 30 卷,人民出版社,1995 年版,第 222 页。
③ 《马克思恩格斯全集》第 30 卷,人民出版社,1995 年版,第 224 页。

基础。

（2）在剩余价值理论的基础上，马克思把工资与必要劳动、有酬劳动联系起来，将工资看作是必要劳动、有酬劳动的表现，也即劳动力价值的表现。马克思指出："工资当然表现活劳动能力的价值，但决不表现活劳动的价值（活劳动创造的价值），相反，后者表现为工资加上利润。工资是必要劳动的价格。"[①]在这里马克思把劳动力的价值和劳动力所创造的价值区分开来，同时还指出工人所得到的工资只包括必要劳动那部分的价值或价格，工资支配的劳动量大于它包含的劳动量。"产品的价值由已完成的劳动构成，而不是由有酬劳动构成；工资只表现有酬劳动，而决不表现已完成的劳动。这种报酬本身的数量取决于劳动生产率，因为劳动生产率决定必要劳动时间的量……工人完成的劳动量，同他的劳动能力中已花费的劳动量，或同再生产他的劳动能力所必需的劳动量，是很不相同的。"[②]由此可见，马克思已经认识到，劳动力价值和必要劳动、有酬劳动是同义语，它们都表示用社会必要劳动时间表现的劳动力价值，用货币表现就是工资，工资直接反映出生产工人所需要社会劳动量。而关于劳动生产力与必要劳动的关系，马克思指出，在工作日不变的情况下，劳动生产力的提高能够降低必要生活资料的价格，从而降低劳动力的价值，最终导致必要劳动的减少，缩小了必要劳动对剩余劳动的比例。所以，生产力提高的结果便是必要劳动的减少和剩余劳动同量的增加。

（3）在《1857—1858 年经济学手稿》中，马克思论述了劳动力价值决定及工资决定的标准问题，他指出劳动力价值由身体标准和社会标准两个因素决定，因而劳动力价值决定存在较大的伸缩性，这是马克思劳动力价值理论的一大进步，与其后期在《资本论》第一卷和《工资、价格和利润》中所提的劳动力价值规定包含历史和道德因素在精神上是一致的。马克思通过调查分析指出，在资本主义经济运行中，资本家为了攫取高额利润，存在着把工资压低到劳动力价值的身体标准和社会标准以下的现象，使工人不能得到正常的生存和发展，而仅能像动物一样维持基本的生存，因而工资的最低额在很多情况并不等于劳动力的价值，这就在基本上修复了马克思前期所认为的最低工资额与劳动力价值相等同的问题。

---

① 《马克思恩格斯全集》第 30 卷，人民出版社，1995 年版，第 571 页。
② 《马克思恩格斯全集》第 30 卷，人民出版社，1995 年版，第 572 页。

在随后马克思所著的《1861—1863 年经济学手稿》中，工资与劳动力价值的关系得到了重点强调，并对平均工资和最低限度的工资做了较深入的探讨。首先，马克思认为工资是"资本家为劳动能力而支付的价格"①。这个定义揭示出了工资的本质，即工资是劳动力价值的货币表现。劳动力的价值可以归结为工人为了维持自己和抚养子女所需要的生活资料的费用，还应包括劳动力接受教育的费用。伴随劳动力价值的变动，以及供求关系和竞争的影响，工资会围绕劳动力价值产生波动涨落。马克思指出："即使比较一下同一个国家内资产阶级时期的各个不同时代，劳动的价值的水平也是有涨落的。所以，劳动能力的市场价格时而高于，时而低于劳动能力的价值水平。"②其次，马克思指出在市场上工人出卖的是对他劳动能力的支配权，即在一定时期内劳动能力的使用权，由此工人能够得到维持他生命活动的必要的生活资料，以重新生产出他的生命活动。再次，在这部手稿中，马克思对于最低工资的内涵有了新的看法，他认为平均工资就是劳动能力的平均价格，也就是与劳动能力的价值相一致的工资。而所谓的最低限度的工资或劳动报酬在数量上是与平均工资相等的。在这里，最低限度的工资并不是身体需要上的极限，这与马克思之前所认为的最低工资仅限于维持生存的观点是根本不同的，也是马克思关于最低工资观点的进步之处。

在《剩余价值理论》中，马克思在对古典学派的各种工资理论进行批判性述评的基础之上，对比阐述了马克思科学的劳动力价值与工资理论的基本观点。在这一时期完成的资本论第 2 卷第 1 稿第二册《资本的流通过程》(1864)、《直接生产过程的结果》(1863—1864)等，也分析了工资的实质，以及劳动力价值量的变动趋势，并进一步说明了名义工资、实际工资与劳动力价值的关系。这一时期劳动与劳动力得到了科学的区分，马克思的工资理论得到了全面深入的发展。马克思在研究中发现实际生活中工资运动存在着与劳动力价值并不一致的现象，并对这种不一致现象进行了强调，但并未对其进行科学完善的解释，有待于展开进一步的深入研究。

三、马克思工资理论的成熟完善

以 1865 年马克思发表《工资、价格和利润》为标志，马克思劳动力价值与

---

① 《马克思恩格斯全集》第 30 卷，人民出版社，1995 年版，第 549 页。
② 《马克思恩格斯全集》第 32 卷，人民出版社，1998 年版，第 49 页。

工资理论进入了彻底完成完善阶段。从 1865 年至 1883 年马克思逝世、1895 年恩格斯逝世,他们撰写了大量涉及该理论的著作,最为系统的当属《资本论》。其中,《资本论》第 1 卷第 2 篇"货币转化为资本"以及第 6 篇"工资",是最为集中论述成熟完善的马克思工资理论的主体。这一时期,恩格斯的其他论著,如《做一天公平的工作,得一天公平的工资》(1881)、《雇佣劳动制度》(1881)、《工联》(1881)等,也从工资问题的理论及实践的视角进行了论述。成熟阶段的工资理论,科学界定了工资的本质及其与劳动力价值的相互关系,并把工资问题放在资本主义大生产的背景下进行讨论和思考,指明了工人斗争的意义和前进方向,并对实际生活中工资低于劳动力价值的现象进行了科学的解释。

《工资、价格和利润》一文,是马克思于 1865 年 6 月 20 日和 27 日在国际工人协会总委员会上所做的报告。在这部著作中,马克思在批判韦斯顿反对工人为提高工资而进行斗争的错误时系统概括了劳动力价值与工资的基本观点,其中关于劳动力价值和价格界限的理论在其中占有非常重要的地位,此外马克思还深刻剖析了资本主义制度的经济关系及其阶级关系,阐明了工人阶级和资产阶级相对立的经济根源,并通过揭示资本主义历史发展的趋势与工人实际工资下降规律的联系,为工人运动指明了方向,提出了消灭雇佣劳动制度的伟大理论。

(1)在这部著作中,马克思已经在概念上对"劳动"与"劳动力"进行了严格的科学区分。他认为劳动力是存在于劳动者身体之中的,是体力和脑力的总和,而劳动是人们生产物质资料的一种活动,是对于劳动力的支出和使用。工人出卖的是劳动力而不是劳动。在劳动力价值的决定问题上,虽然马克思在 19 世纪 50 年代末提出了劳动力价值决定的因素及其界限问题,但是并未做全面的论述。在《工资、价格和利润》中,马克思对这个问题展开了科学系统的论述,他不仅指明了劳动力的价值由生产、发展、维持和延续劳动力所必需的生活资料的价值来决定的思想,而且明确提出劳动力价值具有不同于其他一切商品价值的特点,即它由能够延续生存的纯生理的要素和历史的或社会的要素两部分构成,并对这两项特点做了细致的阐述,由此劳动力价值就成为一个具有较大伸缩性的概念。马克思在此处指明了劳动力价值的可变性,以及工资水平的可调性。

(2)在这部著作中,马克思明确指出工资是劳动力价值的货币表现,即劳动力的价格。工资水平的提高会引起利润率的下降,但不会导致价格的变动,马克思指出,与其他商品一样劳动力价格的涨落也受供求关系的影响,但是从长期来看,工资是与劳动力价值相适应的。由于劳动力价值是可变的,所以工人的工资也会变化。

(3)在劳动价值论和剩余价值论的基础上,马克思综合分析探讨了利润、工资和价格之间的一般关系。首先,在工资与利润的关系上,马克思指出由于工资和利润都来自工人所创造的新价值,所以工资与利润的运动是相对立的,二者各自朝相反的方向变动。工资增加了,利润就会减少;利润增加了,工资就会减少。资本家为了提高利润率,总是尽量多地榨取工人的血汗,甚至把工资水平压低在劳动力价值以下,或把工作日延长到工人体力难以承受的程度。但这种情况会造成劳动力的大量过早衰亡,使资本家找不到足够多的劳动力进行资本主义生产。由此可见,资本家所获利润的最高限度要受到工人生理界限和工人体力所能容许的工作日的最高限度所制约。在这个界限之内,利润和工资的水平取决于双方阶级斗争力量的对比。其次,在工资与价格的关系上,马克思认为工资的提高不会引起商品价格的上涨。商品价格的涨落是由其价值决定的,商品价值量随劳动生产率的变化而变化,与工资的高低无关。工资只会影响短期内商品的供求关系,引起物价波动,然而从长期来看,商品的价格仍然是与其价值相一致的。

(4)马克思为批判韦斯顿反对工人争取提高工资的谬论,通过对争取提高工资或反对降低工资的一些重要情况的分析,阐明工人阶级展开斗争的重要性,并为工人阶级的斗争指明方向。他认为,由于生活资料价值、货币的价值、被榨取工作日长度和劳动强度,以及与工业生产周期各阶段相适应的市场等发生变化,都会直接导致工人的名义工资或实际工资也随之变化,而这些是根源于资本主义经济关系的,是雇佣劳动制度的产物,是资本主义制度带来工人阶级和劳动人民的贫困,所以工人阶级完全有必要为争得劳动条件和生活条件的某些改善行动起来。经济斗争虽然是必要的,但它有局限性,只能暂时阻止工资下降的趋势,而不能从根本上改变工人阶级受压迫、受剥削的命运,把经济斗争发展为政治斗争、推翻资产阶级的统治,建立无产阶级专政才是工人阶级获得解放的唯一道路。

(5)在这一阶段,马克思对资本的发展与工资水平变化之间的关系进行了深入分析。他认为,资本主义发展的总趋势是使平均工资下降,在工业发展的过程中,资本家为了提高劳动生产率,必然引入大机器进行生产。机器在生产中的运用一方面产生机器排挤工人的现象,导致大量工人失业,形成相对过剩人口,使劳动力供给大于需求,造成工资水平的下降;另一方面,机器的引入使得女工和童工的雇佣量增加,工人的劳动日益成为技术含量较低简单劳动,导致工资降低。正如马克思指出的:"现代工业的发展一定会越来越有利于资本家而有害于工人,所以资本主义生产的总趋势不是提高而是降低工资的平均水平,在或大或小的程度上使劳动的价值降到它的最低限度。"①

在 1865 年《工资、价格和利润》之后,马克思于 1867 年出版了《资本论》第 1 卷,但他生前并未全部完成他的经济学的编辑和出版工作。随后,经过恩格斯的编辑整理,1885 年出版了《资本论》第 2 卷,1894 年出版《资本论》第 3 卷,但他并未完成《资本论》第 4 卷的编辑工作就去世了。1905—1910 年间,卡尔·考茨基以《剩余价值学说史》为书名出版了马克思的这部分遗稿。在我国目前编入《马克思恩格斯全集》第 49 卷、第 50 卷的大部分手稿,也都阐述了完整的马克思主义工资理论。《资本论》中包含了系统完整的工资理论,其已经发展成熟的观点,笔者将在本书中具体阐述说明。

第三节 马克思工资理论对古典政治经济学工资理论的批判与继承

马克思的工资理论是在批判地继承古典政治经济学劳动价值论及工资理论的基础上形成的。但马克思的工资理论在根本上不同于古典政治经济学。它不仅对古典政治经济学工资理论错误的根源进行批判,还在区分劳动与劳动力基础上,完成了以劳动价值论为基础的工资理论体系;并且以完全不同的立场、观点和方法研究工资现象背后所隐藏的资本主义经济运行中的种种关系,并论证了资本主义制度内生性决定的工资的发展趋势,实现了工资理论在政治经济学史上的变革。

一、马克思工资理论对古典政治经济学工资理论的批判

古典政治经济学家在价值理论及工资理论方面进行的科学探索为马克

---

① 《马克思恩格斯选集》第 2 卷,人民出版社,1995 年版,第 96 页。

思工资理论的研究奠定了基础,但是古典政治经济学工资理论仍然具有缺乏历史性、未区分劳动与劳动力等理论缺陷,马克思主要从以下几个方面对古典政治经济学工资理论展开批判:

第一,马克思工资理论以历史唯物主义为指导,批判了古典政治经济学家工资理论非历史性的缺陷。古典政治经济学家研究的对象是资本主义社会,他们所探讨的是资本主义生产关系中的一系列问题,但是古典政治经济学派的理论缺陷是缺乏历史观点,将资本主义看作自然的和永恒的社会制度,并把资本主义所具有的特殊规律当作适用于一切生产方式的普遍规律,该理论既不能在正面的阐述中对资本主义的经济规律给予辩证性、历史性的评析,又不能对资本主义生产方式进行批判。这个缺陷也是他们许多理论错误由以产生的根源。使得古典政治经济学家在工资理论的问题上,存在着将工资问题静止化、永恒化的理论研究特点,且由于没有区分劳动与劳动力,也使其工资理论陷入了无尽的自我矛盾之中。马克思把他所创立的历史唯物主义运用于政治经济学,批判了古典政治经济学家非历史性的观点,认为这种非历史的观点不能发现资本主义生产方式特殊的运动和发展规律,而是仅仅停留在发现矛盾而不能解决矛盾的层面,停留在对于资本主义时期经济的不全面理解上。马克思批判了资本主义政治经济学体系,研究了不同时期的社会形态,着重指出了资本主义生产方式的历史暂时性,考察了生产关系的历史性变化,他将劳动力商品看作资本主义特有的历史范畴,在资本主义生产的背景下研究工资运动的特殊规律,指出资本在增强生产力量的同时也生产出资本主义制度的掘墓人——无产阶级,无产阶级的历史使命就是推翻雇佣劳动制度,实现自身及全人类的解放,充分体现了马克思工资理论的历史性。

第二,马克思科学区分劳动与劳动力,并认为工资是劳动力商品价值或价格的货币表现,批判了古典政治经济学家将工资视为"劳动的价格"的观点。从配第开始,一直到李嘉图,古典政治经济学家在工资问题上存在一个共同的错误,就是将工资视为"劳动的价格",并且在关于"劳动的价值"问题的论证中存在逻辑上的错误,从而掩盖了资本主义剥削的秘密,没有真正揭示工资的本质。马克思对此问题进行了批判,科学区分了劳动与劳动力,指明工资是劳动力商品的价值或价格的货币表现,并对劳动力价值的决定进行了正面论述。首先,马克思认为古典政治经济学家所主张的工资是"劳动的价值或价格"的观点是错误的。他在科学区分劳动与劳动力时指出:"劳动是价值的实体和内在尺度,但是它本身没有价值。"①而"劳动力存在于工人身体内,它不同于它的职能即劳动,正如机器不同于机器的功能一样"②。因此工资的本质与它表面所呈现的那种东西是不同的,工资不是劳动的价值或价格,而是劳动力的价值或价格的掩蔽形式。马克思在《资本论》第十七章提出:"在资产阶级社会的表面上,工人的工资表现为劳动的价格,表现为对一定量劳动支付的一定量货币。"③既然古典政治经济学家把劳动看作商品,劳动可以有价格,而价格又是商品价值的货币表现,那么这就意味着劳动也有价值。对此,马克思曾经提出:"古典政治经济学毫无批判地从日常生活中借用了'劳动的价格'这个范畴,然后提出问题:这一价格是怎样决定的?"④事实上,李嘉图在讨论工资问题的时候,已经"从劳动的市场价格推移到它的假想的价值,而且又把这个劳动价值本身化为劳动力的价值"⑤,但是由于他也不懂得劳动和劳动力的区分,所以仍然不能把在事实上已经掌握了的劳动力价值从"劳动的价格"这个虚假的范畴中分离出来,相反地却用劳动的价值与其他商品的价值决定因素是相同的这一种绕圈子的说法,使李嘉图的工资理论没能再前进一步,而是仍然把"劳动的价格""劳动的价值"等范畴看作"价值关系的最后的、适当的用语"。⑥ 根据劳动价值论,就产生了"劳动的价值是由劳动决定"的同义反复。其次,由于没有区分劳动与劳动力,也使李嘉图的理论体系遇到了价值规律与资本和劳动相交换的矛盾。因为如果讲劳动是商品,那么,就要遵循等价交换的原则,如果劳动与资本的交换是等价的,那就意味着工人拿到了自己全部劳动的价值,那么资本家的利润从何而来?反之,如果资本家获得了利润,那么就同样意味着工人没有得到自己全部劳动的价值,那么等价交换的原则又表现在哪里呢? 事实上,只要古典政治经济学派坚持工资是"劳动的价格"这个虚假范畴,那就陷入了无穷无尽的矛盾漩涡。就像恩格斯所说:"古典政治经济学派的最后一个分支——李嘉图学派,多半是由于不能解决这个矛盾而遭到了破产。古典经济学走入了绝境。

---

① 《马克思恩格斯全集》第44卷,人民出版社,2001年版,第615页。
② 《马克思恩格斯全集》第44卷,人民出版社,2001年版,第617页。
③ 《马克思恩格斯全集》第44卷,人民出版社,2001年版,第613页。
④ 《马克思恩格斯全集》第44卷,人民出版社,2001年版,第616页。
⑤ 《马克思恩格斯全集》第44卷,人民出版社,2001年版,第617页。
⑥ 《马克思恩格斯全集》第44卷,人民出版社,2001年版,第617页。

从这种绝境中找到出路的那个人就是卡尔·马克思。"①

第三,在劳动力价格的决定上,马克思对于古典政治经济学派"劳动的市场价格"决定"劳动的自然价格"的观点进行了批判。古典政治经济学家划分了劳动的自然价格和劳动的市场价格,但是并没有正确理解二者的关系。他们认为由于受劳动市场本身所影响,劳动的市场价格是上下波动的,劳动的市场价格波动的中心就是劳动的自然价格,劳动的自然价格无非是劳动市场价格波动的平均数,也即平均价格。虽然马克思的工资理论也认为劳动力的价格围绕劳动力价值上下波动,但是马克思的工资观点是认为先有了劳动力价值这个中心,由于受供求影响,劳动力价格才会围绕这个中心上下波动。而古典政治经济学派却认为工资是由市场供求关系决定的,市场的力量首先决定的是劳动的市场价格即工资,工资的平均数就是自然价格,可以说,在古典政治经济学家那里,"劳动力的价值和价格"都是由市场决定的。由此可见,这完全是一种倒因为果、本末倒置的说法,完全颠倒了二者的关系。

从马克思工资理论的角度看,劳动力价格即工资的决定因素是劳动力价值,马克思指出:"就工资说,它是可以决定的,因为工资是它的商品即劳动力的价值,而这个价值,和任何其他商品的价值一样,可以由再生产这种商品所必要的劳动决定。"②虽然由于市场供求作用的影响,工资会发生某种波动,甚至是常见现象,但实际上对劳动力价格的决定起作用的因素,才是劳动力价格的真正决定因素,这就是劳动力价值。在这一点上,马克思对古典政治经济学的工资由市场决定的观点是反对的。

第四,马克思对古典政治经济学家所认为的工人仅能获得最低工资的观点进行了批判。在古典政治经济学家的用法中,"最低工资"这个范畴是与劳动的价值即劳动力价值同义的,所以,在配第那里才会有法定的最高工资同时也就是维持工人生存的最低工资的说法。同时,古典政治经济学派的工资理论也共同性地认为工人的工资只有一个界限,就是最低工资,且工人能得到而且只能得到最低工资,而最低工资在数量上的标准也就是仅仅能够维持工人生存的标准,他们认为这是符合资本主义的要求的。从根源上来说,这与古典政治经济学家并没有认识到劳动力价值决定的界限与其所特有的伸缩性有关。

---

① 《马克思恩格斯选集》第 1 卷,人民出版社,1995 年版,第 326 页。
② 《马克思恩格斯全集》第 24 卷,人民出版社,1972 年版,第 425 页。

在马克思早期著作中,由于受古典政治经济学家的影响,关于劳动力的价值也都只谈到了劳动力价值由生理的要素决定。伴随其理论研究的深入,在马克思19世纪50年代末所著的手稿中,就谈到了劳动力价值及工资由身体标准和社会标准决定,劳动力价值存在两个界限的问题。他指出劳动力价值不仅要包括为延续自己肉体生存所必需的生活资料的价值,"而且要满足由人们赖以生息教养的那些社会条件所产生的某些需要"①。在资本主义的现实中,工资常常被压低到身体标准所决定的界限,然而维持这样的生活标准甚至是连动物都不如的。如果工资仅仅达到生理因素所需要达到的生活必需品的水平,那么劳动力就只能在萎缩的状态下生存,这样劳动力就没有实现他的全部价值。因为"每种商品的价值都是由提供标准质量的该种商品所需要的劳动时间决定的"②。工人的工资一旦低于劳动力价值决定的生理界限,就无法提供标准质量的劳动力商品投入生产。这种身体上需要的最低量,不是劳动力的全部价值,也不是工资的固定额度,在身体标准之上还有由社会标准决定的部分。即使是最低工资也应考虑工人生活伴随社会发展所应有的舒适性和时代性。对于劳动力价值决定的伸缩性以及工资决定问题的不同观点,是马克思同古典政治经济学家的重要理论对立之一。

二、马克思工资理论对古典政治经济学工资理论的继承

虽然古典政治经济学派在劳动力价值及工资问题的研究上存在理论缺陷,但是古典政治经济学在经济学说史上仍然具有不可磨灭的贡献,其中也包含有科学性的精华,马克思在理论研究中也批判性地继承了其中一些科学因素。

第一,马克思在对工资问题的分析中继承了李嘉图关于劳动价值论的观点。英国古典政治经济学派的功绩,就在于他们初步奠定了劳动价值论的基础,在这个基础上建立了政治经济学体系,并力图将劳动价值论贯穿于他们理论的各个部分之中。特别是李嘉图的经济学说,抛弃了斯密体系的二重性,坚持劳动决定价值的观点,并始终坚持商品的价值由劳动时间决定的原理,把劳动决定价值当作他的学说的出发点,从而使古典学派的理论发展到最高阶段。

---

① 《马克思恩格斯选集》第2卷,人民出版社,1995年版,第93页。
② 《马克思恩格斯全集》第44卷,人民出版社,2001年版,第201页。

马克思的工资理论是以劳动价值论为理论的,在区分劳动与劳动力的基础上,马克思在对工资问题的分析中继承了李嘉图关于劳动价值论的观点。马克思认为工人出卖的是劳动力商品,而不是劳动。在这个基础上,运用劳动价值论,并对其进行了发展和完善,分析了劳动力商品的价值决定。根据劳动价值论,商品的价值是由生产商品所需的社会必要劳动时间决定的,所以劳动力商品的价值就是由再生产劳动力所需要的时间决定的,而劳动力的再生产就需要有维持其生命力存在的"必需的生活资料",所以劳动力商品的价值就是由生产维持工人生存和发展所需要的生活必需品的时间来决定的。因为古典学派的经济学家们并没有区分劳动与劳动力,所以古典政治经济学家也并没有根据劳动价值论对"劳动的价值"做出深入的分析。因此,马克思对劳动力价值决定的分析,也可以说是在运用劳动价值论分析工资问题的基础上,对其进行的发展和完善。

第二,马克思在继承古典政治经济学派抽象思维方法的时候,对其进行了修正和完善。古典政治经济学家和马克思在分析工资问题时,都运用到了抽象思维的方法,但是二者在对理论研究进行深入展开时,在方法的运用上仍存在偏差。

古典政治经济学派在政治经济学的研究对象和方法上比前人前进了一步,它运用理性思维与抽象法研究和揭示资本主义经济现象背后的规律。古典政治经济学家在探讨"劳动的价值"和工资问题时普遍使用抽象法。但是,他们在研究的过程中,却由于其所在时代及其自身所具有的阶级局限性,使得古典政治经济学家在观察问题时仍具有具体方法上的缺陷。古典政治经济学家在运用抽象法透过经济现象表象揭示其本质的过程中,运用非历史的观点用一般的生产关系来替换资本主义生产关系,这样做的后果不但抽掉了资本主义生产关系内在联系的东西,而且抽掉了他们所研究的资本主义生产方式这个特定的社会形态的本质与特征。在他们对于价值、工资和利润等范畴进行分析时,以量的分析排斥了对它们质的分析,将经济范畴静止化和简单化,而不是将其看作一个变动发展的过程,例如李嘉图在分析具体范畴时,经常跳过几个中间环节而使几个范畴直接相等,在李嘉图的学说中生产价格和价值直接相等,利润和剩余价值直接相等,而忽视了范畴演变的过程。这种将抽象性和历史性互相排斥的研究特点,抹杀了生产方式的历史确定性和制约性,将资本主义制度看作是静止的和永恒的范畴,从而也将工资问题简单化,将工资范畴本身及其所包含的生产关系看作是固定不变和本该如此的现象,因此也抹杀了资本家对于工人的剥削关系,更不能看到资本主义社会胎胞里所孕含的前进力量。

马克思的抽象法排除了古典政治经济学家的上述缺陷。他在工资研究中所抽掉的只是掩盖工资的一切非本质的表面现象,即劳动价格,但却紧紧抓住了工资的本质,并由对工资本质的研究推移到现实生活中工资现象、形式以及与其对立的利润问题的研究。这种抽象法具有高度的逻辑严密性,更是历史性、抽象性和具体性的统一,能够深刻全面地反映工资范畴的存在和本质。马克思把对工资问题的抽象仅仅作为研究的起点,一步步从简单到复杂,从劳动力价值理论细胞到工资的成熟形态,展开从抽象回到具体的分析,这也是马克思的辩证的抽象法和科学的唯物史观对政治经济学所做的伟大贡献。

第三,古典政治经济学派将研究范围从流通领域过渡到生产领域,由关注交换关系向关注生产关系转变,马克思在进行工资问题研究时继承这一研究思路范围,将工资放置于资本主义生产过程中来考察,考察工资背后所隐藏的生产关系,充分体现了马克思工资理论的宏观研究视角与科学性特征。

古典政治经济学是产生于资本主义制度确立和上升时期的经济理论体系,代表的是产业资本的利益要求。在这之前代表商业资本利益要求的重商主义所研究的只是流通领域中的交换关系,随着资本主义的发展,产业资本逐渐取代商业资本,产业资本所关注的是如何组织劳动如何剥削劳动,所以反映产业资本要求的古典政治经济学派必然要将其理论分析的领域从流通领域过渡到生产领域,并透过交换关系的表象去挖掘其中隐藏的事物本质的生产关系,所以,在政治经济学的研究对象上,就要从交换关系转向生产关系。这个转变,开了此后确认生产关系为政治经济学研究对象的先河,具有重要的理论意义。正如马克思所说:"真正的现代经济科学,只是当理论研究从流通过程转向生产过程的时候才开始。"①

正是因为古典政治经济学派将研究范围从交换领域过渡到生产领域,马克思在研究工资问题的时候,没有像资产阶级的经济学家一样,将工资仅局

---

① 《马克思恩格斯全集》第46卷,人民出版社,2003年版,第376页。

限于分配领域,而是将其放置于生产过程中来进行考察,考察工资与资本主义再生产和资本主义资本积累之间的关系,并考察了工资水平的变化对于生产的客观作用规律。

第三章　马克思工资学说及其理论特征

马克思的工资理论是其经济理论体系的重要组成部分。马克思在《哲学的贫困》《雇佣劳动与资本》《工资、价格与利润》等著作中初步论述了工资，并在《资本论》中专辟一篇研究工资理论。在马克思政治经济学体系中，劳动价值理论是马克思工资理论的理论基础，工资不仅是一个分配范畴，还与生产、交换、消费密切相关，直接影响社会再生产与资本积累的总过程，它表明了由资本主义生产方式所决定的工资理论的内生性，揭示了在看似平等的工资表象背后所隐藏的、起支配作用的规律。马克思的工资理论体系贯穿于马克思对资本主义生产关系研究的始终，作为分析资本主义生产关系的一条线索起到揭露资本主义剥削本质的重要作用。

第一节　马克思工资学说的理论前提及方法

马克思工资理论最终形成一个完整成熟的理论体系，与科学的唯物史观和唯物辩证法的创立密不可分。马克思在《神圣家族》和《德意志意识形态》等著作中创立的唯物主义历史观，为马克思工资理论的研究提供了坚实的理论基础和科学的方法论指导。唯物辩证法及其具体方法在马克思工资理论中的运用，使该理论更加具有辩证性与全面性，能够更加深入准确地把握资本主义工资的本质。劳动价值论的最终确立，是马克思工资理论得以最终确立的基础，在此基础上，马克思才能真正揭示工资的本质并将工资问题置于整个资本主义宏观经济运行之中进行考察。

一、唯物史观——马克思工资理论的方法论指导

唯物主义历史观是马克思和恩格斯对人类文明的一大贡献，在马克思以前，对历史发展的认识基本上是唯心主义的，这在黑格尔的哲学体系中得到了最为集中的体现。在马克思和恩格斯对唯心主义进行批判的过程中，唯物主义历史观得以最终形成。在此基础上，马克思将这个"总的结果"进一步用于指导他的政治经济学研究。在集中阐述了工资理论的著作中，诸如《雇佣

劳动与资本》《资本论》等著作,都是唯物史观与政治经济学研究之间有机结合的成果,正是唯物史观的确立及其对世界历史的考察,才使马克思对资本主义生产方式展开深刻剖析。

马克思和恩格斯从探讨人类最基本的社会物质活动开始揭示社会的基本矛盾,论证社会的发展规律。唯物史观认为,无论在什么条件下,生产力和生产关系都是构成人类社会的基本要素,二者的矛盾也是政治经济学所要揭示的基本矛盾。物质生活的生产方式制约着整个社会生活、政治生活和精神生活的全过程,人们的社会存在决定人们的社会意识。"社会的物质生产力发展到一定阶段,便同它们一直在其中活动的现存生产关系或财产关系发生矛盾,于是这些关系便由生产力的发展形式变成生产力的桎梏,那时社会革命的时代就到来了,随着经济基础的变更,全部庞大的上层建筑也或慢或快地发生变革。"①由生产力和生产关系的矛盾促成的社会变革,将人类社会的发展区分为几个不同的形态,即"亚细亚的、古代的、封建的和现代资产阶级的生产方式可以看作是经济的社会形态演进的几个时代……但是,在资产阶级社会的胎胞里发展的生产力,同时又创造着解决这种对抗的物质条件"②。恩格斯认为马克思主义政治经济学就是建立在唯物主义历史观的基础上的。

通过以上论述,我们可以发现,马克思认为生产力的发展是社会变革的根本条件,生产力与生产关系的矛盾制约着社会变革的进程,而政治的变革也可以看作是经济变革的结果。马克思和恩格斯通过对大量历史事件的考察,进一步认为社会的政治变革是经济发展的必要条件,只有在上层建筑的革命中才能解决生产力和生产关系的矛盾,以促进生产力发展并产生新的生产关系,社会生活、政治生活、精神生活是社会发展必不可少的要素和条件并影响和制约经济的发展。在马克思对于工资问题的研究中,针对资本家对于工人的压迫和剥削,他认为工人斗争的范围不应仅限于经济斗争,而应该认识到自身受压迫、受剥削的根本原因——雇佣劳动制度。工人阶级要实现真正的解放,就要开展政治斗争,推翻资产阶级的统治,从政治上实现无产阶级专政,才能发展新的生产力和产生新的生产关系。

唯物史观将人类社会看作不断发展、不断进步的过程。在唯物史观的指导下,资本主义社会经济关系就不再是静止的和永恒不变的了,它与其他社

---

① 《马克思恩格斯选集》第2卷,人民出版社,1995年版,第32页。
② 《马克思恩格斯选集》第2卷,人民出版社,1995年版,第33页。

会形态一样只不过是"社会经济形态演进的几个时代"中的一个,并且在它的胎胞里还孕育着解决这种对抗的物质条件,它是社会生产过程中的最后一个对抗形式。因此,在唯物史观指导下的马克思主义政治经济学的基本原理就具有历史性和客观性,能够以发展的和批判的眼光分析资本主义社会经济现象,包括马克思的工资理论也是如此,马克思将劳动力商品看作资本主义所特有的范畴,通过明确资本主义的历史局限性来解释工资运动的特殊规律,并认为资本家在增强资本主义生产力量的同时,也生产出了资本主义制度的掘墓人——无产阶级。这就同古典政治经济学用静止和孤立的视角分析资本主义经济关系,以实现为资本家辩护的目的有着根本的不同。

二、唯物辩证法——马克思工资理论的研究方法

马克思主义经济思想的发展之所以具有旺盛的生命力,不仅在于其具有唯物主义历史观的指导,还在于他将唯物辩证法这一哲学方法论应用于马克思主义的经济学说之中,并以唯物辩证法作为最根本的研究方法,以此为指导来分析不断发展的经济矛盾。是否以唯物辩证法为指导方法也是区分马克思主义政治经济学和资产阶级政治经济学的重要标志之一。

唯物辩证法是马克思在唯物主义的基础上,批判黑格尔的唯心主义错误,并吸取他辩证法中合理内核的基础上建立起来的。它是全面深刻地认识客观事物及其发展规律的科学方法。马克思对于工资问题的研究,也是以唯物辩证法为指导揭示工资的实质及其表现形式,由此形成的理论体系也成为马克思和资产阶级经济学家的一个根本区别。

唯物辩证法的根本规律是对立统一规律,即事物矛盾的规律。任何事物,包括经济现象在内,都是矛盾双方的对立统一体。在研究社会经济现象时,必须运用对立统一规律来研究其内部存在的矛盾、分析矛盾双方所处的状况,并找到解决矛盾的途径和方法。只有如此,才能真正揭示社会经济现象发展的规律。这就意味着每一个经济范畴都没有绝对的意义,每一个经济范畴都存在于一个矛盾体之中,其意义需要依赖于其所属的矛盾共存体才可以得到真正的理解。所以,马克思在他的工资学说形成的过程中,不止一次地提到工资与利润的关系。因为在生产活动中,工人所创造的新价值被分割为工资和利润两大部分,二者能够形成相互对立、相互依存的关系,所以对于工资这个经济范畴而言,与它相对应的能够形成矛盾共存体的就是利润。以

唯物辩证法为指导,就要求在理解工资范畴时,也必须同时考察利润范畴,并综合分析工资与利润的矛盾运动,这样才能够真正认识工资的实质。因此,在马克思的工资理论中,工资也不具有确定的、绝对的含义,而要将其放置于其所属的矛盾共存体中,去考察工资与利润的对立性和统一性,只有在这样的关系考察中,工资才能够成为一个具有理论分析价值的范畴。

唯物辩证法坚持普遍联系和物质运动的观点,在工资理论的研究过程中,马克思也将这两个观点运用其中。首先,与资产阶级的经济学家不同,马克思并没有单纯地把工资问题孤立地看成是与生产问题相并立的分配问题,而是把它看成是隶属于生产的分配问题。他在 1857 年写作的《〈政治经济学批判〉导言》中,就指出,生产、分配、交换和消费不是独立存在的彼此无关的要素,而是一个统一体内部的各个环节,是相互联系的。这样就把工资与生产、交换等问题联系起来,以更加全面地研究工资与社会经济运行之间的关系。其次,马克思是以动态的视角对资本主义条件下的工资问题展开研究的,而不是将工资看作一个静止不动的经济范畴。在分析劳动力价值决定的过程中,他就认识到根据社会经济条件的变化,劳动力所需要的生活必需品的范围需要做相应的调整,以保证工人及其家属、子女的正常生产和生活,与此相适应工资也需要根据经济发展状况进行调整。同时,马克思也着重分析了技术进步和生产组织结构的变化引起资本有机构成变化对工资运动趋势的决定性影响。

唯物辩证法是研究工资问题的根本方法。但是,由于社会经济发展现实及发展条件是错综复杂、变化多端的,人们的认识和逻辑思维能力也呈现多样性和多层次性,尤其是工资问题,更是涉及表象与本质、生产与分配等一系列问题。马克思在研究工资问题时,为了贯彻和利用唯物辩证法这个根本方法,还根据工资问题的研究特性,灵活地采用了多种具体的特殊方法。主要包括科学抽象法,抽象上升到具体的方法以及逻辑推理的方法。

(一)科学抽象法

科学抽象法是唯物辩证法的一个研究方法,也是研究经济形态的重要方法。由于社会经济生活纷繁复杂,瞬息万变,因而"分析经济形式,既不能用显微镜,也不能用化学试剂。二者都必须用抽象力来代替"①。这就是说,在

---

① 《马克思恩格斯选集》第 2 卷,人民出版社,1995 年版,第 99 页。

研究某种社会经济现象时,必须透过或者抽象掉这种经济表象,进行理论概括,揭示出经济现象的本质,而且事物在其现象上往往颠倒地表现出来,因此只有通过科学的分析,才能揭示出隐藏在假象背后的事物的本质。在资本主义社会,工资和人们的经济活动是密切联系在一起的,在实际生活中,工资呈现出一种"假象",即工资表现为劳动的价格。工人在为资本家付出一定的时间的劳动之后,从资本家那里得到相应的劳动报酬,而工资就表现为对于这一定时间内劳动价格的货币表示。但是,工资的实质却恰恰与之相反,它并不是劳动价格的货币表现,而是劳动力价值的货币表现。如果不针对工资的表象进行进一步的分析,而是简单地认为工资是劳动的价格,那么就无法更深入地挖掘出工资所掩盖的有酬劳动与无酬劳动的区别,更无法揭示出资本主义制度的剥削本质。马克思正是运用科学抽象法,逐步把工资的表象和非本质的形式抽象出去,区分了劳动与劳动力,还运用反证的方法说明劳动不是商品,并说明了工人所创造的价值要远远高于工人的劳动力价值,进而在工资"劳动的价格"的虚假外壳之下,揭示出工资的本质。从而使"工资第一次被描写为隐藏在它后面的一种关系的不合理的表现形式"①,戳穿了以这个表现形式为依据的资产阶级"庸俗政治经济学的一切辩护遁词"②。

(二)抽象上升到具体的方法

马克思认为,从抽象上升到具体的方法,就是思维用来掌握具体并把它当作一个精神上的具体再现出来的方式。在科学抽象的环节,把经济现象共同的、本质的东西从其表象中抽取出来,形成科学的概念。人们的认识在由现象进入本质之后,还必须进一步研究本质是如何表现为表象的,需要从本质和现象的对立统一上加深对事物的理解,这也是认识的深化过程,即由简单到复杂、由低级到高级、由局部到全面的发展过程。

纵观马克思成熟工资理论的思维形成体系,可以发现马克思的研究方法正是体现了认识从本质到现象的发展过程。马克思在《资本论》第四章第三节中,首先区分了劳动和劳动力,对其买卖方式进行了具体阐述,并分析了劳动力这一商品的价值和其特殊的使用价值。从第三篇到第五篇,马克思考察了资本雇佣劳动制度下工人劳动的全过程,以及资本家消费劳动力以进行剩

① 《马克思恩格斯选集》第2卷,人民出版社,1995年版,第577页。
② 《马克思恩格斯选集》第2卷,人民出版社,1995年版,第224页。

余价值生产的一般机制,由此把握住资本和劳动关系的本质。之后,在第六篇分析了工资这个资本主义社会的表面上所呈现的东西。在第十七章,马克思具体分析了工资的实质以及劳动力价值和价格表现为工资的过程和原因。揭示出工资的实质之后,马克思在第十八章和第十九章,进而考察了工资在生活中所表现的两种基本形式:计时工资和计件工资,并指出,尽管计时工资和计件工资在表现的程度上看来,二者有重大的差别,但是其仍然是劳动力价值的表现形式。它们无非是资本家利用工资形式掩盖资本剥削的本质。尤其是计件工资,给人的感觉似乎是工人的工作效率决定了工资水平,如果失去之前经过科学抽象已然得出了工资本质的前提,要揭示计件工资的秘密,是很困难的甚至是不可能的。所以,运用抽象上升到具体的方法,能够在更高的层次上对经济范畴中的复杂范畴进行更全面的认识和理解。不仅如此,马克思在第二十章,通过对横向范围内工资的国民差异的分析,揭露了资本主义比较发达的国家工资高的假象,并分析指出了工资水平的发展趋势是名义工资提高,实际工资降低,工人的被剥削程度正变相地越来越厉害,有力地反驳了庸俗经济学家所鼓吹的资本主义工资伴随劳动生产率的升降而升降的观点。

(三)逻辑推理的方法

马克思工资理论中,逻辑推理方法的运用主要体现在两个方面:一是在论证劳动没有价值,劳动不是商品的问题上。二是揭露古典学派在论证"劳动是商品"的过程中,犯了"偷换概念"的逻辑错误上。

首先,从逻辑论证的规则来看,论题的真实性是从论据的真实性中推出的,是依赖论据来论证的。如果论据的真实性反过来要依靠论题的真实性来论证,那就等于什么也没有论证,无异于同义语反复,这样的逻辑错误就是"循环论证"。马克思在批驳资产阶级经济学家把劳动看作商品的观点时,就指出他们犯了循环论证的错误。他指出,如果劳动是商品就意味着劳动也有价值。那么,一定时间工作日的价值由什么来决定呢? 依据劳动价值论,那就只能回答"由一定劳动时间中包含的一定时间的劳动"来决定,这样就出现了劳动是商品、有价值要由劳动价值论来说明的"循环论证"。其实,在这个问题上,不只马克思发现了这一观点所存在的逻辑推理的内在矛盾,甚至某些资产阶级经济学家也对此问题有所察觉,英国的赛·贝利曾指出:"如果严格地坚持这个原则,就会得出结论说,劳动的价值取决于劳动的生产中所使用的劳动量。这显然是荒谬的。"①

其次,从逻辑论证的规则中,我们还可以发现,在一个论证中论题只能有一个,并且在整个论证过程中不可改变,如果在同一个论证过程中变换论题,就无法达到论证的目的。如果违反这条论证规则,就会犯"偷换论题"的逻辑错误。古典学派在回答劳动的价值如何决定的过程中,并没有针对这个问题给出明确的答案,而是说劳动的价值同其他商品的价值一样是由生产费用决定的,因此,需要回答的问题就变成工人的生产费用是由什么来决定的。显然,古典政治经济学把劳动价值本身化为了劳动力的价值,进行了论题上的替换,悄悄地代替了原来的问题,"政治经济学称为劳动的价值的东西,实际上就是劳动力的价值"②。正是在这样的逻辑推理基础上,马克思批判了古典政治经济学的观点及逻辑错误,克服了古典学派所无法解决的矛盾和混乱,使他的工资学说建立在坚实的科学基础之上。

三、劳动价值论——马克思工资理论的基础

劳动价值论是对商品经济一般规律的认识,最初由古典政治经济学派提出但仍存在不足及缺陷,马克思在批判古典政治经济学派劳动价值论的基础上,对它进行完善和发展,创立了科学的劳动价值论。劳动价值论是马克思工资理论的重要前提,其基本内容及其与工资理论的关系可以概括为以下几个方面:

(1)关于商品的二因素理论。马克思认为,"资本主义生产方式占统治地位的社会的财富,表现为'庞大的商品堆积',单个的商品表现为这种财富的元素形式。因此,我们的研究就从分析商品开始"③。由此可见,马克思将商品作为资本主义社会财富的"元素形式",从分析商品开始揭示资本主义社会的经济运动规律。他认为商品具有价值和使用价值二因素,使用价值是商品的自然属性,是构成社会物质财富的内容。价值是商品的社会属性,是指凝结在商品中无差别的人类劳动。作为价值,它首先表现为交换价值,即一种使用价值与另一种使用价值相交换的量的比例或关系,两种不同的商品交换,其中必然凝结着某种共同的东西,即一般的人类劳动,也就是价值。正是

① 《马克思恩格斯全集》第32卷,人民出版社,1998年版,第52页。
② 《马克思恩格斯全集》第44卷,人民出版社,2001年版,第617页。
③ 《马克思恩格斯文集》第5卷,人民出版社,2009年版,第47页。

使用价值和价值二因素的对立包含着资本主义社会一切矛盾的胚芽。既然商品价值是人类一般劳动的凝结,那么商品的价值量就是由生产商品的劳动的量决定的,由生产商品所需要的社会必要劳动时间决定的。价值量同体现在商品中劳动的量成正比,与劳动生产力成反比。在马克思工资学说中,工资是劳动力价值或价格的货币表现,那么劳动力商品的价格就是由再生产劳动力所需要的社会必要劳动时间决定,即由生产和维持劳动力所必需的生活资料的量来决定,只有达到该标准劳动力才能够维持正常的生产和生活。商品价值量标准的确定,为工资或劳动力价格标准的确定奠定了理论前提。

(2)关于劳动的二重性理论。在分析体现在商品价值中的劳动的过程中,马克思发现了生产商品的劳动具有二重性,正是劳动的二重性决定了商品的二因素。劳动的二重性就是具体劳动和抽象劳动。具体劳动是在一定具体形式下进行的劳动,它形成商品的使用价值,是质上不同的有用劳动,与社会的性质无关。撇开劳动的具体形式,从一方面看所有的劳动都是人类体力和脑力的消耗,这种一般的无差别的人类劳动就是抽象劳动,它形成商品的价值,是价值的唯一源泉,正是由于抽象劳动才使商品交换成为可能。因此劳动二重性学说是理解政治经济学的枢纽,劳动二重性学说不仅是劳动价值论形成的基础,而且只有在此基础上才能把资本区分为不变资本和可变资本,才能明确只有可变资本购买的劳动力通过抽象劳动才能发生价值增值,从而才能进一步揭示工资的实质以及在工资表象掩盖下的资本主义剥削制度的本质。

(3)关于价值形式的理论。马克思关于价值形式学说的核心就是一个商品的价值只能通过另一个商品的使用价值表现出来。马克思依次考察了简单的、偶然的价值形式、扩大的价值形式、一般的价值形式和货币形式,揭示了货币的起源和本质。马克思通过分析价值形式的发展历史,揭示了价值的本质——抽象的人类劳动的凝结。

(4)关于价值规律的理论。在私有制商品经济中,社会生产在盲目的无政府状态下能够得到发展的原因,在于价值规律的支配作用。价值规律的基本内容包括:价值规律是商品生产的基本规律,商品的价值量由生产商品的社会必要劳动时间决定,商品的交换比例按价值量相等的原则实行等价交换。它是商品经济的基本规律,体现了价值与劳动、价值与交换价值的内在的本质的必然联系。等价交换原则的确立,使得古典政治经济学在解释他们所坚持的"劳动是商品"的问题上陷入僵局,因为按照等价交换原则,如果劳动是商品,资本和劳动在市场上实行等价交换,那么便无法解释资本家所获利润的问题。马克思经过多年探索,科学区分劳动与劳动力,通过表明劳动力商品所具有的特殊的使用价值揭示了资本家获取剩余价值的来源,揭开了资本主义生产的秘密,也解决了古典政治经济学家所不能解决的问题。

马克思劳动价值论在马克思主义经济学中占有非常重要的地位。劳动价值论是剩余价值学说的理论基础和前提。通过运用劳动价值论的价值原则,马克思分析了劳动力商品的价值和使用价值,科学地解决了剩余价值的源泉问题。也正是由于马克思区分了劳动力的价值和使用价值,才揭开了工人的生产劳动分为有酬劳动和无酬劳动的区别,才能透过工资的现象研究工资的实质。同时,劳动价值论也是马克思主义全部政治经济学的前提和基础,马克思通过劳动的二重性所决定的商品二重性的矛盾出发,揭开了资本主义商品经济研究的序幕,进而研究货币理论、资本理论和剩余价值理论,并通过对这些问题的分析,揭示了资本主义的局限性。

第二节 马克思剩余价值理论视野下的工资理论

一、资本主义所有制关系

经济意义上的所有制"是指事实上生产资料归谁所有、归谁支配,并凭借这种所有和支配实现生产和获得剩余产品(利润或超额利润)"①。它体现了在一定社会经济条件下,人们对生产资料的占有形式,即生产资料归一定个人、社会集团或整个社会所有的形式。生产资料所有制问题,是马克思主义理论体系中最具有根本性意义的问题,任何生产都是以劳动者与生产资料的结合为条件,在一定的社会生产关系下进行的,生产资料的占有形式上是人与物的关系,实质上是人与人的关系。生产资料所有制是生产关系的基础,社会的一切关系归根结底是由生产资料所有制关系决定的。

资本主义所有制则是以资本家占有生产资料并用以剥削雇佣工人的剩余价值为特征的私有制。它是资本主义生产关系的基础,伴随封建社会末期小商品生产者的两极分化而产生。资本原始积累过程促使劳动者与生产资

---

① 逄锦聚等编:《马克思主义基本原理概论》,高等教育出版社,2007 年版,第 134 页。

料相分离,加速了资本主义所有制的形成过程,使货币集中在少数人手中,破产的个体生产者除了自己的劳动力外一无所有,必须靠出卖自己的劳动力以维持生存。于是,破产的个体生产者转化为雇佣工人、劳动力则成为商品。资本主义所有制下的资本家不参加劳动,而是凭借其所占有的生产资料剥削雇佣劳动。

在人类社会不同历史阶段,社会生产力发展水平不同,劳动者与生产资料的结合方式也各有不同。在奴隶社会,奴隶主占有生产资料并完全占有奴隶的人身和劳动成果,奴隶与生产资料相结合是以奴隶主对奴隶的完全人身占有为基础的;在封建社会,地主阶级占有基本生产资料土地,失地农民为了生存不得不依附于封建主,农民与基本生活资料的结合是通过农民对地主的人身依附来实现的;在资本主义社会,资本家占有全部生产资料,而劳动者除了自身的劳动力之外一无所有,因此劳动者为了生存必须出卖自己的劳动力。与奴隶社会时期奴隶主对奴隶的完全人身占有以及封建社会时期的农民对地主的人身依附关系不同,资本主义时期资本家与工人的关系是基于劳动者的完全人身自由,所以资本家才可以通过购买劳动力的方式,将出卖劳动力的劳动者与生产资料结合在一起并取得剩余价值。资本家所投入生产的生产资料和货币转化为资本,资本家与劳动者之间的关系就是资本雇佣劳动的关系。资本家凭借对生产资料的占有,在雇佣劳动的基础上,在等价交换原则的掩盖下,雇佣工人从事劳动,占有雇佣工人的剩余价值,这就是资本主义所有制的实质。资本主义的生产资料所有制决定了资本家和工人在生产中的地位以及交换关系和分配关系,正是因为劳动者一无所有,需要出卖劳动力维持生存,所以资本家可以通过购买劳动力并采取加强剥削、压低工资等方式攫取高额的剩余价值,而工人虽然可以把劳动力卖给这个或那个资本家,但总摆脱不了从属于资本的地位。工人在资本家的监督下劳动,他们的劳动隶属于资本家,资本家凭借其对生产资料的所有权获取收入,工人的劳动成果也因此归资本家所有。资本主义生产资料所有制也因此体现和实现在生产、分配、交换和消费的各个环节之中。

二、劳动力商品理论

马克思研究工资问题的一个基本前提就是对于劳动与劳动力的区分。古典政治经济学家就是因为没有将劳动与劳动力区分开来,才会陷入用劳动来衡量劳动的恶性循环。马克思第一次对于二者的区分做出较完整的表达是在 19 世纪 50 年代，在他写作的《1857—1858 年经济学手稿》中提出工人在与资本的交换中所提供的使用价值，就是在特定形式下表现出来的劳动能力。伴随着马克思对这个问题的深入研究和认识，在 19 世纪 60 年代该问题得以发展成熟。

1. 劳动力与劳动的不同含义及其相互关系

马克思指出，劳动力是转化为人的机体的自然物质，是"活的人体中存在的、每当人生产某种使用价值时就运用的体力和智力的总和"①。劳动力的使用就是劳动本身。劳动首先是人和自然之间的物质变换的过程，是人们生产物质资料的一种活动。由于马克思创立了劳动二重性理论，那么从资本方面看，既需要工人提供具体劳动为其生产出可供出售的使用价值，同时也需要工人的抽象劳动为其创造价值。从二者的关系来看，劳动是劳动力这种活的能力的外在表现。一方面，劳动的过程是劳动力的使用和耗费过程，另一方面，由于劳动力是蕴含于人体内的劳动能力，是从可能方面看的劳动，是一种未来的劳动。

2. 劳动力成为商品的基本条件

劳动力成为商品，需要具备两个前提条件。首先，劳动力的所有者必须有人身自由，可以把自己的劳动力当作商品来出卖。类似于奴隶对其主人那样的依附关系，是不能出卖自己的劳动力的。其次，劳动力的所有者除了把自己的劳动力当作商品来出卖以外，必须一无所有。劳动力成为商品的这两个条件，是社会发展到一定历史阶段才出现的，伴随血腥暴力的资本原始积累过程，劳动者的生产资料被强制剥夺，只有依靠出卖自身劳动力才可维持生存。所以，劳动力成为商品是资本主义制度所特有的现象，工资也是由简单商品经济发展到资本主义市场经济才出现的特有的经济现象，这正体现了马克思工资理论的历史性视角。由于资本家获得劳动力这样一种商品，它的特殊的使用价值不仅能够创造价值，还能创造出比它自身价值更大的价值。这种超过劳动力价值的价值，就作为剩余价值，被资本家无偿占有，构成资本家剥削工人的基础和表现。

---

① 《马克思恩格斯选集》第 2 卷，人民出版社，1995 年版，第 172 页。

3. 劳动力商品的特点

既然劳动力是商品,那么它同其他商品一样,也具有使用价值和价值。但是由于劳动力是一种特殊的商品,它的使用价值和价值也具有不同于其他商品的特点。

劳动力商品在使用价值上的最大的特点在于其使用价值是价值的源泉,劳动力在使用过程中能够创造比它本身价值更大的价值。一般商品在使用的过程中,伴随使用价值的逐渐消失,它的价值也逐渐消失或转移到新产品中去,并不能增加价值。而劳动力商品的使用过程即劳动的过程,能够创造出比劳动力价值更大的价值。在这个问题上,马克思指出:"具有决定意义的,是这个商品独特的使用价值,即它是价值的源泉,并且是大于它自身的价值的源泉。"①正是由于这一特点,使得资本家能够把劳动时间延长至超过补偿劳动力价值的一定点而获取增值的价值即剩余价值,由此揭示了资本主义生产的秘密。一旦货币购买的劳动力带来剩余价值,货币也就转变为资本。劳动力商品的价值是维持和延续劳动力这一特殊商品所必需的生活资料的价值。我们将在下一节工资标准的确定内容中,详细阐述此问题。

马克思将劳动与劳动力区分开来有重要的意义。首先,这一区分澄清了资产阶级古典政治经济学派理论上的混乱,不仅解决了古典政治经济学家所不能解决的问题,克服了他们理论上的混乱与矛盾,而且彻底批判了庸俗学派为资本主义制度辩护的谬论。其次,这一区分为马克思研究工资问题提供了科学的理论前提。只有明确了劳动力商品背后所隐藏的所有秘密,才能揭穿工资是劳动价值或价格的表象,进而抓住工资问题的实质。再次,这一区分对于马克思全部政治经济学说的建立起了重要作用。马克思科学区分了劳动与劳动力,为揭示剩余价值的源泉建立了坚实的基础,而剩余价值学说是马克思经济理论的基石,它阐明了剩余价值生产、流通和分配的全过程,指明了无产阶级和资产阶级对立的深层经济根源。正是由于剩余价值学说的建立,资本主义的产生、发展和灭亡的规律才得到系统而科学的阐明。

三、剩余价值生产与劳动力价格

资本主义生产的直接目的和动机就是采取各种方式获取尽可能多的剩

---

① 《马克思恩格斯选集》第 2 卷,人民出版社,1995 年版,第 184 页。

余价值。而剩余价值无法在流通过程产生,因为商品流通要遵循等价交换的原则,剩余价值只能来源于生产过程中,来源于雇佣工人的剩余劳动之中。雇佣工人的劳动时间分为必要劳动时间和剩余劳动时间两部分,工人在必要劳动时间内所创造的价值,与资本家以工资形式支付给工人的劳动力价值等量,也就是说如果生产过程止于这一点,资本所支付的劳动力价值恰好为新的等价物所补偿。然而这对于资本家是无意义的,因为资本家组织生产的目的是为了获取剩余价值,于是工人就需要在必要劳动时间基础上继续工作,工人在超出必要劳动范围的剩余劳动时间内创造超过劳动力价值的价值,这个差额就是剩余价值,这一部分被资本家无偿占有。由此可见,资本家所购买的劳动力在生产过程中创造的价值超过补偿劳动力的价值,从而形成剩余价值是价值增值的关键,也是资本主义生产的秘密所在。资本家攫取剩余价值,提高对工人剥削程度的方法多种多样,最基本的方法有两种:即绝对剩余价值生产和相对剩余价值生产。马克思的剩余价值理论是建立在价值理论基础上的,为了在纯粹形态上考察剩余价值生产,马克思是以假定一切商品,包括劳动力都按照十足的价值买卖为研究前提的,因此在研究的过程中马克思把工资压低到劳动力价值以下这种现象抽象掉了。在这里,我们要考察的是剩余价值生产方法的变动对于劳动力价值与价格的影响,以及剩余价值量与劳动力价格的变动关系。

（一）绝对剩余价值生产过程中剩余价值量与劳动力价格关系的变动

绝对剩余价值生产是指在必要劳动时间不变的条件下,通过工作时间的延长来实现获取高额剩余价值的目的。除此之外,资本家还用提高劳动强度的方法,迫使工人更加紧张的工作,让工人在同样长的劳动时间里耗费更多的体力和脑力,以提高劳动强度的方法而生产剩余价值,此种方式同样是绝对剩余价值生产。从理论上讲,延长工作时间和提高劳动强度应该都会提高劳动力价值,因为劳动力价值包括生产和再生产劳动力所必需的生活资料的价值,既然资本追求无限增值,使工作日延长或劳动强度提高到工人生理上所能容纳的最高限度,那么也必然加大劳动力的"磨损"程度,已经消费掉的劳动力就需要更加迅速地补偿。然而,过多消耗的劳动力是否得到补偿,我们观察绝对剩余价值两种生产方式下剩余价值与劳动力价格的关系:首先,在工作时间延长的情况下,必要劳动和剩余劳动可以实现同时增长,因为这时一个部分的增长就不以另一部分的减少为条件。必要劳动是补偿劳动力价值所需要的劳动,"这也就是工资和剩余价值两者就交换价值来看能够同时增长,甚至可能以同一程度增长的唯一情况"①。其次,在劳动强度增加情况下,工人的劳动不仅会在同一时间生产更多的产品,而且还会产生更多的价值。这时剩余价值会增加,劳动力价值和价格变化较为复杂:劳动力价值与剩余价值可以呈同一方向变动,也可能出现劳动力价格提高而劳动力价值下降的情况。当劳动力损耗过重,劳动力价格的提高不足以补偿劳动力损耗的增大时,就会出现这种状况。因为在加大劳动强度的情况下,同一时间付出耗费的劳动力更多,也就表明再生产同样的劳动力需要更多的费用,如果工资的增长不能与此相适应,就表明劳动力的价值反而是降低了。但是无论在任何情况下,工资的增加都会造成剩余价值的减少,而在固定工作日内劳动生产率的提高抑或工作日不定的情况下,工作日的延长和劳动强度的增大,都会增加剩余价值。

(二)相对剩余价值生产过程中剩余价值量与劳动力价格关系的变动

伴随绝对剩余价值生产对于工人剥削程度的加重,通过运用科学技术、改进劳动管理方法提高劳动生产力,进行相对剩余价值生产的作用日益突出。相对剩余价值,是在工作日已定的情况下通过缩短必要劳动时间、相应地延长剩余劳动时间而生产的剩余价值。它是资本家加强对雇佣劳动的榨取或提高剥削率的基本方法之一。相对剩余价值的生产机制是通过各个资本在社会表面的竞争中表现出来的,最初资本家是为了追求超额利润,通过采用新的生产方式提高生产力从而降低了生产商品所花费的劳动的时间,就会使他的商品的个别价值低于社会价值,而商品是按照社会必要劳动时间决定的价格来出售商品的,因此个别劳动时间低于社会必要劳动时间就会使资本家获取制造成本中的差额,形成超额利润。然而竞争法则和价值法则一样是贯穿于超额剩余价值的争夺战之中的,为了不落后于同行业的"先进集团",其他的资本家也会积极采用新技术,当全行业的生产者都提高了该产品的生产力,新的生产方式得到了普遍的适用,该产品的社会必要劳动时间也就降低了,这时超额剩余价值消失,价格会全面下降。

当生产生活必需品或间接生产生活必需品的部门劳动生产力提高,单位商品的价值,即商品单价就会降低。此时,由诸多商品构成的生活费用也会

---

① 《马克思恩格斯全集》第34卷,人民出版社,2008年版,第461页。

降低,在不改变实际生活水平的前提下,实现降低工资从而减少必要劳动,降低劳动力价值。正如马克思指出的:"如果撇开竞争不谈,工资决定于必要生活资料的价格。必要生活资料的价格又取决于劳动生产率……因此,工资,或者说'劳动的价值'的提高或降低同劳动生产力的发展成反比,只要这一劳动所生产的是加入工人阶级日常消费的必要生活资料。"①而劳动力价值或工资的提高或降低,就必然引起剩余价值或利润率相应地降低或提高。在雇佣劳动下,每一项新的科学技术的运用,都造成工作日中工人为偿还自己工资而工作的那一部分劳动时间的缩短,而不得不为资本家白白工作的那一部分劳动时间却在延长。最终的客观后果则是整个社会各个生产部门的劳动生产力的提高导致生活资料价值的下降和补偿劳动力价值的必要劳动时间缩短,而剩余劳动时间相对延长,整个资本家阶级普遍获得相对剩余价值。即便是在奢侈品部门等与生产资料生产无关的部门,虽然其生产力的提高不会影响劳动力价值的变化,但是这些部门却可以把全社会劳动生产率的提高作为前提加以享受,会从生产相对剩余价值的过程中获得利益,因为劳动力价值的降低也会减少奢侈品生产部门的必要劳动时间。由此可以说,提高劳动生产力来使商品便宜,并通过商品便宜来使工人本身便宜,缩短必要劳动时间来增加剩余劳动,是植根于资本主义本性的内在冲动和经常趋势。

综上所述,在利用先进技术,改善劳动管理,使企业在工作日长度和劳动强度不变,劳动生产力可变的相对剩余价值生产的过程中,劳动生产力得到明显提高,劳动力价格不断下降,而工人的生活资料量同时不断增加,与此同时剩余价值增加,使工人和资本家的生活状况之间的鸿沟越来越深。在这里需要指出的是,虽然劳动生产力的提高会引起劳动力价值的下降和剩余价值的增加,但是剩余价值的增加始终是劳动力价值下降的结果,而不是劳动力价值下降的原因。也就是说,剩余价值量的变化是以劳动生产力的变化所引起的劳动力价值的变动为前提的。

除了采取利用科学技术提高劳动生产力实现相对剩余价值生产之外,分工和机器的使用也可以使资本家增加剩余价值,也是特殊的相对剩余价值生产的方法。分工把工人分为熟练工人和非熟练工人,由于职能的简化,前者的学习费用比手工业者要低,而后者几乎不需要学习费用。因此,分工使得

---

① 《马克思恩格斯全集》第34卷,人民出版社,2008年版,第473页。

劳动者的学习费用减少从而引起劳动力的相对贬值,"凡是缩短劳动力再生产所必要的时间的事情,都会扩大剩余劳动的领域"①。这种由于缩短劳动力必要劳动时间而相对增加剩余价值的方法,属于相对剩余价值的生产;机器的运用吸收了大量妇女和儿童,造成成年男工劳动力的贬值。机器使用之前成年男工的劳动力价值包括其维持自身以及家属所必需的生活资料,而机器的使用却把劳动者全家都抛到了劳动市场上,使得成年男工的劳动力价值分摊到其家属的身上,而全家为资本家提供的剩余价值却比一名成年男工提供的剩余价值多得多。这种由于劳动力贬值引起的必要劳动时间缩短而剩余劳动时间延长所形成的剩余价值,也是相对剩余价值生产的一种特殊方法。

四、工资的本质与资本主义基本经济规律

1. 资本主义基本经济规律与工资所呈现的表象

虽然工人在生产中出卖给资本家的是劳动力,但是在资本主义社会的现实中,工资从表面上看却表现为劳动的价值或价格。因为工人领取工资是在他劳动完毕以后,工人付出劳动,资本家支付工资,这样就很容易使人误认为资本家购买的是工人的劳动而不是劳动力。另外,很多工人的工资是按照劳动时间或生产产品件数来领取工资,这种形式也容易把出卖劳动力换取工资看成是用劳动换取工资。由于这两点,就给人们造成错觉,仿佛工人的全部劳动都得到了报酬。这种表象掩盖了资本家和工人之间的买卖劳动力的关系,也实现了工资本质向工资表现形态的转化。了解资本主义的基本经济规律,有助于理解这种转化。

资本主义基本经济规律就是剩余价值规律,资本家生产的目的就是为了获取工人生产的剩余价值,实现资本增值。马克思指出,"剩余价值的生产是生产的直接目的和决定动机"②。在资本主义生产中,劳动力商品的特殊的使用价值在于能创造比自身价值更大的价值。资本家出于对剩余价值的追求,不会满足于只让工人从事能够弥补其劳动力价值的劳动时间,而是要将劳动时间在此基础上延长。所以,工人每天的劳动时间分为两部分,一部分

① 《马克思恩格斯全集》第44卷,人民出版社,2001年版,第406页。
② 《马克思恩格斯选集》第2卷,人民出版社,1995年版,第583页。

是构成劳动力价值的必要劳动时间,是有酬劳动,用来补偿资本家所支付的工资;另一部分是构成剩余价值的剩余劳动时间,是无酬劳动部分,归资本家无偿占有。工人的使用价值(即劳动)所创造的价值远远超过劳动力价值,而资本家却不会按照工人所创造的日价值支付工资,否则他就无利可赚,他支付的只是劳动力的价值和价格,甚至有时还将工资标准压低在此标准之下。工人所创造的劳动价值与其劳动力价值之间的差额就被资本家无偿占有。但是,从工资所呈现的表面现象来看,却仿佛工人付出的全部劳动都是有酬劳动,工资形态的外观掩盖了无酬劳动也被视为有酬劳动这一关键性环节。工资的"假象"对于资本主义制度具有决定性的重要意义,它掩盖了资本与劳动间的关系,从而掩盖了资本主义的剥削关系。马克思揭穿了这种假象,暴露出雇佣劳动制度的秘密,使人们意识到资本主义制度与奴隶社会、封建社会一样,都存在剥削和压迫。并且与奴隶社会和封建社会公开的赤裸裸的剥削相比,资本主义制度下雇佣劳动的剥削更具有隐蔽性和欺骗性。这一切都在工资的掩饰下使得必要劳动和剩余劳动、有酬劳动和无酬劳动之间的区分痕迹都不见了,工资的表象否认了资本家和工人之间的剥削与被剥削的关系,掩盖了资本增值的秘密。

2. 资本主义社会工资的本质

从资本主义工资本质分析的深度上来说,在分析工资所展现的形式其实是一种假象的基础上,马克思深刻地指出表现形式不同于它所表现的本质关系,必须把表现形式同本质关系区别开来,工资的实质就是劳动力的价值或价格,而不是劳动的价值或价格。在市场上与资本对立的不是劳动,而是劳动力。他在《1861—1863 年经济学手稿》中指出,"工人只是作为劳动能力……同代表价值本身的资本家相对立……自行增殖的对象化劳动与创造价值的活的劳动能力之间的对立,是这种关系的实质和真正内容。两者作为资本和劳动,作为资本家和工人互相对立着。"[1]由此可见,资本与劳动的对立无非是资本与劳动力对立的外在表现。同时,马克思也利用反证的方法,说明劳动不能作为商品被出卖。第一,劳动是一切商品价值的尺度,它本身并不具有价值。如果说劳动有价值,那么它的价值只能由劳动来确定,就是用劳动自身的量确定劳动的价值,这就陷入了用劳动衡量劳动的谬误之中。

---

[1] 《马克思恩格斯全集》第 32 卷,人民出版社,1998 年版,第 46 页。

第二,如果工人出卖的是劳动,工资是劳动的价值,那么遵循等价交换的原则,工人所得工资应该和劳动创造的价值一样大,这样一来,资本家的利润就无从得来,由此失去了发财致富的源泉,整个资本主义制度也失去了存在的基础。第三,任何物品要成为商品,必须在出卖以前就存在,而工人在进入资本主义生产过程之前,只有劳动力,而没有劳动,当工人在工厂里投入生产过程中时,这个劳动已经属于资本家,工人就不能出卖它了。所以,工人出卖的是劳动力而不是劳动,并且他出卖的也只是对他的劳动能力在一定时间内的使用权和支配权,只要工人能够得到维持他生命活动的必要的生活资料,就有可能重新生产出他的生命活动,从而继续开始同一个交换行为。托·霍吉斯金在他所著《通俗政治经济学》中也有提到关于劳动不是商品的论述,并指出:"劳动作为价值的唯一尺度……不是商品。"

总之,"劳动的价值和价格"是表象形式,而劳动力的价值或价格是工资所表现的本质关系。工资的表象与工资的本质之间的关系,就如同一切现象形态与它们的实体间的关系一样,表象是自发地直接地在人们的感觉知性中反映出来,而本质只有经过科学的抽象思维才能揭示出来。工资表面上所体现的形式上平等的劳动力买卖关系,实质上却是极不平等的。"工人和资本家的一切法权观念,资本主义生产方式的一切神秘性,这一生产方式所产生的一切自由幻觉,庸俗经济学的一切辩护遁词,都是以这个表现形式为依据的。"①马克思科学地揭穿了工资所掩盖的现实关系,资产阶级的这个依据也就彻底摧毁了。

从资本主义工资分析的广度上来讲,马克思将其对于工资范畴的分析超越了分配的领域,而是在资本主义更广阔的生产领域揭示劳动力价值的决定过程。当18世纪资本主义生产方式逐步在西欧确立统治地位,价值增值成为资本主义经济发展的突出特征,这促使我们深入资本主义生产方式去寻找价值增值的源泉。我们发现,正是资本家所获得的活劳动的使用权,才使得这种劳动能力在生产中创造出新的社会价值,为资本积累和社会再生产提供了深厚的物质基础。将工资的本质归结为劳动力价值或价格,也科学地说明了由劳动价值论向剩余价值论的转化,资本主义经济过程的重要特征——价值增值与资本积累也得到了合理的解说。

---

① 《马克思恩格斯全集》第44卷,人民出版社,2001年版,第619页。

第三节　工资的形成及其变动

一、工资标准的确定

工资是劳动力价值的实现形式,劳动力价值对于工资标准的确定起着决定性的作用。同时,劳动力的供求关系、工人阶级和资产阶级在经济生活中地位的变化也都对工资的确定产生直接影响。而由于物价变化、币值变化等原因所导致的实际工资范围的调整,也会对已经确定的货币工资标准产生实际影响。

(一)劳动力价值的决定作用

马克思认为,在雇佣劳动制度下,工资的本质是劳动力商品的价值或价格,虽然工资的波动涨落受劳动供求关系以及市场竞争的影响,但它归根结底是由劳动力商品的价值决定。从理论上劳动力价格与劳动力价值相一致的角度看,劳动力价格即工资的决定因素也就是劳动力价值的决定因素。具体考察实际生活中的现象,由于供求作用的影响,劳动力价格会发生波动,劳动力价格高于或低于劳动力价值的现象是经常存在的,但是从长期来看,供求的作用会相互抵消,劳动力价格还是与劳动力价值相一致,这是因为劳动力价值才是对于劳动力价格真正起决定作用的因素。

马克思在《资本论》中指出,同任何其他商品的价值一样,劳动力商品的价值也是由生产从而再生产这种特殊物品所必需的劳动时间决定的。劳动力商品的再生产也就是人的身体的再生产,包括维持劳动者自身及其家属生存所必需生活资料的费用。首先,生活资料的总和应当足以使劳动者个体在正常状态下维持自己。其次,生产劳动力所必需的生活资料的总和,要包括工人的补充者即工人子女的生活资料,这样才能保证劳动力在商品市场上永远延续下去。再次,要使劳动者获得一定的教育培训费用,这些都要包括在生产劳动力所耗费的价值总和之中。由此可见,工资要与劳动力价值相符,就必须包括工人维持自身生存和养活家庭的费用。

由于劳动力商品的某些特点和其他普通商品不同,所以劳动力商品的价值决定或工资决定有一个最大的特点就是包含着历史和道德的因素。首先,"必需的生活资料"的数量及其构成是历史的产物,取决于一个国家经济、文化发展的水平。劳动力价值在同一国家的不同时期和在同一时期的不同国家是有很大变化的,"必不可少的需要的范围,和满足这些需要的方式一样,本身是历史的产物,因此多半取决于一个国家的文化水平"①。其中主要取决于自由工人阶级是在什么条件下形成的,有哪些习惯和要求。根据社会历史条件的变化,劳动力及其成员所需生活资料在范围、质量和层次上都要做相应调整,使之分享技术进步和生产力发展带来的成果。其次,"必需的生活资料"在数量上不等于最低层次的生存条件。生活资料的总和应当足以使劳动者个体在正常状态下维持自己,而不能像畜类那样只能维持最低生活需要。工资作为必不可少的需要,"不仅要满足工人作为劳动力生存的需要,而且也要越来越多地满足工人作为一个'人'的需要,包括精神文化需要、社会交往需要、履行社会职能需要、自我发展需要等等"②。也正是由于劳动力价值决定的历史道德因素的存在,劳动力价值决定也因此有了伸缩性较大的两个界限,即生理界限和社会历史界限。而马克思认为,一旦工资降低至仅仅能够维持生存的生理界限,即生理上不可缺少的生活资料的价值,工人就没有实现他的劳动力价值,因为这样一来,工人就只能在萎缩的状态下生存,而劳动力价值的决定是按照生产和再生产正常质量的劳动力所需要的生活资料或劳动时间来计算的,而不是按照"低劣质量"的劳动力价值来计算的。至于社会历史界限达到怎样的程度,是一个与资本积累、利润以及阶级斗争相关的问题。

由劳动力价值的决定因素可知,工人的工资标准,不应只是由身体标准决定的自然需要决定,还应该由一定的社会历史标准决定,工资水平要与劳动力价值相符合,就需要在数量上能够根据社会经济文化发展水平,为劳动者提供与其劳动能力、生活环境、家庭关系等社会因素相匹配的物质生活条件,实现劳动力及其家庭对于物质生活和精神生活的基本需求,并根据社会历史的情况变化,进行相应的调节,保证正常质量劳动力的再生产,不能以竭泽而渔的方式消耗劳动力。

然而在资本主义社会的现实下,工人的工资低于劳动力价值的情况是普遍存在的。资本家为了获取剩余价值,在工作日一定的条件下,压低工人的

---

① 《马克思恩格斯全集》第 44 卷,人民出版社,2001 年版,第 199 页。
② 李志远:《解读马克思关于资本主义工资决定的历史和道德因素》,《马克思主义与现实》2008 年第 3 期。

工资,以攫取最高限度的利润。为此工人需要与资本家进行斗争,以提高自己的劳动力价格,这也是提高劳动力价值社会历史界限的一个方面。

(二)阶级斗争作用的影响

马克思在《工资、价格和利润》中明确指出,工资和利润二者的来源都是雇佣劳动创造的新价值,一方得到的愈多,另一方得到的就愈少,由于劳动力价值的社会历史界限是一个变量,所以工人的工资是可变的。由此,工资和利润可以在一定范围内变化,二者是在一个"新价值"的整体内此消彼长的关系,"利润率的实际水平只是通过资本与劳动之间的不断斗争来确定,资本家经常力图把工资降低到生理所能容纳的最低限度,把工作日延长到生理上所能容许的最高限度,而工人则经常在相反的方向上进行抵抗,归根到底,这是斗争双方力量对比的问题"①。由此可见,无产阶级与资产阶级之间在经济利益上的根本对立,使得无产阶级为了维护自己生存的权利,反对资本家的残酷剥削,必然要加强团结,为争取提高工资而进行斗争。这种斗争不仅可以起到阻止工资水平下降的作用,也可以提高无产阶级的觉悟,锻炼无产阶级斗争的组织纪律性。

在资本主义生产条件下,资本家为了榨取更多的剩余价值,经常力图延长工作日的长度,加大对工人的剥削。由此,工人和资本家之间会围绕工作日长度展开斗争。工人希望能够有休息、吃饭和睡眠的时间,以满足生理上的需求,也希望能够有参与文化生活和社会生活的时间,满足精神的和社会的需求。而资本家却坚持买者的权利,在生产过程中最大限度地使用劳动力,把工作日延长到体力所能达到的极限,随着工作日长度的增加,剩余劳动时间就会增加,从而利润也同样增长起来。之所以双方能够在劳动时间上产生分歧,是由于双方的交换关系并没有在工作日的时限和剩余劳动的时限上做任何规定,并且这两种权利都是商品交换规律所承认的。所以,在二者平等的权利对抗中,力量的对比就起决定作用,争取工作日正常化的斗争,就成为资产阶级和工人阶级之间的斗争。虽然争取合理工作日的斗争不直接等同于争取提高工资的斗争,但是在本质上来看,二者都是围绕争取必要劳动时间与剩余劳动时间、有酬劳动与无酬劳动的合理比例划分来进行的。在阶级斗争中,能够影响工资标准变动的是斗争双方的议价能力,而议价能力归

①　《马克思恩格斯选集》(第2卷),人民出版社,1995年版,第94页。

根结底是由劳资双方在资本主义生产中的地位决定的,也受制于资本积累对于劳动力供求两方面的影响。但同时我们也应看到,阶级斗争只能在一定程度上影响工资水平的变动,不能决定工资水平,工资在实质上还是由劳动力价值决定的。

马克思在号召工人应该为了自身权益积极展开斗争的同时,并没有盲目夸大阶级斗争在资本主义社会条件下的作用。雇佣劳动本身就是资本主义的产物,由资本积累决定的劳资之间阶级力量的对比构成了工资斗争的资本主义界限。由于受资本主义生产方式的制约,工人阶级进行提高工资斗争的结果,也只是维持现有的劳动价值,并延缓工资下降的趋势,却不能改变受奴役、受剥削的地位。一方面,工人参与斗争所争取的工资需要保证劳动力自身的再生产,另一方面,工人所得工资又不能破坏资本主义生产的基础——价值增值。也只是在这个限度之内,工人阶级团结起来,使工资围绕劳动力价值波动或趋于劳动力价值,迫使资本家为了价值增值的需要而不得不让步。所以,马克思说,"斗争只是延缓工资下降的趋势,而不改变它的方向;只是止痛剂,而不是祛除病根。除非斗争能够彻底废除雇佣劳动制度,否则它还不得不服从资本主义本身的经济规律和发展规律"①。无产阶级要想取得彻底的解放,必须把经济斗争同政治斗争紧密结合起来,并把经济斗争发展为政治斗争,从根本上变革资本主义制度。

(三)供求关系对工资标准确定的作用

马克思认为在社会经济生活中,劳动力商品的供给和需求的变化会引起工资的变动,工资围绕劳动力价值上下波动是常见的经济现象。他说:"劳动报酬忽而提高,忽而降低,是依需求和供给的关系为转移的,依购买劳动的资本家和出卖劳动的工人之间的竞争情形为转移的。"②在马克思看来,决定劳动力价格的竞争来自三个方面:当劳动力的供给大于需求,将引发卖主之间的竞争,导致劳动力价格下降;当劳动力的供给小于需求,将引发买主之间的竞争,导致劳动力价格上升;卖主和买主之间的竞争,这时将取决于双方的力量对比。劳动力商品的供求状况及工人联合程度都将引起工资水平的上升或下降。无论工资怎样变化,都是以劳动力价值为中心波动的,劳动力价值

---

① 方敏、赵奎:《解读马克思的工资理论》,《政治经济学评论》2012年7月第3卷第3期。
② 《马克思恩格斯选集》第1卷,人民出版社,1995年版,第342页。

也是在这种波动中才得到实现。从一个较长的时期来看,价格的上涨和下跌会互相抵消,因而价格上涨和下跌的平均指数与劳动力价值还是一致的。供求只是调节一个时期市场价格围绕价值的波动,并不能说明劳动力价值本身。

二、工资的变动及其形式

(一)工资的变动

马克思从工人出卖劳动力得到工资,但是维持自身生存却需要生活资料的角度,区分了名义工资和实际工资,并认为名义工资的增长并不等同于实际工资的增长,要根据社会发展的其他经济指标进一步考察二者的关系,以实际工资的变动为研究重点分析工人工资的变动。如果要分析工人所得工资在其所创造新价值中的比重,还要结合相对工资进行分析。

名义工资,是指以货币数量表示的工资,即劳动者领取工资时得到的货币量。而实际工资则是表示工人用货币工资所能够换取的生活资料和服务的数量。在市场物价基本稳定和工人负担的税费等不变的情况下,名义工资和实际工资是基本一致的,名义工资越高,工人所能购买到的生活资料也就越多,表现为实际工资的提高,反之则表现为实际工资的下降。但是,由于资本主义的市场竞争性和资本逐利性,物价变动是普遍现象,物价的变动将直接影响工人的工资所购买生活资料的数量。除此之外,货币的价值的变化也会造成这些生活资料的货币价格发生变化。所以,在大多数情况下,名义工资和实际工资是不一致的。名义工资只是一种表面现象,并不能真正反映工人的实际生活水平和所得报酬水平。因为即使名义工资水平不变,但由于通货膨胀、必需生活资料价格上涨以及货币贬值等原因,也会造成工人实际工资的下降和人民生活水平的下降。虽然有时名义工资也会上涨,但如果其增长幅度低于生活费用的上涨程度,工人的实际工资水平仍然是下降的。所以,在资本主义条件下考察工资标准时,不应只注意到名义工资标准的高低,还应重视实际工资的水平,实际工资才是真正能够反映工人生活水平的重要标志,名义工资有时并不能确切地反映工人阶级受剥削程度的变化。资本家正是利用名义工资与实际工资的脱节,利用名义工资向实际工资的转化过程中所出现的差额而借机损害工人的利益,造成劳动力价格的相对下降并很好地掩盖资产阶级对于工人阶级的剥削。区分名义工资和实际工资,对于考察工人的实际生活水平和实际受剥削程度是大有裨益的。

尽管名义工资向实际工资的转化具有重要意义,但是无论名义工资还是实际工资都无法反映工资变化中所实际包含的数量关系,为了确切考察工人工资的多少以及工人在经济生活中的地位,工资的变动还应联系劳动力价值与剩余价值的分割比例来考虑。能够反映资本与雇佣劳动的关系,并能在分配过程中体现工资标准高低与否的是相对工资这一范畴,它是将工人的工资与资本家所得利润相比较的工资。由于工人的工资和资本家所获利润均来自工人所创造的新价值,相对工资所反映的就是工人的工资在新价值中所占的比重,在价值额已定的情况下,其中一部分增加了,另一部分就会减少。考察相对工资就可以分析出工资及剩余价值在新价值中所占比例的变化,反映出工资和利润的对比,还可以表明工人在生产中地位的变化。马克思还通过相对工资进一步考察了实际工资增长比例与生产力提高比例之间的关系,在生产力提高从而工人生产的物质产品也有所增加的情况下,工人所得必要生活资料的数量也有可能增加,但如果其增加的量没有保持同利润率的同比例增长,或者其增长比例不及劳动生产力的提高比例,那么相对工资还是下降的,也就是说工人的工资从它的价值量来讲,还是减少的。因为"在这种场合,劳动力的价值减少,而剩余价值就按同一比例增加……虽然他的实际工资(如果它实际表现在使用价值上)增加了,但它的价值,从而工人的相对工资——他的产品的价值在他与资本家之间进行分配的比例——却减少了"①。例如,在经济繁荣的时期,工资提高 10%,而利润提高 30%,那么相对工资不是增加了,而是减少了。因为相对工资考察的是工资和利润在"新价值"总量中的互动比例变化,如果工资所占份额比利润所占份额有所下降,那么相对工资就是下降了。相对工资对于考察生产力提高下工人与资本家所得的变化关系,具有重要的参考价值。统计资料表明,与资本家所得利润相比,工资份额所占比重呈现下降的趋势。

通过以上分析,名义工资、实际工资和相对工资各自在不同的角度分析工资标准的变动,反映资本主义生产关系特点:名义工资、实际工资侧重于反映工人自身再生产和劳动再生产条件的变化,而相对工资侧重于考察工资和利润在工人新创造的价值中所获比例的消长。

(二)工资的基本形式

马克思在《资本论》第六篇中论述了资本主义制度下的两种基本工资形

――――――――――

① 《马克思恩格斯全集》第 47 卷,人民出版社,1979 年版,第 607 页。

式:计时工资和计件工资。

　　计时工资是按照劳动者的劳动时间支付的工资,在资本主义制度下,它是劳动力价值或价格的转化形式。工作日的长短不同,同样的日工资、周工资、月工资可以代表极不相同的劳动量的货币额。资本家正是利用这一点,在不改变工资额的条件下,采取延长工作日或提高劳动强度的方法来加强剥削。使工人要么过度劳动,要么处于半失业状态,遭受劳动不足之苦。第一,在确定劳动者标准劳动时间的情况下,资本家可以通过加快工作频度从而缩短劳动时间,从而不让工人做够维持自身生存所必要的劳动时间的方法加强剥削,在这种情况下资本家也能够从工人身上榨取一定量的剩余劳动。"他可以破坏就业方面的任何规则性,完全按照自己的方便,意愿和眼前利益,使最惊人的过度劳动同相对的或完全的失业互相交替。"①第二,由于小时劳动工资过低,工人为了挣得足够的工资不得不进行过度劳动,在额外的时间去做报酬较高的工作,在工厂中超出必要劳动时间的部分,每小时的劳动报酬要高于必要劳动时间内的小时报酬。在资本主义社会中,低工资现象成为众所周知的事情,资本家通过延长劳动时间的方法,把工资控制在较低的水准,因此工作日劳动时间的延长与劳动力价格相互影响。计时工资在资本主义发展的早期阶段曾被普遍采用,是剥削剩余价值的有效手段。

　　随着资本主义的发展,计件工资因更适应资本主义发展和资本主义剥削的需要而广泛流行起来。计件工资是按照工人所完成的产品数量或作业量,依据一定的计件单价支付的工资。在计件工资的形式下,似乎工人出卖的不是劳动,而是物化劳动,即按照其实际生产的产品量支付工资。本来计时工资就掩盖了工人无酬劳动和有酬劳动的区别,在实行计件工资的条件下,将工资的本质隐藏得更深了。但是,计件工资却仍然是计时工资的转化形式,因为计件工资取决于工人一天所能够生产的商品数量和单位商品的工价,而工价确定的依据则是工人在实行计时工资制时一天所生产的商品数量和工人的日平均工资额,所以,计件工资的基础仍是劳动时间。但如果将二者相比较会发现,计件工资具有更加有利于资本主义剥削的优势:第一,计件工资需要根据每个工人的劳动能力来分别支付,所以工人自身就会面临更为激烈的竞争,雇主可以抓住这一特征不需要进行现场监督就可以提高效率,因此

――――――――――

① 《马克思恩格斯全集》第44卷,人民出版社,2001年版,第627页。

节约了管理人工方面的费用。第二,计件工资在劳动质量控制、劳动强度控制和承包控制方面都优于计时工资,有利于充分调动劳动者的积极性。计件工资可以通过对产品的质量检验达到人工劳动质量检验的目的,按照产品数量支付工资可以促使工人提高劳动熟练程度从而提高劳动强度,计件工资也使得承包变得更加容易,只需要通过计件合同,资本家对产品进行检验就可以实现对于劳工的管理,在这个过程中也为包工头等中间剥削的产生提供了生产的土壤,有时资本家利用产品质量的检查,故意刁难克扣工人的工资。第三,计件工资按照产品数量来支付工资,一方面可以促进工人之间的竞争,另一方面为资本家提高劳动强度,延长工作日,降低工资水准提供了充分的理由。因此马克思指出:"计件工资有一种趋势,就是在把个别工资提高到平均水平以上的同时,把这个水平本身降低。"①如果某种计件工资被固定下来很难降低时,资本家就会想尽主意,要把它强制地转化为计时工资。所以,马克思说:"计件工资是最适合资本主义生产方式的工资形式。"②但是无论采取何种形式,工资仍然是由劳动力价值或价格的本质决定的,是劳动力价值或价格的表现形式。

三、国民工资率的差异

在国民工资率的差异理论中,马克思通过分析发展程度不同的资本主义国家的工资水平在空间上的差异,研究探讨了资本主义国家中工资运动的历史性趋势和无产阶级贫困化的原理。

第一,马克思认为,在资本主义发达国家,劳动强度和劳动生产率高而货币的相对价值较小,虽然名义工资比资本主义不发达国家高,但是这不能说明实际工资也比不发达国家高。因为在世界市场上,一切商品的价值都是按照世界范围内生产该商品所需要的平均必要劳动时间来计算的,在不同的国家,由于劳动生产率的不同,同一劳动时间会生产出不同量的商品。发达资本主义国家拥有较高的劳动生产率和劳动强度,生产同一件商品所耗费的劳动时间比不发达国家要小。因此,同一货币在发达国家所购买到的商品中包含的劳动量要小于不发达国家。而在发达资本主义国家,由于劳动强度和生产率高,所以工人所付出的劳动量却比不发达国家多,而工人用同一数量的

① 《马克思恩格斯全集》第四十四卷,人民出版社,2001年版,第639页。
② 《马克思恩格斯全集》第四十四卷,人民出版社,2001年版,第640页。

货币所购买到的商品中实际包含的劳动量却比不发达的国家少。所以，发达国家较高的名义工资并不代表较高的实际工资。但是这并不意味着发达国家工人所得生产资料的绝对量少于落后国家。在这里马克思要说明的是一个国家工人的实际工资并不会伴随资本主义生产的发展而相应提高。

第二，资本主义不发达国家的相对的劳动价格要高于发达国家。所谓相对的劳动价格，即剩余价值和同产品价值相比较的劳动价格。虽然表面上发达国家的名义工资高，但是由于劳动生产率和劳动强度都较高，所以资本主义发达国家资本家相应占有的剩余价值也就更多，因而，资本主义发达国家工人得到的相对劳动价格要低于资本主义不发达国家。在这里马克思揭露了资本主义生产越发达，资本家所占有的剩余价值也就越高，从而相对的劳动价格反而会降低，由此揭示了无产阶级的相对贫困化，并揭示了资本主义工资的相对量日趋下降的结论。

第三，马克思批判了美国庸俗经济学家凯里所主张的工资水平与劳动生产率成正比例提高的谬论。马克思关于剩余价值生产的全部理论，以及关于无产阶级贫困化的分析，都是对这一谬论的有力批判。同时，凯里主张把资本主义国家的税收也计算在工人的工资之内，对此马克思认为资本主义国家的税收体现的是资产阶级对工人的剥削，并计算在工人的工资之内，凯里的这种观点只能说明工人的工资并不像他所说的是随着劳动生产率的提高而不断上升的。

四、工资与宏观经济运行

（一）工资与资本主义再生产的关系

在资本主义简单再生产条件下，从生产过程的连续性看，工人通过出卖自身劳动力商品，获取的货币工资，不过是工人不断生产出来的产品的一部分，这一部分以工资的形式用于购买生活资料，从而转变为劳动能力以供工人投入新一轮的再生产。实际上，工人通过个人消费为资本家再生产提供了可供剥削的劳动力。这种劳动能力也是资本增值所需要的。由此可以看出，无论在生产过程以内乃至生产过程之外的工人个人消费，都是资本的附属物，都是资本主义再生产的一个条件。正如马克思指出的："罗马的奴隶是由锁链,雇佣工人则由看不见的线系在自己的所有者手里。"①

工资在社会再生产过程中不单单作为收入分配的一个因素在起作用,而是成为连接生产与消费、价值补偿与实物替换的关键环节,保障社会再生产的总体运行。在资本主义社会中,各个独立的个别资本,并不是彼此孤立、互相隔绝的,而是相互依赖、密切联系的,这种密切联系的单个资本的总和就是社会资本。由于各资本所生产产品的社会分工不同,所以社会资本再生产过程中所需要的生产资料和消费资料,只能在社会资本所生产的社会总产品中得到补偿。而社会总产品的补偿也就是社会总产品的实现问题,这也是考察社会资本再生产的核心问题。只有生产社会总产品时所消耗掉的生产资料和消费资料,能够正好从社会总产品中找到相应的物质资料加以补偿,社会资本再生产才能顺利进行。在资本主义生产过程中,工资在资本家手中是作为可变资本存在的,是商品价值的组成部分,工人得到货币工资后,工资执行的是收入职能,从市场上购买生活资料,使制造生活资料部类的产品由商品形式转化为货币形式,补偿了预付资本的价值,并获得了剩余价值,该部类的产品得到了价值补偿之后,又去市场上购买和获取所需的生产资料,这样就使社会资本再生产得以正常顺利地进行。

(二)资本积累导致的内生性失业对工资运动的压力

在资本有机构成不变的情况下,由于剩余价值是由可变资本创造的,所以,资本家为了增大资本积累,对劳动的需求就会和积累齐头并进,资本的可变部分就至少会按照总资本增长的同一比例增长。在这种情况下,必然导致工资的同步提高,尤其是当积累的需要开始超过通常的劳动供给时,工资率必然会发生上升的运动。使工人的生活条件得到改善。正如马克思指出的,资本积累在生产出更加强大的资本家的同时,也包含了它的主要增值手段即劳动力的再生产。工人生活条件得到改善也是为资本的再生产准备了重要条件,工资的提高丝毫不会改变资本主义再生产的基本性质。相反,当工资的逐步提高对利润的刺激迟钝,从而减缓积累进程时,工资会重新降到适合资本增值需要的水平。劳动价格永远只能在资本主义制度的基础不受侵犯,规模扩大的再生产得到保证的界限内提高。

在资本积累的过程中,社会劳动生产力的发展成为推动积累最有力的杠

---

① 《马克思恩格斯选集》第 2 卷,人民出版社,1995 年版,第 232 页。

杆,资本主义生产的发展要求资本积累的进一步展开,各种机器设备以及新式生产方法与手段被不断创造出来,成为资本积累的伴生物,这些机器运用于生产过程中,使资本积累呈现出技术进步的外在表现形式,而这绝不仅仅是资本家出于提高劳动生产率的思考,而是出自资本要求获取超额利润的目的。技术的发展和进步促使资本的有机构成在不断提高,而这是以机器排挤活劳动为代价的,并具有明显替代活劳动的倾向。一旦某项生产领域中可以使用无意识的机器代替工人的手工劳动,资本就会毫不犹豫地去实现这种可能,而雇佣劳动也变成了机器的附属物,由原来从事的复杂劳动变成技术含量低、重复性强的简单劳动,从而降低了劳动力价值。另外,资本家在生产中采用机器,用机器排挤手工劳动,造成大批工人被解雇,成为失业者。大量失业人口的存在伴随机器生产对于工人需求量的降低同时产生,工人不得不在低工资的苛刻条件下出卖劳动力。因此,资本主义机械化生产的趋势导致工人劳动力价值的降低,以及工资水平的降低。

从另一方面分析,资本有机构成提高的趋势意味着,资本家总是力求提高劳动的技术装备,而用于购买劳动力的可变资本相对减少,可变资本在全部资本中所占的比重越来越小,其增长不仅落后于不变资本的增长速度,同时也滞后于总资本的增长。然而对于劳动力的需求并不是由总资本的大小决定的,而只是由可变资本的大小决定的,所以资本有机构成的提高造成资本对劳动的相对需求以及这种需求的增长和预付资本量的增长比起来,以递增的速度减少,使得大批工人找不到工作,失业人口不断扩大,由此形成相对过剩人口。相对过剩人口作为资本主义积累的一般规律发生作用的必然产物,形成一支绝对隶属于资本主义生产方式的产业后备军,反过来又成为资本主义生产方式存在的一个条件:首先,由相对过剩人口形成的产业后备军伴随着资本主义生产的萧条与繁荣而相应膨胀或收缩,为资本家提供了随时可供榨取的劳动力。其次,大量失业人口的存在,使劳动力商品供过于求,资本家可以借此压低在业工人的工资,提高他们的劳动强度,从而加重对在业工人的剥削。如马克思在《资本论》中提到的,"雇佣工人阶级中服现役的那一部分被迫从事的过度劳动,会扩大后备军队伍,增加后者的竞争对前者造成的压力,迫使前者更听命于资本"[①]"决定工资的一般变动的,不是工人人

---

① 《马克思恩格斯全集》第44卷,人民出版社,2001年版,第733页。

口绝对数量的变动,而是工人阶级分为现役军和后备军的比例,是过剩人口相对量的增减,是过剩人口时而被吸收、时而又被游离的程度"①。资本积累形成了资本主义特殊的劳动供给规律,它在增加了对劳动力需求的同时,也通过制造过剩人口扩大了劳动力的供给。内生性失业率的加剧阻碍了工资上涨趋势,包括现代的发达资本主义国家,仍然没有逃脱这一工资运动规律的控制,虽然发达资本主义经济体的实际工资近几年呈现不断增长的态势,但是其相对工资,即工资相对于利润在工人所创造新价值中的份额,却不断下降。这种下降表现为发达资本主义国家剩余价值率的不断提高。

因此,资本积累的强化所产生的机械化生产趋势与对劳动力供求两方面的需要"内生"地决定了供求决定工资的调节机制。这种资本主义制度内生性的失业,强化了资本在社会再生产中的统治地位,因此更加有利于抑制工资水平的增长,为工资的增长施加向下的压力。

(三)工资与利润、物价之间的关系

1. 工资与利润之间的关系

依据马克思劳动价值论和剩余价值论的观点,工人在生产中所创造的新价值被分割为劳动力价值和剩余价值两部分,在资本主义经济运行中,这两部分分别采取了工资和利润的外观。在资本主义生产关系下,当工人所创造的新价值被分割为工资和利润两部分时,这二者就成为一对矛盾体,二者相互依存、相互对立,在利润与工资的相对关系中,体现着劳动力价值和剩余价值的相对关系,也体现着资本与雇佣劳动在新价值分割关系中的比例和二者在生产中的相对地位。因此,在马克思主义唯物辩证法的视野下研究工资问题,工资并不具有独立的意义,只有在对照利润运动的同时研究工资运动,才能更加深刻地把握工资的实质及其内在所包含的劳动关系。

由于资本家和工人所能分配的是一个有限的价值量,因此,工资和利润就是一个此消彼长的关系,二者朝相反的方向变动,由此可见,资本和雇佣劳动之间的对立关系在工资和利润的相互运动中得到了直接的体现。在资本主义生产方式下,资本相对于劳动处于统治的、主导的地位,而雇佣劳动处于被统治的、从属的地位,在工资和利润的相对运动中,在很大程度上,工资的运动要服从于利润的运动。无论是在工人阶级争取提高工资的斗争中,抑或

---

① 《马克思恩格斯全集》第44卷,人民出版社,2001年版,第734页。

是资本对于劳动力需求增加的时期,工人工资提高的必要前提就是不能损害一般利润率的稳定与增长,不能损害资本积累的一般物质基础。一旦工资的增长威胁利润率的提高,那么削减工资就是资本最常态的反映。

由于劳动力价值是一个变动的量,所以在利润与工资的关系上,马克思认为我们可以确定利润的最高限度,它与工资的最低限度相对应而存在,工资的最低限度由生理要素所决定的生活资料的价值决定。而我们却无法确定与工资的最高限度相对应的利润的最低限度,因为工资由劳动力价值决定,而由于劳动力价值决定的社会历史性因素的存在,我们无法确定劳动力价值的最高限,从而无法确定工资的最高限度。我们只能说,在工作日一定的情况下,"利润的最高限度就与生理上所容许的工资的最低限度相适应;工资既然是一定的,利润的最高限度就与工人体力所容许的工作日延长程度相适应,所以利润的最高限度受生理上所容许的工资的最低界限和生理上所容许的工作日的最高限度的限制"①。由此可见,在最高利润率的这两个界限之间有可能还会存在许多变化。利润率的实际水平是在资本与劳动的不断斗争中确定的。资本家总想把工资降低到生理上所容许的最高限度,把工作日延长到生理上所容许的最高限度,而工人则在相反的方向而不断地对抗。

2. 工资与物价之间的关系

在《工资、价格和利润》中,马克思从供需层面针对韦斯顿所主张的工资水平提高必然引起物价上涨的观点进行了批判。马克思认为工资的提高,除了引起利润率的下降之外,不会影响物价的长期变动。工人工资的上涨,会造成商品需求量的增多,从而影响商品价格的暂时变动。一旦社会上某种商品的需求量增大,价格上涨,就会导致从事其他生产部门的资本家纷纷投入到此类商品的生产中来,随着此种商品生产规模的扩大,供给量增多,就会使此种商品的价格下降,利润率降低。而这时,其他的生产部门由于供给乏力,造成价格上涨,于是又会形成新一轮的资本转移,从而价格和利润率回升,通过资本转移,当供求达到新的平衡时,部门间会形成平均利润率,从长期来看,价格又都会恢复到原来的水平。另外,如果从商品需求量来说,工人工资的增长使得工人购买力增强,而由于工资和利润之间是此消彼长的关系,工人工资的增长会造成资本家利润率的下降,从而使资本家的购买力下降。因

① 《马克思恩格斯全集》第21卷,人民出版社,2003年版,第209页。

此,对商品的总需求量仍然是不变的,商品的市场价格也不会有任何变动。

在《资本论》中,马克思也对工资与物价的问题进行了分析,他指出工资(劳动力价值)与剩余价值是商品价值的组成部分,工资的提高或降低只会引起二者在商品总价值中所占比例的变化。如果商品按照实际价值出售,那么工资的提高或降低只会引起利润相应地降低或提高,而不会引起商品价值的变动。因为商品的价值是由生产商品所需要的社会必要劳动时间决定的,只要生产领域的这个因素没有发生变化,分配领域中工资与利润的任何变动都不会影响其价值。因此,工资的提高只会降低利润率,不会影响到商品的价值,也不会对商品价格的波动有较为长期的影响。即便短期内商品价格产生波动,不久也会向其价值回归。

(四)资本主义条件下工资与宏观经济失衡

在资本主义条件下,工资收入是工人的主要收入来源,工资对宏观经济运行的影响,体现在由工资决定的工人消费水平上。因为按照马克思对于资本主义经济运行系统的分析,资本家是人格化的资本职能执行者,其典型行为模式是进行资本积累而不是进行生活消费,而工人正是由于为了维持生存才出卖劳动力给资本家,所以,工人工资所得的主要用途就是进行生活资料的消费,工人构成了资本主义消费的主体。对于生产与消费的关系来说,雇佣工人的消费是生产的动力,人们的生活决定了新的生产需要,由此形成的生产观念是生产的内在动机,因此从一定程度上说,消费"生产着生产"。另外,人们进行生产的目的就是消费,如果人们不需要任何生活资料,那么就不需要生产,生产出来的物品如果人们不去消费它,它也仅仅是存在物,而不成为产品,所以产品只有在消费环节中才能最后成为真正的"产品"。由此可见,虽然在资本主义社会,分工与交换的发展使得生产过程与过去相比更加的迂回,但是生产对消费的内在依赖关系并没有发生改变。并且,正是社会生产与消费的顺利、协调运行才能够保证资本主义经济体的存续和发展。但是,由于资本主义社会工资与利润的内生运动轨迹,使得资本主义宏观经济运行中呈现出打破这种协调运行关系的尝试。

资本主义生产方式的绝对规律就是剩余价值生产,资本的本性就是逐利的,它在任何时候都不会放弃对于剩余价值的追求。而工资确立的过程实质上就是资本与雇佣劳动分割新价值,确定剩余价值率的过程。与资本的逐利要求相伴而生的资本主义机械化大生产,不可避免地对资本家所获一般利润率水平施加了向下的压力,而资本家为了应对这种不利影响,防止利润率下滑,其最理性的反应就是提高剩余价值率,降低工人的工资,工人工资的下降导致相对工资的下降,工资总额的增长趋势落后于利润总额的增长,社会财富两极分化,分配极为不平衡,直接造成社会消费力的下降。

而"资本主义所固有的一种趋势,即消费生产能力的扩大快于消费品需求的增长"①。资本家为了追求价值增值而盲目扩大生产,但是生活在贫困线上的工人却没有足够的购买力去消费,一旦资本家意识到其生产能力与对应的消费需求比起来,成为多余的东西,这个时候就会产生生产的停滞。由此可见,由资本家追逐利润所决定的工人工资的下降,从而社会总体消费能力的下降,反过来会对资本主义生产造成影响,这种相对的下降抑制了消费品产业的扩张速度,并影响到资本品产业的扩张速度。这种如链条般相互影响的过程导致资本积累过程受到由它自身决定的无法逾越的刚性限制。

工资与利润的矛盾对立,最终体现在经济生活中,一方面是盲目地扩大再生产,而另一方面是处于贫困线上的工人购买力不足,其购买力不足并不是来源于消费意愿不足,而是由于受到资本家的残酷剥削,使他们的支付能力受到很大的限制,造成市场有效需求不足,形成了生产相对过剩的局面。积累与消费之间的对抗性矛盾日益发展,使得资本主义经济运行中生产过剩、消费不足、生产停滞成为常态,而最终经济危机的爆发成为解决这一消极常态的强制性措施。马克思认为,经济危机的实质就是生产相对过剩的危机。

而解决生产相对过剩的问题,只能是在上述矛盾深刻地阻碍了资本主义发展之后,通过资本主义经济运行规律本身对其生产关系和生产方式做出调整,才能使社会生产各部门的比例失调以及生产能力和有支付能力需求之间的矛盾,得以暂时的解决。这些制度性调整使工资相对于利润无限下降的趋势得到了消解,也使资本家所获的剩余价值保持在一个限度之内。

五、马克思对收入分配关系的考察

关于收入分配问题,马克思在《资本论》和此前的《政治经济学批判》中做了精辟的论述,全面分析了与资本主义生产方式相适应的生产关系和交换关系,并将分配的理论框架建立在对资本主义分配具体形式及其形成原因的

---

①　保罗·斯威齐:《资本主义发展论》,商务印书馆,1997年版,第201页。

了解之上。就马克思收入分配的主要内涵来说,主要包括三个方面的内容:一是对生产方式决定分配方式的论述;二是对资本主义经济分配关系的论述;三是对未来社会收入分配的构想。

(一)关于生产方式决定分配方式的一般原理

社会生产力与社会生产关系的结合和统一,构成社会生产方式。由此,生产方式决定分配方式可以分为生产决定分配和生产关系决定分配关系两个层面。

第一,生产结构决定分配结构。马克思并不把分配关系看作一种独立的经济关系,也不把它看作是人们可以完全自由处置产品的一个领域,而是认为生产和分配是反映一定社会经济关系特征的两个相互联系的方面,"分配关系和分配方式只是表现为生产要素的背面。个人以雇佣劳动的形式参与生产,就以工资形式参与产品、生产成果的分配。分配的结构完全决定于生产的结构。分配本身是生产的产物,不仅就对象说是如此,而且就形式说也是如此。就对象而言,能分配的只是生产的成果,就形式而言,参与生产的一定方式决定分配的特殊形式,决定参与分配的形式"①。由此,分配结构决定于生产结构,生产结构决定于生产方式。生产方式的性质决定了人们以何种形式参与生产,人们参与生产的形式决定了人们参与分配的形式,即产品分配只能是生产条件分配的结果。

第二,生产关系决定分配关系。马克思在《资本论》第3卷第51章中指出:"所谓分配关系,是同生产过程的历史规定的特殊社会形式,以及人们在他们生活的再生产过程中互相所处的关系相适应的,并且是由这些形式和关系产生的。这些分配关系的历史性质就是生产关系的历史性质,分配关系不过表示生产关系的一个方面。"②产品分配的原则及数量的规定性的基本框架结构已经由人们在生产中的相互关系所决定了。而产品的分配原则及数量的规定则由生产资料所有制所决定,可以说"生产方式决定分配方式,主要表现为生产要素所有制决定分配制度"③。如马克思所言:"分配是产品的分配之前,它是(1)生产工具的分配,(2)社会成员在各类生产之间的分配……

① 《马克思恩格斯选集》第2卷,人民出版社,1995年版,第13页。
② 《马克思恩格斯选集》第2卷,人民出版社,1995年版,第586页。
③ 于金富:《马克思主义分配理论与我国国民收入分配结构及其调整》,《长春市委党校学报》2011年第4期。

有了这种本来构成生产的一个要素的分配,产品的分配自然也就确定了。"①
这段话中,生产工具的分配反映了社会成员之间对于生产条件的占有关系,
也就是通常所说的生产资料所有制。产品的分配体现了社会成员对于生产
资料的占有关系。一个社会的分配方式以从事劳动的当事者之间的社会关
系和生产条件的社会性质为前提,社会产品的分配源于人们相互之间的经济
关系和财产关系,只要生产要素属于不同的所有者并形成一定的生产资料所
有制,就必然产生与之相适应的分配制度。

另外,恩格斯在《致康·施米特》的信中指出,虽然生产条件的分配决定
产品的分配是一个客观规律,但这并不意味着某一种产品分配方式贯穿于某
一社会形态始终,随着生产和社会组织的进步,分配方式也要随之改变,并尽
力找出进一步的发展将循以进行的总趋向。在一定条件下,分配对生产也起
反作用。在生产之前,要有生产资料和社会成员的分配,这种分配"包含在生
产过程本身中并且决定生产的结构,产品的分配显然只是这种分配的结
果"②,没有生产资料的分配和社会成员在各类生产中的分配,生产就只是一
个空洞的抽象。

(二)关于资本主义经济分配关系

马克思关于资本主义经济分配关系的分析是建立在对资本关系的分析
之上的,并以劳动价值理论和剩余价值理论为基础,揭示了资本主义社会分
配关系的剥削实质。

首先,资本主义生产关系决定了资本主义经济分配关系。在生产资料私
人资本主义所有制条件下,少数资本家占有全部生产资料,另外一些人独占
土地所有权,使劳动者与生产条件相分离。由此,促成了被剥夺了一切的劳
动者通过出卖劳动力的方式与生产条件相结合,使生产条件成为生产和获取
剩余价值的手段,形成了剥削雇佣劳动基础上的物质资料生产方式。资本主
义生产过程的直接目的和决定性动机是剩余价值生产。生产资料私有制、工
人出卖劳动力以及剩余价值生产共同构成了资本主义生产关系的基础。

其次,资本主义生产资料私人占有的所有制形式,成为资本主义分配制
度的主要依据,在事实上使各生产要素必然参与剩余价值的分配。在资本主

---

① 《马克思恩格斯选集》第 2 卷,人民出版社,1995 年版,第 15 页。
② 《马克思恩格斯全集》第 2 卷,人民出版社,1995 年版,第 14 页。

义社会,资本家占有生产资料,物质的生产条件以资本和地产的形式掌握在资本家(非劳动者)手中,而劳动者却被剥夺劳动条件,只有人身的生产条件,这种生产要素的分配格局就决定了个人收入分配的格局。正如马克思所指出的:"工资以雇佣劳动为前提,利润以资本为前提。因此,这些一定的分配形式是以生产条件的一定的社会性质和生产当事人之间的一定社会关系为前提的。"[①]在资本主义生产方式占统治地位的社会,就形成了资本家投入生产成本从而获得利润的"资本创造利润"的表象。各个部门资本有机构成的不同导致各部门之间利润率存在差别,而资本追逐利润的本性是不允许这种现象存在的,于是资本在各部门间进行存量或增量的流动和调整,最终形成平均利润率,商品的生产价格也由此产生。生产价格的形成,使剩余价值在不同部门的资本之间形成了重新分配,就个别企业来说,其所获剩余价值取决于社会的平均利润率水平,资本主义市场竞争所形成的剩余价值在资本家之间形成了分配。然而从事实上讲,平均利润的形成更加掩盖了资本家剥削工人的实质。虽然从表象上看,利润是全部预付资本带来的,实际上,资本家得到的平均利润仍然是工人创造的剩余价值,工人受到的是整个资产阶级的剥削;在资本主义社会,土地作为一种必不可少的生产资料,其私有权的垄断也必然要求获得相应的社会产品,这部分产品的价值就是地租。"资本主义地租就是农业资本家租种土地所有者的土地而向土地所有者缴纳的地租,它是由农业雇佣工人所创造的超过平均利润以上的那一部分超额利润构成的。"[②]由此,资本主义形成了"资本—利润,土地—地租,劳动—工资"的"三位一体"分配表象,利润以资本为前提,地租以土地所有权为前提,工资以雇佣劳动为前提,这些一定的分配形式是以生产当事人之间社会关系和生产条件的社会性质为前提的,也是由资本主义的生产条件所决定的,而这种分配表象却恰恰掩盖了深藏其后的资本主义剥削本质。马克思认为"三位一体公式"将本来都由雇佣劳动创造的这三种收入,说成是各有自己独立的源泉,从实质上宣布统治阶级的收入源泉各有其必然性和永恒性,从而掩盖了资本家、土地所有者对于雇佣工人的剥削及各阶级间的对立关系,实现了为统治阶级辩护的目的。

---

① 吴易风等:《马克思主义经济学与西方经济学比较研究》第3卷,中国人民大学出版社,2009年版,第1570页。
② 宋涛等:《政治经济学教程》(第9版),中国人民大学出版社,2011年版,第121页。

而从工人所得工资的数量来讲,伴随资本有机构成的提高和资本主义的机械化生产趋势,工人的工资呈下降趋势。另外,由于劳动生产率的提高,工人所需生活资料价值下降,劳动力的价值也随之下降,所以工资性收入占国民收入的比例将会越来越低,工人陷入相对贫困,甚至绝对贫困,而资本家却能够由此攫取更多的超额利润,用于积累财富。

马克思认为在资本主义社会造成收入分配两极化的原因,在于价值创造与价值分配的决定因素的不一致性。在资本主义生产方式下,活劳动是价值创造的唯一源泉,活劳动创造的价值是价值分配的基础。资本、土地等尽管参与了价值的创造,是价值创造的必要条件,但其只有经过活劳动才能发挥作用,并且只能实现价值的转移而不是创造价值。然而资本家却从工人创造的新价值中获取利润(利息)、地租等,则是由于价值分配方式的依据是以生产资料所有权为核心的资本主义生产方式,资本家凭借其资本或土地所有权在价值分配中获取利润(利息)或地租。价值创造与价值分配决定因素的不一致性,造成一方面是财富的积累与生产的发展,另一方面是劳动者的日益贫困。

(三)对未来社会收入分配的构想

在对资本主义经济分配关系进行批判的基础上,马克思对未来社会分配关系进行了设想,即社会主义阶段的按劳分配方式和共产主义社会的按需分配方式。

在《哥达纲领批判》中,马克思阐述了在社会主义社会实行按劳分配的必然性及其设想,并指出了按劳分配的实现原则。首先,以劳动作为分配个人消费品的尺度,实行等量劳动领取等量报酬的原则。在马克思看来,按劳分配就是社会根据劳动者提供的劳动数量和质量分配个人消费品,等量劳动领取等量产品。由于劳动存在着简单劳动与复杂劳动、体力劳动和脑力劳动的差别,就需要通过还原的方法,将其他劳动都还原为简单劳动,才能使这些不同的劳动都能够通过分配得到合理的报酬。在分配中,实行"各尽所能,按劳分配""每一个生产者,再做了各项扣除之后,从社会领回的,正好是他给予社会的。他给予社会的,就是他个人的劳动量……他以一种形式给予社会的劳动量,又以另一种形式领回来"①。这里所说的"各项扣除",是指在集体劳动

---

① 《马克思恩格斯选集》第3卷,人民出版社,1995年版,第304页。

所创造的社会总产品中,扣除掉用来补偿消耗掉的生产资料的部分和用于扩大再生产的追加部分,以及用于其他各种必不可少的社会基金。在做了这些扣除之后,才形成个人消费基金,由社会按照按劳分配的原则分配个人消费品。

其次,按劳分配体现一种形式上平等而事实上不平等的权利。按照劳动这个共同尺度进行个人消费品分配,体现了调节商品交换的同一原则,即一种形式的一定量劳动可以和另一种形式的同量劳动相交换。它不承认任何阶级差别,每个人都像其他人一样只是劳动者,劳动者的权利和他们提供的劳动成正比,因而在形式上是平等的。然而,这种平等也同时表明,它默认不同等的个人天赋,从而也就默认不同等的工作能力是天然特权。由于劳动者在体力、智力上存在差别,又由于劳动者在婚姻、家庭状况等方面存在差异,供养人数有别,因而社会以劳动这个共同尺度应用于条件不同的劳动者身上时,就必然会出现事实上的不平等,造成劳动者生活富裕程度的差别。在这个意义上,马克思和列宁都指出,按劳分配所体现的平等权利,按照原则仍然是资产阶级权利,即它仍然带有形式上平等而实际上不平等的特征。然而,由于社会主义是"刚刚从资本主义社会中产生出来的,因此它在各方面,在经济、道德和精神方面都还带着它脱胎出来的那个旧社会的痕迹"①,劳动还只是谋生的手段,因此,这种缺点在共产主义生产关系还不够成熟的社会主义阶段是不可避免的。但是,按劳分配作为生产资料公有制条件下个人消费品分配的基本原则,作为对资本主义生产方式的否定,仍然体现着社会主义公有制的客观经济规律。

在共产主义高级阶段,"在保证社会劳动生产力极高度发展的同时又保证每个生产者个人最全面的发展的这样一种经济形态"②旧的社会分工消失,脑力劳动和体力劳动的对立消失,劳动不再是谋生的手段而是生活的第一需要,生产力全面发展,物质财富的一切源泉充分涌流之后,"只有在那个时候,才能完全超出资产阶级法权的狭隘眼界,社会才能在自己的旗帜上写上:各尽所能,按需分配!"③

---

① 《马克思恩格斯选集》第 3 卷,人民出版社,1995 年版,第 304 页。
② 《马克思恩格斯选集》第 3 卷,人民出版社,1995 年版,第 342 页。
③ 《马克思恩格斯选集》第 3 卷,人民出版社,1995 年版,第 305 页。

第四节 马克思工资理论的特征及其地位

一、马克思工资理论具有鲜明的阶级性

分析马克思工资理论所具有的阶级性与历史性,首先要了解马克思主义政治经济学创立的背景。马克思主义政治经济学的创立,是欧洲 19 世纪上半叶历史进程的重要表现。一方面,资产阶级革命的爆发确立了资产阶级在政治上的统治地位,资本主义生产方式也得到了进一步的发展和巩固,从 18 世纪 60 年代开始的工业革命创造了巨大的劳动生产率,促进了资本主义经济的发展,到 19 世纪中叶资本主义生产方式在西欧几个主要国家已经完全发展成熟,为马克思揭示资本主义社会的经济运动规律提供了客观基础。另一方面,在资本主义制度创造了巨大生产力的同时,也产生了自身无法克服的矛盾,周期性爆发的经济危机暴露了资本主义生产方式内在矛盾的对抗性。同时,资本主义制度下两个基本阶级:资产阶级和无产阶级之间的矛盾也日益尖锐化,不断爆发反抗资本主义剥削和资产阶级统治的工人运动。科学解释双方矛盾斗争的起源、本质和任务,指出无产阶级的历史使命和前途成为历史的要求。马克思主义政治经济学的产生正是适应了时代和实践的要求,与无产阶级革命运动的需要有着直接的联系。马克思主义政治经济学从诞生的一刻起就确立其鲜明的阶级性和党性,阶级性和党性就是"要求在对事变作任何评价时都必须直率而公开地站到一定社会集团的立场上"[①]。而马克思主义政治经济学的阶级性与党性则是站在无产阶级的立场上,对资本主义生产方式和代表资产阶级利益的政治经济学进行批判,论证资本主义为社会主义所代替的必然性和历史性,为无产阶级的斗争运动提供理论武器。

马克思工资理论作为马克思主义政治经济学的重要组成部分,同样带有鲜明的阶级性,树立无产阶级的旗帜。依据马克思工资理论,在资本主义社会工资与利润都是来自工人所创造的新价值,二者是此消彼长的关系,资本家为了攫取高额的剩余价值,加大对于雇佣工人的剥削和压迫,一方面通过采取降低工人工资甚至将工资压低在劳动力价值以下的方式来克扣工人的

---

① 《列宁全集》第 1 卷,人民出版社,1984 年版,第 363 页。

必要劳动,实现剩余价值的增加或者在资本主义社会,另一方面通过延长工作日和劳动时间的方法使工人创造更多的价值,而给付劳动者的工资却不能够弥补劳动强度的增大对于劳动力的损耗,工人在贫困线上为了生存而痛苦挣扎。劳动者的工资低于其劳动力价值的实质是资本家在生产领域对于工人部分必要劳动的侵占。为此,马克思指出工人阶级进行提高工资的经济斗争的全部意义就在于把被资本家侵占的部分必要劳动夺回来,工人应当团结起来进行斗争以保证工资不被压得过低。但是由于资本主义制度的约束性,工人工资的上涨也具有其局限性,即使工资有上涨也是在不危及资本家获取利润以及不影响资本主义再生产顺利进行的范围内的上涨,无法摆脱其受压迫受剥削的命运,无产阶级要想获得真正的解放,需要意识到令其受到剥削压迫的真正祸根不在于低工资,而在于雇佣劳动制度,工人阶级要争取彻底的解放就必须进行推翻资本主义制度的政治斗争。

二、马克思工资理论具有鲜明的历史性

政治经济学是研究人类社会生产关系及其发展规律的科学,是一门"历史科学"。而根据唯物史观的观点,历史是不断演进的,伴随社会形态的更替,其生产关系也会随之变化。马克思以历史唯物主义为指导来展开政治经济学研究,政治经济学中所引起变革的全部内容,都与世界的物质性及其运动的辩证关系相关联。生产关系的历史性就表现在社会经济发展的前进性和上升性的运动,体现为由原始社会、奴隶社会、封建社会到资本主义社会和社会主义社会的旧形态到新形态、简单到复杂、低级到高级的运动过程。马克思在考察这一运动过程的同时,还指出了这一发展是怎样以对立斗争的形式进行的,从而强调了阶级斗争在促进社会经济发展中的作用。阶级和阶级斗争是生产关系的产物,生产关系的史的发展过程也体现为阶级斗争的发展,而阶级斗争的发展又必然表现为生产方式的改变和社会经济的发展。将这个观点贯穿于马克思的工资理论之中,我们可以更加深刻地理解工人阶级进行政治斗争、以革命的手段推翻资本主义制度不仅是出于维护自身的利益,更是建立新的社会主义制度的关键。因此,马克思的工资理论体现了充分的历史性,指出无产阶级的历史任务在于进行政治斗争,推翻资本主义制度。可以说,从纵向视角上考察马克思工资理论,马克思工资理论实现了阶级性与历史性的融合,这一融合的过程不仅使他的哲学观点在政治经济学中

得到进一步的发展与完成，又使他的政治经济学原理体现了历史的观点，揭示了生产方式的运动和发展规律，从而与古典政治经济学家把资本主义生产方式当作自然的、永恒的生产方式的观点有了明确的区分，也体现了马克思主义政治经济学的批判性。

在古典政治经济学的工资理论中，普遍存在着将资本主义的特殊经济规律当作永恒规律来看待的现象，使其理论缺乏历史性，这也是古典政治经济学的缺陷之一。马克思批判了古典政治经济学的理论体系，并克服了其理论缺陷，着重指出了资本主义生产方式的历史暂时性，将政治经济学变成一门历史的科学。在马克思工资理论中对于收入分配关系的考察和劳动力商品理论的分析也充分体现了其历史性的特点。

依据马克思对于收入分配关系的考察，伴随历史的演进和社会形态的更替，生产和分配关系在不同国家、不同时代都具有不同的特点。分配关系是由生产关系决定的，每一种分配关系都有与其相对应的生产关系，每一种分配形式都会与其由以产生的生产形式一道消失，二者具有同样的历史暂时性的特点。分配关系和生产关系的历史性，在于它们都与一定的生产力水平相适应，伴随生产力的不断发展，生产关系和分配关系也会发生变革。由生产力的发展状况决定的生产条件的分配方式又决定了个人收入分配的形式。所以在资本主义社会由于生产资料与劳动者相分离，资本家占有物质的生产条件，因此产生雇佣劳动制度，利润的分配以资本为前提，工资收入则以雇佣劳动为前提。当历史发展到社会主义社会时应该实行按劳分配制度，按劳分配则是以生产资料与劳动者的直接结合为前提的。马克思同时也指出在那时应该具体采取什么形式应由那个社会的具体条件和实际情况决定。

马克思对劳动力商品形成条件的区分也体现了其历史性特点，依据劳动力商品理论，资本原始积累进程加速了劳动者与生产资料相分离的进程，使得劳动者成为自由人，除了自身的劳动力之外一无所有，劳动者只有靠出卖自身劳动力以维持生存，劳动力成为商品奠定了雇佣劳动制度的基础，但这一过程并不是自古以来就有的，而是在封建社会后期的资本原始积累过程中逐步形成的，这也可以视作劳动力成为商品的历史性条件。在分析劳动力价值决定的问题时，马克思指出由于劳动力商品的特殊性，构成生产和再生产劳动力所必需的生活资料的量并不是固定不变的，而是包含着一个历史和道德的因素。这里所讲的历史的因素，是指工人所必需的生活资料本身就是历史的产物,取决于一个国家在现有的经济文化水平下所能够形成的必需生活资料的数量和范围,以及工人阶级在其所处的历史阶段和环境下有哪些习惯和生活要求。在一定时期一定区域内,工人所需的必要生活资料的范围基本也是一定的。但是伴随社会经济的发展,必需生活资料的数量应当根据历史条件的变化做出相应的调整。由此可见,马克思在进行工资理论研究时充分考虑到社会历史条件及其变动,其理论的基本内容也是与社会的历史发展阶段相联系的。

三、马克思工资理论具有鲜明的科学性

马克思工资理论的科学性一方面体现在其理论前提的正确性,表现为马克思工资理论有正确的世界观和方法论的指导,另一方面体现在马克思在对工资问题进行研究时,并不是把它作为一个孤立的分配领域概念来理解,而是将其放置于资本主义大生产过程之中进行考察,研究工资与资本主义大生产之间的关系,研究工资与宏观经济运行之间的关系,体现了马克思研究工资理论的宏观整体性视角,也体现了马克思工资理论的科学性。

首先,马克思以唯物史观作为其工资理论的世界观与方法论的指导。在唯物史观的指导下,马克思克服了古典政治经济学非历史性的理论缺陷,认为资本主义社会的经济关系只是"社会经济形态演进的几个时代"中的一个,资本主义的生产关系不再是固定的和永恒的,工资也只是资本主义私有制条件下所特有的经济范畴,其在资本主义社会中所具有的剥削性质将会伴随生产力的发展与社会经济形态的演进而逐渐消失,这与资产阶级经济学是有着根本性区别的,充分体现了马克思工资理论开放的、进取的科学特点。

其次,马克思科学区分了劳动与劳动力,采用科学抽象法透过工资的表象分析了工资的本质。在分析劳动力成为商品的条件时,马克思就接触到了资本主义大生产得以确立的前提,即资本原始积累过程。马克思认为正是在这个阶段实现了劳动者与生产资料的分离,从而使劳动者沦为雇佣工人,服务于资本主义生产。资产阶级经济学家在考察工资问题时,由于其阶级局限性,使得他们只能从工资虚假的表象出发去考察工资范畴,从而产生了"工资决定商品价格""资本家所获利润来自其自身的生产节约"之类的错误观点,其错误的根源就在于没有透过工资的表象,深入资本主义的生产过程去考察工资背后的秘密;随后,马克思在分析劳动力价值决定的过程中,发现了资本

主义生产的秘密,即工人的劳动区分为弥补其自身价值的有酬劳动和为资本家生产剩余价值的无酬劳动,而工资在资本主义社会中却呈现出与此相反的现象,工资的表象巧妙地将二者的区分弥合在一起,掩盖了资本主义生产的秘密。马克思对于工资掩饰下资本主义生产机密的揭示,不仅是马克思工资理论研究的重大进展,而且也是对于资本主义生产过程考察的重大进展,由此产生的剩余价值理论更是马克思经济学的重大贡献。

再次,马克思考察了工资与资本主义再生产的关系,考察了工资与宏观经济运行的关系。在工人结束一个阶段的生产活动,进入消费过程中时,由于工资水平所决定的消费能力也是生产过程的重要推动力,因此促进资本主义生产能力的扩大。工人通过用工资购买必需的生活资料实现了劳动力补给,也强化了自身的生产能力,投入下一轮的生产过程,在工人生产的过程中,为资本家生产出来剩余价值,提供了资本积累的源泉。可以说,自从工人开始踏入资本主义生产方式的大门,其劳动、收获、消费都是与资本主义生产息息相关的。工人工资所决定的消费能力,更是会推动生产的扩大,也会促进生产的坍塌。从工资中探究资本主义生产的奥秘,探究资本与雇佣劳动矛盾的对立,正是马克思工资理论的分析特点。

最后,在对工资问题进行理论分析把握其本质的同时,将对于工资本质的理解回归到现实之中,考察了在劳动生产率提高和资本有机构成提高的情况下,工资与宏观经济运行之间的关系。在资本主义生产过程中,随着资本积累及资本有机构成的提高,利润率呈现下降的趋势,这与资本家逐利动机相矛盾,为了阻止利润率下滑趋势,资本家的理性反应就是压低工人的工资,甚至将工人所得工资降低到其劳动力价值以下。工资是雇佣工人的唯一生活来源,也是其生活资料消费的约束线,工资的降低必然导致社会总体消费需求量的减少,而与此相对应的则是资本家为了追求价值增值而盲目扩大的生产,然而生活在贫困线上的工人并没有足够的购买力去消费,一旦资本家意识到其生产能力相对于消费能力成为多余的东西,那么这时就会产生生产的停滞,也会产生生产的相对过剩,发展到一定阶段也会导致生产过剩的经济危机的发生。这种现象所反映的就是工人工资的降低所导致的消费不足对于生产的抑制作用,在资本主义社会,当资本主义经济运行中生产过剩、消费不足、生产停滞成为常态时,经济危机就会成为"整顿"这一消极状态的强制性手段。由此,马克思通过分析工资与宏观经济运行的相互关系,指明了资本主义条件下资本家为追求高额利润率而长期压低工人工资,将会影响社会消费总量,从而进一步抑制宏观经济运行、甚至爆发经济危机的后果,也指明了工资与社会经济运行的相互关系。从宏观角度理解工资问题,进一步深化了马克思工资理论,较低的工资不仅不利于劳动力自身的价值补偿,而且还将直接影响居民消费需求,进而不利于经济的发展。

按照马克思经济学生产过程各环节相统一的基本理论,消费是生产的目的和动力,消费不仅为生产创造出新的劳动力,而且还将促进劳动生产率的提高及经济的发展,因此实行较高水平的工资是有利的,一方面有利于保证生产所需的标准质量劳动力供给,另一方面由工资制约的居民消费总量的增长有利于促进生产规模的扩大,提高劳动生产力,从而促进经济的发展。由生产力提高而增大的经济总量又将为工人工资的增长提供物质基础,提高分配效率,促进工人收入的增长,因为"分配方式本质上毕竟要取决于有多少产品可供分配"①。由此可见工资水平与社会劳动生产力及经济发展状况是相互联系、相互作用的,工人工资的增长、生产关系的调整能够促进生产力的提高,生产力的提高也能够更好地保障工人收入的稳定增长。除此之外,我们还知道马克思工资理论认为是工人的劳动创造新价值,资本家凭借其生产要素所有权攫取高额剩余价值实现对工人的剥削,马克思进而主张工人应参与剩余价值的分享,反对收入分配上的两极分化。由此可见,马克思既主张提高工资促进生产力发展,从而为工资增长提供物质基础,又反对资本主义社会资本家对于无产阶级的剥削,充分体现了马克思工资学说"公平与效率"相结合的理论特点,这一特点对于我国当前建立工资的正常增长机制,实现公平分配具有重要的启示意义,也是马克思工资理论的科学性所在。

四、马克思工资理论的理论地位

以劳动力商品理论和劳动价值论为基础的马克思工资理论是马克思主义政治经济学的重要组成部分,也是其最独特的理论,马克思于1867年和1868年的通信中曾经谈到《资本论》的三个主要创新点,其中一项就是把工资描写成隐藏在它后面的一种关系的不合理的表现形式,这一点通过工资的两种形式可以得到确切说明。由此可见,马克思工资理论在其经济学说体系

---

① 《马克思恩格斯选集》第4卷,人民出版社,1995年版,第691页。

中占有非常重要的理论地位。

（一）马克思对于工资理论的深刻分析构成剩余价值理论的重要前提与基础

剩余价值理论是马克思经济学说的中心和基石，也是马克思两个重大发现之一，而工资理论是剩余价值理论体系的必要组成部分。

首先，从二者的理论前提来看，马克思对于剩余价值理论的研究是建立在资本家购买的是劳动力而不是劳动这一观点的基础之上的。由此可见，劳动力商品、劳动力买卖和劳动力价值的问题处在一个非常关键的位置上。正是由于马克思区分了劳动与劳动力，才能区分劳动力的价值与劳动力创造的价值，区分必要劳动和剩余劳动，揭示和阐明了剩余价值的来源和实质，进而才能把与奴隶制剥削、封建制剥削相比较而隐蔽得多的资本主义剥削的本质给揭露出来。然而，对于劳动和劳动力的区分，也正是马克思工资理论得以建立的一个大前提，工资的本质就是劳动力的价值或价格，而不是劳动的价值或价格。所以，马克思在进行工资问题的探索过程中，就构成了剩余价值理论的牢固基础。

其次，从认识问题的角度来看，对工资理论的深入分析和完善，是从劳动的角度对剩余价值的反证。马克思在论证工资问题的时候谈到，资本家是以货币形式将工资支付给工人，因而工资也就是劳动力价值的货币表现，或者说是劳动力的价格。与其他商品的交换规律一样，工资的数额也是受供求关系影响和制约的，但在实质上它仍然是劳动力的价值。工资的确定，充分体现了工人与资本家之间的矛盾。在马克思对于工资的表现形式：计时工资与计件工资展开进一步规定时，又借此分析说明了资本家在各种形式的掩盖下进行对工人的剥削，以工资的变化来反证剩余价值。剩余价值体系也由于工资概念的改造，而得到进一步的论证。对于工资概念完善的分析，也就成了剩余价值理论体系的必要组成部分。

另外，从资本主义再生产的角度看，资本家支付给工人工资也是使劳动力能够维持再生产，从而可以为资本家源源不断地进行剩余价值生产的手段。

（二）马克思工资理论体系的成熟与完善解决了资产阶级经济学家所解决不了的问题

马克思主义政治经济学是一门阶级性和党性很强的科学，它公开申明是代表无产阶级利益的，是为无产阶级服务的。马克思在他早期的著作《雇佣劳动》中，也曾提出要用科学的理论来揭露资本主义社会中资本家剥削工人的秘密。如果要从表象上挖掘工资和利润的关系，就要进一步考察工资和剩余价值，而工资理论和剩余价值理论的共同的重要理论前提就是要对商品和作为特殊商品的劳动力的内涵及其价值做出科学的界定。而这个重要理论前提恰恰是古典政治经济学家以及与马克思同时代的资产阶级经济学家所解不开的难题。

古典学派将工资说成是"劳动的价格"，并在"劳动的价值"论证过程中陷入了理论的混乱，庸俗学派则片面夸大古典学派在这个问题上的缺陷，大肆鼓吹在资本主义制度下，劳动者所得工资是劳动的全部报酬，而利润的取得也是由于资本家本身的节欲等等，千方百计掩盖资本主义的剥削实质。马克思区分劳动与劳动力，克服了古典学派的混乱与矛盾，有力地批判了庸俗学派的谬论，将工资理论和剩余价值理论建立在坚实的基础之上。他在 1865年《工资、价格和利润》的讲演中，指出"工人卖的并不直接是他的劳动，而是他的暂时让给资本家支配的劳动力"[1]。特别是在《资本论》中，对这个问题进行了详尽的阐述和论证，并揭露了剩余价值的产生原因以及劳动力价值和价格的假象与其本质之间的关系，还对这种假象是如何由资本主义生产关系自身产生出来，做了深刻的解释。

将劳动和劳动力进行科学的区分，使马克思解决了资产阶级经济学家所解决不了的困难，也是工资理论研究中的一个重要转折点。正如恩格斯在为马克思《雇佣劳动与资本》1891年新版单印本所作的导言中曾经指出的，区分劳动与劳动力，"这里并不是单纯的咬文嚼字，而是牵涉到全部政治经济学中一个极重要的问题"[2]。

（三）对工资理论的分析有助于揭示资本主义历史阶段本质与特点

马克思主义的唯物史观发现和揭示了人类社会的历史发展过程规律，并

---

① 《马克思恩格斯选集》第 2 卷，人民出版社，1995 年版，第 75 页。

② 《马克思恩格斯选集》第 1 卷，人民出版社，1995 年版，第 322 页。

指出物质资料的生产的人类社会存在和发展的基础。而人的生产活动首先是一个劳动过程,这就必然涉及人的劳动(力)属于谁、生产资料属于谁以及劳动产品如何分配和使用的问题。在长达数百万年的原始社会中,由于生产力低下,没有剩余产品可言,从而私有制也无从立足,人类社会的一切生产和生活条件都归社会所共有。但是随着生产力的增长,开始出现了私有制和阶级社会,对劳动条件和产品的不同支配方式,便日益成为区分不同阶级社会的标志与本质属性。奴隶社会采取劳动者全部劳动产品都被剥夺的奴隶劳动剥削形式,封建社会采取剩余产品以徭役地租、实物地租、货币地租等形式被剥夺的剥削形式,资本主义社会采取雇佣劳动的形式实现对劳动者的剥削,这种雇佣劳动通过劳动者向资本家出卖劳动力以获取工资维持生存的形式表现出来,在表象上看仿佛工人所得工资是对于其付出劳动的补偿,然而雇佣关系的实质却与其表象完全相反,工人所得工资仅仅是其创造价值的一部分,其他的部分都被资本家无偿占有,而工资形式的表象完全掩盖了这种剥削,仿佛工人的全部劳动都得到了补偿。封建社会劳动者的"有酬劳动"和"无酬劳动"可以在形式上得以突显,而资本主义社会资产阶级对于劳动者的剥削却在表面上被完全掩盖了,甚至表现为劳动者的全部劳动都是"有酬劳动"。由此可见,对劳动条件及产品的不同占有方式也就成为区分不同人类历史阶段的基本规定性,那么,探索资本主义社会的工资问题,也就成为揭示资本主义历史阶段本质及特点的重要窗口。因为资本主义社会的主体劳动形式是雇佣劳动,雇佣劳动剥削形式体现了资本主义社会的本质特征。雇佣劳动者以获取工资维持生存,所以雇佣劳动者也即工资劳动者,马克思工资理论也是对雇佣劳动与资本关系所做科学分析的结果,通过分析工资的本质揭示了雇佣劳动形式下资本家对于工人的剥削进而展现了资本主义生产的剥削本质,所以,工资问题是马克思分析资本主义历史阶段及其生产关系的基本概念。如果不能从根本上理解和掌握马克思的工资理论,也就不能真正理解资本主义生产方式以及资产阶级社会的特殊运动规律,也就不能真正理解唯物史观及剩余价值理论。

第四章　比较经济视野下的马克思工资理论

工资作为社会财富分配的重要方面,关系到雇佣劳动者的切身利益,是人类生存和发展下去的手段和基础,关于工资理论的研究也一直是经济学研究所必涉及的重要内容。在纷繁复杂的经济学派之中,马克思将其工资理论建立在劳动价值论基础上,采用科学抽象方法,将工资问题从属于整个社会经济系统内进行宏观研究,透过资本主义工资现象挖掘其背后隐藏的剥削实质,提出社会变革的要求,充分显示了理论研究的社会历史观点;西方经济学则将其工资理论建立在效率、边际和均衡理论基础上,采用逻辑实证的数理研究方法,研究私人生产领域的利润最大化问题,从维护资产阶级利益的立场出发对工资进行形式和表面上的研究,提倡逻辑实证主义的研究路线。将二者从研究方法、理论基础、研究目的、工资水平的决定标准等方面进行比较,挖掘两种理论体系的不同之处,并寻找其共同点,有助于更深刻地把握马克思工资学说的理论本质,坚定以马克思工资学说指导我国工资及收入分配制度实践的理论立场。

第一节　近代西方经济学工资理论

一、边际生产力工资决定理论

美国经济学家约翰·贝茨·克拉克是边际主义的美国学派的创始人,边际生产力工资理论是他在其代表作《财富的哲学》中提出的。19 世纪末 20 世纪初,美国在经济上已经赶上和超过了西欧最发达的资本主义国家,工业跃居世界第一位,农业也取得很大发展,在这样的背景下,美国逐渐形成了自己的经济学理论流派,即理论学派和制度学派,其中理论学派是边际效用学派在美国的分支,其代表人物就是克拉克。

克拉克的经济理论是以欧洲的边际效用论为基础的,并利用边际分析方法进行全新的分析,集中表现为扩大了边际理论的应用并将它作为各生产要素在分配过程中所得份额大小的原则,由此建立了以边际效用为基础、以分配为中心的经济理论体系。

克拉克在进行经济分析时,以他的新的经济学分类方法——新三分法,代替了传统的三分法或四分法。新三分法是研究不同经济规律的三部分方法,即研究"普遍规律"的一般经济学、研究静态经济规律的静态经济学和研究动态经济规律的动态经济学。一般经济学研究体现的是普遍的、适用于一切社会形态的基本经济规律,主要是指边际效用规律、效用递减规律等,其中具体包括消费品的级差效用规律,生产工具的级差效用规律和劳动的级差效用规律,而劳动的级差效用规律则是克拉克分析工资问题的基础。在这里,克拉克所说的"普遍规律"也不过是将资本主义社会的规律看成是适用于一切社会的规律;而静态经济学所要揭示的规律,则是要在人口、资本、生产方法、产业组织以及消费者偏好等变动因素保持不变的情况下,研究社会生产与交换、分配、消费规律,静态分析就是要研究静态条件下自然价值、自然利息和自然工资的决定。克拉克本人也承认,静态并不是一种实际存在的状态,静态经济学的结论也是假设的,是采取抽象演绎法得出的结论,但是静态经济规律是一种均衡的规律,它所确定的自然价值、自然利息和自然工资为动态的实际经济生活提供了变化的标准和方向,在此基础上,才能够更好地研究从一种均衡过渡到另一种均衡的动态经济学,"静态势力决定标准,动态势力引起变动"①。在动态经济中由于存在人口、资本、生产方法、生产组织和消费倾向等变化从而产生利润。

(一)边际生产力理论

克拉克分析了静态条件下的分配问题,并将传统经济学中的资本生产力论和边际效用论结合起来,创立了边际生产力理论。边际生产力理论可以分为劳动生产力递减和资本生产力递减两方面,劳动生产力递减是分析工资问题的基础。

由于克拉克继承了资本生产力理论,所以仍然承认资本具有创造生产力的能力,也对生产的产出具有实际性的贡献,从而认为商品的价值是由资本和劳动共同创造的,所以在市场经济的分配过程中,各生产要素是按照其在生产中所付出的贡献额度来进行分配,各要素在分配中所得收入的总和与各要素在生产中对总产品的实际贡献总和是相等的。由此来看,收入分配就成

---

①　克拉克:《财富的分配》,商务出版社,1983 年版,第 36 页。

为各要素按贡献收取回报的过程,而这一过程与制度结构或制度安排无关。因此我们可以挖掘这一分配理论所隐含的深刻含义,资本和劳动之所以可以作为生产要素从产品收益中各自收取回报,是由于资本和劳动在生产过程中是相互独立的,劳动可以被视为一个独立于资本边际产出的变量来进行分析。所以,我们在考虑资本所需雇佣劳动量如何确定时,可以忽略资本的因素,只需按照"边际成本等于边际收益的最大化原则"考察劳动量的决定。以此为理论思考的出发点,可以更好地理解克拉克的边际生产力工资理论,即工资取决于劳动边际生产力,劳动收入是由劳动最后生产力或边际生产力决定的。

边际效用论认为,同类物品中商品的价值由最后一件的效用决定,价值以边际效用为准。克拉克认为,在静态条件下,如果资本不变,增加投入的劳动,起先产量会递增,但增加到一定数量后,则每增加一个单位的工人,就使每个工人平均分摊到的工具设备减少,从而使每一单位劳动力的产品比原来减少,每一追加的劳动单位的生产率是递减的,最后增加的那一单位工人所能增加的产量,即劳动的边际生产力。工人的工资就取决于劳动的边际生产力,工人的工资就等于最后添加的那一单位工人所创造的边际产量,边际产量是工资决定的一般标准。并且,并不是只有这最后添加的一个单位工人的工资由边际产量决定,而是这前面任何一个单位工人的工资都由劳动的边际生产力决定。如果任何一个工人的工资高于边际产量所决定的工资,雇主就会解雇他;如果工人所增加的产量小于付给他的工资,雇主也不会雇佣他。只有在工人所增加的产量与其所得工资相等时,雇主才既不增雇也不解雇工人。

(二)动态分析和利润理论

克拉克认为利润是在动态经济中才存在的,是动态经济中"动态势力",即人口、资本、生产方法、产业组织以及消费者偏好等变化的结果。其中,克拉克着重分析了生产方法改良与利润产生的关系。他说:"由于一种新的发明,各种东西的生产成本降低了。这首先给予企业家以利润。其次又按照我们所曾经叙述的方法提高工资和利息。"①克拉克在这里所分析的利润,实际是由于个别企业采用新技术而取得的暂时性的超额利润,当这种新技术被普

---

① 克拉克:《财富的分配》,商务出版社,1983 年版,第 356 页。

及后,超额利润就会消失。

但是,克拉克把这种利润的产生归结为商品市场价格与其自然价格之间的差额,归结为社会进步的结果。认为利润的产生与生产无关,利润既不是资本的产物,也不是利润的产物,而只是利用社会进步成果,在流通领域中的经营现象。克拉克还认为由此取得的超额利润将主要增加到工资上去。

通过以上论述可知,根据克拉克的边际生产力工资理论,要增加就业工人的数量,工人劳动的边际生产力就会降低,从而全部工人的工资都会下降;而要提高工人的工资,在工人人数不变的前提下就必然要增加资本投入量,所以,资本积累对于工人提高工资具有积极的意义。由此,为了增大资本积累,就需要减少对于资本家的赋税征收。因此,克拉克的经济理论是站在资产阶级的立场,要求降低工人工资或者减轻赋税的理论工具。

通过以上的分析我们可以发现,克拉克在其基本的工资理论上是与马克思的工资理论背道而驰的,他的理论的目的、任务就是为资本主义制度做辩护,包括他的儿子也曾提到,克拉克的论点是针对马克思的:一是强调工资是劳动的报酬,从而否定了劳动价值论,混淆了劳动和劳动力的区别;二是将资本和劳动等同起来,认为资本也是创造价值的因素;三是认为工人所得的工资是工人全部劳动的报酬,否认了资本和雇佣劳动之间的剥削关系;四是认为利润来自新技术的推动和经营流通领域,与生产过程无关。

二、均衡价格工资理论

均衡价格工资理论的创始人是英国的经济学家阿弗里德·马歇尔。马歇尔生活的年代,正是欧美资本主义国家从自由竞争向垄断过渡的时期。各资本主义国家政治、经济发展不平衡性加剧,美国和德国作为后期的资本主义国家开始走在各国经济发展的前列,使英国在国际市场上的地位受到巨大挑战。而此时英国的垄断资本为了保持其国际垄断势力,在国内加强对工人的剥削,使得国内劳资矛盾加剧。而此时马克思主义的广泛传播也使国内工人运动进一步高涨,传统的资产阶级经济学受到马克思主义的无情批判,边际效用学派和美国制度学派等新学说、新观点也对传统的经济学构成严峻挑战,英国资产阶级迫切需要一种新的经济学说来为自己服务。马歇尔就是在这样的背景下,在反对马克思主义经济学的斗争中,吸收了从古典经济学到新历史学派以至边际效用学派的思想观点,形成了适应时代需要的带有综合性和折中性特色的经济学思想。

(一)基本理论分析

马歇尔经济学理论体系的核心与基础就是均衡价格理论。马歇尔是利用对于价格的分析来代替对价值的分析,均衡价格理论其实就是他的价值理论。马歇尔将在他之前的,以斯密、李嘉图为代表的英国经济学家的供给决定的生产费用理论和以门格尔、杰文斯为代表的边际效用学派的需求决定的边际效用价值论进行了结合,认为在商品价格的确定中供给和需求同样重要,于是将生产成本理论和效用理论的观点综合于均衡价格的形成中,认为需求和供给共同决定价格,从而建立了均衡价格理论。

均衡价格工资理论的形成,是马歇尔均衡价格理论在分配领域的具体运用。马歇尔认为,工资是劳动的报酬,并从劳动这一生产要素需求和供给两方面来阐明工资的市场决定机制。他写道:"需求和供给对工资起着同样的影响,其中是不容有轩轾的,如同剪刀之两边,拱门之双柱一样。"①

首先,从劳动的需求方面看,劳动的需求价格取决于劳动的边际生产力,厂商愿意支付的工资水平也是由劳动的边际生产力决定的。由于劳动的边际生产力递减,所以劳动的需求价格将要降低。依据马歇尔的"市场劳动力需求与供给曲线",在竞争性市场上,某一生产部门的市场劳动力需求曲线表现为向右下方倾斜。这意味着,在资本价格和消费者购买水平不变的情况下,雇用人数与工资率的高低成反比。

其次,从劳动的供给方面看,劳动的供给价格由劳动力的生产成本和劳动的负效用决定。劳动力的生产成本包括工人养活自己及家人所需的生活费用以及工人所需的教育和培训费用,同时还应包括习惯上的必需品。而劳动的负效用则是指劳动的闲暇效用。决定劳动供给价格的因素是复杂的,劳动的供给价格由于受这些因素的变动影响也是不断波动的。马歇尔认为现代文明中不存在一般工资率,因为各个劳动种类和阶层都有其自己特殊的劳动需求价格和劳动供给价格。在马歇尔的"市场劳动力需求与供给曲线"中,劳动力供给曲线表现为向右上方倾斜,这意味着,假定其他职业的工资水平不变,对应于每一种工资率,有多少工人愿意进入劳动市场,其趋势是,劳动力供给人数与工资率的高低呈同方向变动。

---

① 马歇尔:《经济学原理》下卷,商务印书馆,1981年版,第205页。

马歇尔从供求均衡价格工资理论出发,否定了古典学派的工人仅能得到维持生存工资的工资铁律学说和工资基金学说,同时也否定了边际主义者单纯从边际生产力来说明工资决定的观点。

以供求均衡论为基础,马歇尔分析了工资的国民差异。对于不发达国家来说,工资铁律是可以得到供求均衡论的理论支撑的。因为当初始均衡工资率高于维持生存工资率,会引起劳动供给的迅速增加,从而使工资率下降至维持生存工资的水平。在这时,若需求增加,那么工资会上升,而工资上升的结果又是劳动供给的迅速增加,使工资率再一次下降至生存工资率,由此不断循环。其结果从长期来看,虽然不断有高于维生工资出现,但最终总会因为劳动力供给的增加而使工资最终回落到生存工资率。而西欧发达国家的工资之所以高于不发达国家,是因为发达国家工人生活必需品中不仅包括维持生存的因素,还包含有维持高效率的必需品,因而相对于不发达国家来说,发达国家的劳动供给曲线有更高的位置。

在工资实施的具体规范性上,马歇尔主张实行效率工资,因为他认为,对高效率的劳动支付高工资可以降低总成本,能够提高效率的高工资"不仅能提高工资领受者的效率,而且能提高他们子孙的效率……报酬优厚的劳动一般地是有效率的劳动,因此,不是昂贵的劳动"[1]。由此可见,马歇尔认为,工资的差异是由劳动效率来决定的。

(二)竞争性市场均衡工资率的形成

当市场维持一个较低的工资率时,对于劳动力的需求将超过供给,因而会存在劳动力的短缺。雇主为了能够雇佣到足够的劳动力以组织生产,必然增加工资,从而推动本生产部门劳动力工资水平的上升,这时,将会有更多的人愿意进入市场求职。最终会存在一个点,使劳动力的供给量超过了劳动力的需求量,产生剩余劳动力。这时,面对大量的求职者,雇主意识到即使降低工资也可以雇佣到足够的工人进行生产。当工资降低以后,那些愿意接受低工资的工人便留下来继续工作,而不愿意接受低工资的工人则会离开这一职业市场而到其他职业市场求职,这样工资便从较高的工资率调整下来,实现劳动力的需求量与供给量的均衡。而这一经过从低工资上升为高工资,又从高工资回落,最终实现劳动力供求均衡的工资,就是均衡工资率,也称为市场

---

① 马歇尔:《经济学原理》下卷,商务印书馆,1981 年版,第 184 页。

出清工资率。在这一状态下，雇主所需要的雇佣量得到满足，市场上所有愿意工作的人也都找到了工作，既无劳动力剩余也无劳动力短缺，市场处于均衡状态。而与均衡工资率相对应实现的就业量，就是均衡就业量，在这种状态下，社会的总就业量等于所有单个企业的就业量之和。

由此可见，均衡工资是伴随劳动力供求关系的变化而进行调整的，劳动力市场供求状况是引发劳动力流动的主要因素。因此，注意市场行情的变化，不断保持工资的外部平衡，才可以保证所需要的劳动力。

三、凯恩斯工资理论

约翰·梅纳德·凯恩斯是英国著名经济学家，他于 1936 年出版了具有里程碑意义的著作——《就业、利息和货币通论》，从而建立了现代宏观经济学的理论体系。凯恩斯生活的年代，正处于西方由自由竞争向私人垄断的过渡时期。他目睹了英国经济的衰落、失业的加剧、1929—1933 年资本主义世界大危机的爆发以及罗斯福新政所采取的国家干预政策，这一切都成为凯恩斯宏观经济理论得以形成的时代背景。

第一次世界大战时期，由于政府开支剧增，被迫停止多年一直沿用的"金本位制"，从此通货开始迅速膨胀，这标志着长期依靠市场机制保持币值稳定的时代的终结。战火使英国丧失了在国际贸易中的优势地位，对国内经济造成不良影响，从 1920 年开始英国经济就陷入了停滞状态，国内投资需求不振，失业人数剧增，由于此时国内统治者错误的经济政策，使这种萧条状态一直持续到大危机爆发。

在凯恩斯工资理论之前，一直处于主流地位的工资理论是新古典主义的工资理论，这一理论以克拉克提出的边际生产力工资理论为基础，经过马歇尔的补充和完善，构成微观经济学的分配理论。在很长一段时期内，这一理论在经济学领域处于正统的主导地位。然而，英国经济长期萧条和资本主义危机的爆发，使新古典主义的工资理论遭到唾弃。因为按照新古典主义经济学家的看法，劳动供给和劳动需求都是实际工资的函数，工资率具有充分的弹性，在市场的自动调节功能作用下，社会总供给和社会总需求可以达到自动的均衡状态，从而劳动力市场也可以实现均衡就业量。因为当劳动力市场上存在着剩余求职者的时候，工资就会由于市场规律的调节而自动下降，如果工人愿意接受这种较低水平的工资，就会被雇主雇用。因此，市场上不会出现长期的失业现象，政府也没有必要干预劳动力市场。资本主义经济由于这种调节作用的存在，能够处于均衡状态，不会出现大规模的失业和全面广泛的经济危机。新古典经济学承认社会上还存在有"自愿失业"和"摩擦性失业"，但即便存在有这两种经济现象，资本主义经济仍处于均衡状态。

由此可见，资本主义经济在事实上存在的经济大萧条和全面爆发的经济危机是传统经济理论所解释不了的。凯恩斯否定了传统的工资与就业理论，认为那仅仅是资本主义经济中的一种理想化状态，并指出，不稳定性是资本主义市场经济实际运行所固有的，低于均衡就业量的状态可能会持续很长时间，而且在实际生活中存在着"非自愿失业"，即部分求职者愿意接受现行工资但仍然找不到工作的现象，这种现象是传统经济理论所无法解释的，由此说明现实经济生活中就业的均衡小于理想状态下充分就业的均衡。而之所以会出现就业的"差额"，凯恩斯认为这是由于有效需求不足所致。之所以会出现有效需求不足，是因为工人工资被压低从而产品也没有销路，因此压低工资不仅无效，而且有害。由此，凯恩斯从分析工资对充分就业均衡影响的角度，提出了他的工资理论。

与传统经济理论相反，凯恩斯认为工资是刚性的，即在劳动力市场上，由于劳动者及工会的强烈反抗，货币工资水平向下浮动的可能性是非常低的，工资只能涨不能降。即便工资降低，货币工资也并不能实现如同传统经济理论所主张的能够实现就业量的增加。因为一旦降低货币工资率，就个别企业来讲可能是正确的，但是就整个经济而言，会相应地造成社会总需求的减少，进而造成市场的进一步萎缩，资本家就更加不会去雇用工人，裁员是资本最一般的选择。在这时由于有效需求不足，产品价格也会伴随工资的下降而下降，所以实际工资也不会下降太多。

凯恩斯认为，货币工资的下降能否引起就业量的增加，要分析货币工资的降低能否对有效需求变化的三个因素（消费倾向、资本边际效率和利息率）产生影响作用。然而货币工资的降低是不会对消费倾向产生有利影响的，所以，通过降低工资提高就业量的途径就只有两个：提高资本边际效率和提高利息率。他认为，在经济生活中要增加就业量，无须通过降低货币工资，只需实行通货膨胀政策，运用提高物价的方法降低实际工资，这样才能提高资本效率，从而扩大投资增加就业，由于这种方法的隐蔽性，也可以使工人产生货币幻觉，不至于遭到激烈的反抗。所以，相对于传统经济学而言，凯恩斯的工资和就业理论在实际操作中是更具有迷惑性的。

第二节　现代西方经济学工资理论

现在学术界一般将 20 世纪 30 年代凯恩斯经济学产生之后的经济学界定为现代经济学。现代西方经济学工资理论是在边际生产力工资理论和均衡价格工资理论等新古典经济学工资理论的基础上产生和发展起来的。经济学家们开始跳出了古典经济学所认定的"生存工资定价法则",突破了凯恩斯"工资刚性"理论,试图发展新的与现代生产方式相符的工资学说,使之对现实有更强的解释性。现代西方经济学工资理论呈现出"百家争鸣"的生动图景。

一、劳资谈判工资理论

18 世纪早期,亚当·斯密、杜尔阁等古典经济学家就已经注意到劳动力市场上集体交涉的问题,但并未引起重视。19 世纪下半叶,随着工业社会的发展,工会组织在许多行业出现,工会开始作为一个重要的主体参与工资的决定。英国的经济学家韦伯、庇古同美国的克拉克等把集体交涉办法同工资的决定联系在一起,劳资谈判工资理论正式形成。

劳资谈判工资理论认为,由于工会的作用,完全竞争的劳动力市场模型让位于非完全竞争的劳动力市场模型,工资由工会组织和资本家通过集体协议的方式来确定。工资水平存在上限和下限,实际工资就在上下限之间波动,工资的最终确定决定于工会和资本家双方在集体谈判中的力量对比,当工会谈判能力强时,工资水平上升;当资本家谈判能力强时,工资水平下降。在谈判中,工会要考虑到经济状况和工资增长对就业的可能影响,工会的谈判力量会受到经济现实的限制。

关于劳资谈判工资率的确定,庇古在其《福利经济学》中建立了一种短期工资决定模型,这一模型讨论了劳资双方赖以达成协议的工资上下限。其中,工会的工资要求决定了这个范围的上限,估计上限以外会使就业受到影响,雇主最初愿意提供的工资决定了这个范围的下限,估计下限以外会雇不到维持生产必需的劳动力数量,上限和下限之间就形成一个"不确定范围"。实际的工资水平就在"不确定范围"内的某一点上。不确定范围的长度与雇主对劳动的需求弹性,以及在雇主既定的条件下雇工方面对工作的需求弹性,均呈反方向变动。庇古认为,劳资双方除了工资协商的"不确定范围"外,在思想上各有一个坚持点,双方坚持点的水平很大程度上取决于各方对罢工或关厂的代价与达成协定可能取得的好处所做的估量。劳资谈判工资理论的另一位代表人物英国经济学家约翰·海克斯在他1932年出版的《工资理论》中提出了著名的罢工和集体谈判模型。他认为,在谈判过程中双方都有既定策略,工会最大压力武器是罢工,雇主的压力武器是关厂,雇主与工会都不会愿意为长期停产付出代价,双方让步,找出妥协方案。

虽然工会组织及集体谈判能够影响工资标准的确定,但是工资谈判本身只是一种形式、方法和手段,只能确定短期工资水平。劳资谈判决定工资,表面上双方力量对比的背后,实际上仍是经济因素在起作用,各方都受到经济因素的制约。

二、分享经济理论

20世纪70年代初,资本主义世界出现滞涨现象,各种试图解释和医治这一顽疾的经济思想和政策纷纷出笼,它们大多是从传统的经济学角度观察问题。1984年,马丁·魏茨曼出版其代表作《分享经济》,在西方经济学界引起强烈反响,它是从企业劳动报酬的分配角度入手,建立分享经济从而建立分享工资制度以对付滞涨现象。这种从微观经济运行角度入手来分析和解决宏观经济问题的思路,扩大了工资理论研究的视野,具有一定的理论和政策意义。分享经济是一种将工人与雇主的利润联系起来的理论,主张在企业中建立"分享基金"作为工人工资的来源,它与利润挂钩,工人与雇主在劳动力市场上达成的协议规定了双方在利润中分享的比例。

马丁·魏茨曼在其代表作《分享经济论》中,系统论述了旨在为资本主义社会滞涨问题提供解决方法的分享经济理论。他认为传统资本主义经济的根本弊端不在生产,而在于分配。在传统工资制度中,工资固定、劳动成本固定,厂商按利润最大化原则,一旦市场需求收缩,厂商只能减少生产却不能降价,因为在成本固定时降价就会赔本。因此,市场收缩、产量减少时,必然出现工人失业。基于上述原因,他提出将工资制度改为分享制度,将固定工资与厂商的某种经营状况指标相联系,以雇主的利润为来源建立分享基金,分享的比例由工人和雇主双方协商确定,并把它作为工人工资的来源。利润增加,分享基金增加,工资提高;反之,工人的工资就减少。这样,工人的工资不再是刚性的,而是随着利润增减而变动的。由此一来,在劳动力市场上,工人和雇主签订的就不是规定每小时多少工资的合同,而是确定工人和资本家在厂商收入中各占多少分享率的协议。分享工资制度有可能是"单纯"的,即劳动者的工资全部都取决于厂商的经营业绩,也有可能是"混合"的,即劳动者的工资由以时间为基础的保障工资和利润分享基金两部分组成。实行分享工资制的企业,大多数选择后者的工资决定模式。

在分享工资制中,由于分享基金是工人工资的来源,并与利润挂钩。那么企业利润的下降会导致分享基金的减少,如果此时雇佣水平不变,那么工人的工资就会下降;另外,由于分享基金在一定时期是固定的,那么伴随着工人数量的增加,工人的工资水平也会下降,即工人的报酬与工人的人数呈反比,随着就业的增加,单位劳动成本下降,边际劳动成本就会低于平均工资,从而实行分享经济的企业就会乐意雇用工人从而稳定就业。当总需求受到冲击时,雇主也可以通过调整利润分享数额或比例来降低价格,扩大产量保证就业。因此,分享经济会产生一个较低的失业率,对于激励工人努力工作、提高劳动生产率有较大作用。

由于分享工资制内在地包含着平均工资下降的含义,那么企业为了留住工人就需要支付等于或高于其他企业同等级工人的工资,因此分享工资制度是否会限制企业的雇佣量或保留人才的能力是值得研究的。分享工资制内在地也包含有雇主决定工资、决定就业水平的观念,因此必然会受到工会的抵制。另外,当经济回升时,劳动成本随之上升,社会需求也会相应增加,由此是否会造成成本推动和需求拉动的混合型通货膨胀也需要展开进一步研究考证。

在分享理论提出以后,对我国的工资改革实践也产生了巨大的影响,自20世纪90年代以来,我国工资研究理论界的学者就进行了劳动分工的理论研究,并展开了实践探索。其思想一般被用于企业内部的工资收入分配中,为我国的工资改革探索提供新的实践方式。

三、效率工资理论

20世纪70年代以来,西方经济学对于市场工资理论的研究逐渐从经济学领域进入管理学的研究范围,不再将工资视为生产率的结果,而是将其视为促进生产率提高的手段,效率工资理论就是这一理论研究的产物。

效率工资理论是新凯恩斯主义流派关于劳动力市场理论的重要组成部分,是 20 世纪 80 年代以来比较有影响的现代工资决定理论。夏皮罗和斯蒂格利茨建立了效率工资模型,其最主要的观点是,工人的生产率取决于工资率,人工的有效劳动供给量(工作努力程度、工作绩效等)与工资水平的高低成正比,即企业支付的工资越高,工人的工作效率就越高,从而给雇主带来的利润也就越高。工资可视为增加利润的有效手段。

效率工资理论认为支付高于均衡水平的工资是有利的。第一,高工资可以保证更加优质的劳动力再生产,工资能够增加工人食品消费,改善工人营养,保证健康的劳动力供给,工人有健康的身体才能更加有效率地工作,尤其是在发展中国家,支付高工资将明显提升当地工人的生活质量,从而保证健康的劳动力供给。第二,高工资可以降低劳动力的流动效应,劳动力流动效应的重要指标就是辞职率。对于企业而言,由于重新雇用劳动力和对于新员工的培训都是需要成本的,新员工融入组织环境也需要时间和成本,流动率高的企业其生产成本也高,况且人员的频繁流动也将影响企业文化和员工心理。第三,在发达国家,高工资提高了工人对所从事工作的价值判断标准,有助于提高士气,使工人更加珍惜现有的工作机会,提高企业认同感。支付高工资同时也提高了工人因偷懒或怠工而被解雇的成本,减少了离职的频率,也就减少了企业雇佣新员工的时间和费用,节约了企业的监督与管理成本。当企业不能完全判断雇佣的工人是否有效率时,支付效率工资可以吸引高素质的工人,而支付低工资会使高素质高生产率的工人流失。

当市场上每一家企业支付的工资都高于市场上的均衡水平时,对劳动的总需求就少于市场出清的劳动总供给量,导致劳动力供给过剩,失业现象便会越发严重。这种失业现象是经济学上讲的非自愿失业的一种表现形式,工人如果因为偷懒被解雇了,他就很难在其他企业找到工作,这时工人的怠工成本与离职成本将会更高。博弈的结果就使工资水平和失业率处于均衡状态。

效率工资理论传达的"工资也可以作为一种投资"的理念是先进的,它使市场工资理论的研究从经济学的领域进入管理学的研究领域,不是将工资视为生产率的结果,而是倾向于将工资视为促进生产率提高的手段,在吸引人才、减少人员流失率,从而降低招募、培训成本方面有其独特优势。该理论不仅对当今西方国家工资决定机制有相当强的解释力,也为理解西方国家普遍持久的失业现象提供了理论依据,并说明了支付低工资也会造成劳动生产率的降低,因此也为工资刚性提供了另外一种理论解释。

在实际经济生活中,为工人支付效率工资是保证高质量劳动力供应、有效参与劳动力市场竞争的有效手段,也是提高员工工作绩效、企业生产效率的有力措施。为了更好地运用这一手段,还应积极引入严格的考核淘汰机制,激发员工的工作潜能。

四、劳动力市场分割理论

劳动力市场分割理论是在与新古典劳动力市场理论的争论中逐步发展起来的。20 世纪 60 年代末 70 年代初,国外一些学者开始对劳动力市场基本属性的看法及判断发生了深刻变化,他们认为传统的新古典劳动力市场理论所主张的劳动力同质性假设和标准的竞争——均衡分析范式都与实际情况相去甚远,并未能注意到妨碍工人选择的制度和社会因素,而这些因素将会影响市场要素在劳动力资源配置方面所发挥的作用。于是,很多经济学家放弃了居于主流地位的竞争式分析方法,转而强调劳动力市场的分割属性,从制度因素来解释工资的决定,认为工资不是简单地由供给和需求双方的力量决定,制度、社会等不完全竞争因素(如劳动力流动障碍、持续性失业、大型国企、歧视和习惯等)对劳动报酬和就业也起着至关重要的作用。雇佣劳动者的工资率取决于两方面:一是工人所处的产业或生产部门;二是工人自身所拥有的人力资本。劳动力市场分割理论对现实生活中的工资差异做出新的思考,是劳动力市场非竞争性的一个重要表现。

劳动力市场分割理论的发展经历了一个不断完善的过程,其中最具影响力的是二元劳动力市场分割理论。该理论认为现实经济生活中存在着两个分离的劳动力市场,在每个劳动力市场内部,劳动力是可以自由流动的,但是两个劳动力市场之间却不流动或有限流动。根据工作性质和劳动者特征的不同,劳动力市场可划分为初级劳动力市场和二级劳动力市场。初级劳动力市场需求方多为竞争力强的资本密集型和技术密集型的核心产业,劳动者的报酬高、工作条件好、具有较多培训的机会及事业发展空间,而二级劳动力市场需求方为生产劳动密集型产品的竞争力较弱的小公司或行业,劳动者报酬低,公司管理缺乏规范行政制度,较少有升迁机会。劳动者会努力追求初级劳动力市场职位,但劳动者的追求会受到制度约束和需求方的挑选歧视制约。劳动市场的歧视使得从事二等工作的人不能进入初级劳动力市场工作。

因此,劳动市场上的工资的变动、人事的变动不能仅靠劳动市场的工资率来解释,而同时也应该由产品市场的特征、雇主的权利、生产技术和现实社会制度加以解释。劳动力市场的现状并不是被动地反映一个人家庭或社会背景的优劣及素质的高低,而是经济不平等的延伸及其组成部分。

第三节　马克思工资理论与西方经济学工资理论的比较

在资本主义制度下,马克思认为工资的本质是劳动力的价值或价格,劳动者为了维持生存向资本家出卖劳动力,由于劳动力这一商品所具有的独特使用价值表现为它是价值的源泉,并且是大于它自身价值的源泉,资本家在购买到劳动力之后,在消费它的过程中,不仅能补偿他购买这种商品所支付的价值,而且还能获得一个增值的价值即剩余价值。当剩余价值被当作全部预付资本的增加额时也就转化为利润,也就是说资本家所获得的利润来自工人生产所创造的新价值,甚至整个资本家阶级所获得的利息、地租的真正来源也是工人所创造的新价值,依据马克思的劳动价值论,工人的活劳动是价值形成的源泉,资本、土地等生产要素只是价值创造的必要条件,不是价值创造的源泉,只有依靠活劳动其提供价值的可能性才能变成现实性。而西方经济学中的工资,是指要素市场的劳动的价格,是对雇佣劳动者付出劳务所支付的货币价格。对工人而言,他们只是从其劳动中获取直接所得,而不是他们产品的销售。这一所得,被称为契约性工资。① 工资率主要是由劳动者的边际生产率决定的,取决于劳动力市场中劳动供给与生产者需求的局部均衡。

一、马克思工资理论与西方经济学工资理论的不同点

(一)研究方法不同

马克思主义经济学在对社会经济现象进行研究时采用的是科学抽象法,以唯物史观和唯物辩证法作为其哲学基础,以历史与逻辑相统一为根本原

---

① Paul H. Douglas:《工资理论》(上册),台湾银行经济研究室编印,1972 年版,第 6~7 页。

则,是哲学思维和哲学方法在社会科学研究领域的具体运用和体现。马克思关注于对在一定生产关系下人类经济行为的分析,通过抽象掉经济现象的表象,揭示出事物现象背后更深层次的逻辑机理和因果关系,并剖析表象和本质相脱离的因素,最后寻找纠正事物异化的途径。马克思在研究工资理论时,在纵向上,从资本主义社会"工资是劳动的价格"的表象出发,经过抽象的逻辑分析,科学区分劳动与劳动力,得出工资在实质上是劳动力的价值或价格的表现形式,资本家通过无偿占有剩余价值实现对工人阶级的剥削,从而呼吁工人阶级团结起来,要想获得真正的解放,就需要推翻资本主义制度;在横向上,坚持辩证法的普遍联系观,不仅仅将工资视为分配问题,而且将其置于社会经济运行之中,将其视为联系劳动市场和产品市场、分配过程和生产过程的纽带。

西方经济学以英国经济学家阿弗里德·马歇尔创立的局部均衡分析方法为分析经济行为的标准方法,承袭西方社会自然主义的思维采用逻辑实证主义的研究路线,坚持机械决定论的立场,其经济世界观是唯心的、形而上学的。在进行工资问题研究时,采用数理研究的方法,将工资的决定抽象为一个纯粹的技术问题,而忽略了制度因素的作用。但是,社会经济问题不是计算题,社会经济现象也不是仅仅依靠数理分析和供求模型就可以解释的,任何经济行为都具有社会性,工资问题也是如此,需要将其置于社会经济系统之中,结合一定制度性、历史性的因素综合考察,才可以真正认识工资的实质,增强对于工资问题的解释性。

由此可见,在研究方法上马克思工资理论以社会经济运行为背景,以唯物史观为指导,采用科学抽象法对工资的表象进行剖析,进而挖掘工资的本质。马克思将工资置于人类生产过程考察工资与宏观经济相结合的关系,体现了最大的社会历史性与人文普遍性。西方经济学工资理论在微观的企业生产局部采用数理研究方法,倡导逻辑实证主义的研究路线,研究私人领域的供求均衡问题。

(二)理论基础不同

马克思主义工资理论以劳动价值论为基础。劳动价值论的基本观点认为商品具有使用价值和价值二因素,前者是商品的自然属性,后者是商品的社会属性;商品的二因素是由生产商品的劳动二重性决定的,抽象劳动形成商品的价值,具体劳动形成商品的使用价值;劳动是创造价值的唯一源泉,价值是商品的内在属性,商品的价值由生产商品所需要的社会必要劳动时间决定;商品依据其价值量实行等价交换;价格是商品价值的货币表现,受供求关系的影响并围绕价值上下波动。以此为基础,马克思第一次区分了劳动与劳动力,认为在资本主义生产关系下,劳动力成为一种特殊商品,其特殊的使用价值是价值创造的源泉,工资是劳动力商品的价值或价格的转化形式,受市场供求和工人运动的影响,围绕劳动力价值上下波动。马克思对于工资理论的分析是基于资本积累的运动规律进行的,以逻辑归纳的方法旨在对工资规律进行长期动态过程的研究,工资变动过程与总供求均衡具有内在的关联。它不仅仅是一个关涉到劳动市场交易活动的微观均衡问题,还是一个关涉到资本主义宏观经济运动过程中矛盾展开和深化的问题。

近代西方经济学和现代西方经济学虽具有不同流派的工资理论,但抛却各流派工资决定与形式上的差别,其学说还是建立在效用、边际和均衡分析的基础之上的。效用是指消费者在消费商品时所感受到的满足程度。① 注重考察人的心理因素对于经济活动的影响程度。边际效用论认为物品的价值取决于人们对物品的主观感受而不是取决于劳动,人们对物品的需求程度越强烈,物品的价格就越高,供给程度越高,物品的价格就越低。这就与马克思的劳动价值论形成鲜明的对立;均衡价格理论是由马歇尔在将生产费用论和边际效用论相"对接"的基础上创立的,实现了古典经济学的经济分析成果与边际学派分析成果的综合与统一。该理论用供给和需求的相互作用说明商品的均衡价格,均衡所表明的是经济变动中各种力量处于一种暂时稳定的状态,而均衡价格则是表示市场上生产者的要卖的产品数量和消费者要买的产品数量正好相等时的(均衡)价格,实际表示的是使"市场出清"的唯一价格。马歇尔的局部均衡体现的是微观领域内两种商品相交换时的局部均衡,不涉及其他商品价格对交换过程的影响。马歇尔在研究价格的决定时,既强调供给的作用,又强调需求的作用;既强调客观生产成本的作用,又强调主观边际效用的作用。西方经济学将均衡价格理论运用于工资研究,在劳动力市场上,工资的决定就运用数量化的分析方法,在"向右上方倾斜的劳动供给曲线与向右下方倾斜的需求曲线"的供求分析框架内解释现实中的劳动供求均衡,既分析劳动力进行劳动的主观效用权衡,又分析生产者的生产成本,以厂

---

① 高鸿业:《西方经济学(微观部分)》,中国人民大学出版社,2011 年版,第 57 页。

商利润的最大化为目标,导出要素投入的均衡条件,即边际生产力等于边际价格,将劳动市场从社会再生产总过程中剥离出来,孤立研究劳动供给与劳动需求、就业量和实际工资的函数关系,以静态的分析方法,把技术进步作为经济分析的外生变量和前提,视工资为劳动市场短期均衡的结果。

由此可见,劳动价值论和边际效用论是两种相互对立的价值理论。劳动价值论是以生产商品所需要的社会必要劳动时间来度量财富,借以说明了在生产中不同主体面对劳动所构成的相互关系,说明了在资本主义雇佣劳动制度之下一部分人凭借其掌握的生产资料而占有他人劳动成果。马克思在劳动价值论基础之上建立了马克思主义经济学,阐明了资本主义的社会结构;边际效用论以物对于人的心理满足程度衡量社会财富,规避了人在生产中的作用,因此也就无法说明在生产中不同主体面对劳动所构成的相互关系,从而也就无法说明社会结构。而这也是建立其上的西方经济学所要回避的问题,因此边际效用论也就成为西方经济学的理论基础,也因此成为西方经济学工资理论的分析基础与工具。

(三)研究目的差别

马克思主义政治经济学认为,价值的唯一源泉是活劳动,资本、土地和其他物质生产要素虽然都是创造财富的要素和创造价值的必要条件,但都不是创造商品价值的要素,唯有通过活劳动才能够将其提供剩余产品的可能性变为现实性。在生产过程中,生产资料将它的价值转移到新产品中,但其转移的价值量绝不会大于它原有的价值量,只是物质形态发生了改变。而只有劳动力这种特殊商品在使用过程中,不仅生产出其自身价值,而且还生产出剩余价值。由于资本主义所有制的存在,资本家掌握一切物质的生产条件,凭借以要素所有权为核心的生产方式,资本家仍然以利润(利息)、地租的形式获得价值分配,利润(利息)、地租的来源都是工人所创造的新价值。虽然利润、地租、工资作为参与价值分配的特殊价格形式,它们的来源都是劳动力创造的价值,但是利润、地租与工资参与价值分配的性质是不同的。利润、地租是剩余价值的表现形式,来自对雇佣工人剩余劳动所创造的剩余价值的无偿占有,而工资却是工人劳动创造的全部新价值的一部分,用来补偿劳动力商品价值。马克思的工资理论正是由于阐明了剩余价值的来源,深刻地揭示了资本主义生产方式所隐含的剥削关系,才揭开了资本主义生产的秘密,并分析了正是由于资本主义制度内生性地对工资造成向下的压力,才使得工人的工资维持在较低的水平,即使有增长也会受到资本主义制度的限制。无产阶级贫困化与资本家的财富积累形成了两极分化,而造成这种现象的根源则是由于资本主义所有制的存在使资本家掌握生产条件,而劳动者除了自身劳动力之外一无所有,无产阶级要想取得自身真正的解放就需要进行政治斗争,推翻雇佣劳动制度。

在西方经济学家看来,价值是由包括劳动在内的各种生产要素共同创造的,而在价值分配方面则以要素分配论为核心,各种收入(包括劳动收入和非劳动收入)都来自各种要素在价值创造中所做的贡献。劳动要素与非劳动要素都有创造财富的作用,也都应当获得各自的回报。所以,他们把劳动与资本、土地一样视为生产要素,把工资视为劳动要素的价格,与其他非劳动要素没有本质的区别,劳动只是创造财富的一种生产要素,同劳动创造的价值无关。资本与劳动在生产中是相互独立的,各自根据其在生产中所做出的贡献取得相应的收入,要素的价格由其边际产品收益决定。劳动收入由劳动的边际生产力决定,是工人付出劳动的全部报酬,与资本无关,而资本取得相应的收益也是由于其在生产中做出了相应的贡献并创造了价值,并不是如马克思所认为的资本的收入来自劳动者所创造的价值。劳动与资本对于产出的贡献是相互独立的。由此可见,西方经济学的工资理论是站在资产阶级的立场,为资本主义制度辩护的。因此,现代西方经济学工资理论认为资本与劳动之间不存在剥削与被剥削的关系,这是由西方经济学作为资本主义意识形态的阶级立场所决定的。

由此可见,马克思工资理论与西方经济学工资理论的研究目的可以通过其各自的价值创造与分配本质得以显现。马克思工资理论认为劳动是价值创造的唯一源泉,资本家凭借以要素所有权为核心的资本主义生产资料私有制取得收入,其所得收入的来源是雇佣工人付出劳动所创造的新价值,资本家为追逐更高的利润率加大对工人的剥削,由此体现了马克思工资理论是站在无产阶级的立场指明资本主义生产方式的剥削实质,认为无产阶级要获得真正的解放就要推翻资本主义制度。西方经济学以要素分配论为核心,认为资本同样是价值形成的源泉,以此证明了资本家获取收入的合理性,从而否定了资本主义生产的剥削本质,可见西方经济学工资理论是站在为资本主义生产服务的角度,为资本主义制度辩护的经济理论。

(四)工资水平的决定标准不同

依据马克思工资理论,工资由劳动力价值决定,同时还受供求规律以及工人运动的影响,工资水平应该能够满足正常质量的劳动力再生产,工人的生活水平应当与社会历史发展水平相一致,主张提高工人的工资。此外马克思还考察了工资水平所决定的消费率与社会生产之间的关系,体现了理论研究的宏观性。西方经济学工资理论在工资决定标准问题上的理论基础主要是考察劳动供给与劳动需求所形成的均衡价格。而劳动需求则是由最后一名劳动者的边际生产力决定的,而边际生产力又与从业人员的人数有关,因此工资的变动就与工人数量挂钩,要增加就业工人数量,工人的工资就要下降,从而否认了资本主义剥削。

马克思认为,工资的本质是劳动力的价值或价格。工资在其实质上是由劳动力价值决定的,同时还受到劳资对抗、劳动力供求规律的影响。劳动力的价值是由生产和再生产劳动力所必需的生活资料决定,工人最终获得的工资应该能够补偿标准质量的劳动力再生产的主观需求,此处所讲的标准质量的劳动力再生产即不能使劳动力在萎缩的状态下生存,不能使劳动者所得生活资料在其劳动力价值决定的生理界限之下,因为劳动力价值决定由生理因素和社会历史因素共同决定。在马克思生活的时代,爱尔兰人的生活水平十分低下,常常被当作工人生活困苦的佐证。马克思认为如果工人的生活水平降低到爱尔兰人的水平,那么也仅能维持动物般的最低限度的需要,这种身体上的最低量仅能使工人在萎缩的状态下生存,并没有实现劳动力的全部价值。所以,劳动者所消费的生活资料应该能够与一定社会历史条件相匹配,根据社会的发展在数量和质量上进行相应的调整,并且还应该能够满足劳动者养活家人以及劳动力进行教育培训的需要。这也是工资决定的标准和内涵,充分体现了马克思主义经济学的人文关怀和社会历史性。工资除了由劳动力价值决定之外,劳资对抗和供求关系也会对工资标准产生影响。当工人组织起来以罢工等经济斗争形式对资本家的剥削表示反抗时,其所得工资有可能会上升,但是此时工资的上升也是在不影响利润增长的限度内进行的。当市场上对于某种劳动力的需求大于供给时,这类劳动者的工业也有可能上升,反之,则会下降。马克思还从宏观视角下分析了工资标准的长期趋势,在资本主义劳动生产率和资本有机构成提高的情况下,机器会广泛运用于生产过程,技术进步和生产组织方式的变革,使得用于购买劳动力的可变资本相对减少,造成劳动力的供过于求,部分在业工人被排挤出去,形成相对过剩人口,相对过剩人口形成产业后备军,又会对在业工人的工资造成压力。因此资本的运动导致工资的运动,资本主义的资本积累内生地对工资水平产生向下的压力,由此马克思解释了工资降低的深层次原因及长期趋势。同时工资收入总额的变动也会影响资本主义社会总需求的变动,工资水平的长期偏低将造成社会需求不足,从而造成生产的相对过剩,造成经济增长停滞。在工资水平的决定标准问题上,马克思既分析了工资的决定因素,又从宏观上分析了工资标准的确定对于资本主义生产从而对社会经济的影响。体现了工资的决定不仅是一个微观的决定过程,也不仅是一个剥削问题,而是一个关系到资本主义宏观经济运行的关键性环节,充分展现了马克思工资理论的宏观性和整体性。

新古典经济学主要从微观领域分析工资的局部均衡,认为工资的决定取决于劳动供给和劳动需求两种力量所形成的价格均衡。劳动供给是劳动者对于劳动所产生的负效用与劳动报酬所产生的正效用之间的权衡。劳动者的偏好则被作为既定的外生变量,被视为稳定不变的。对于劳动者来说,他们所愿意接受的实际工资水平,取决于其偏好以及愿意投入的劳动量。对于任何一个特定的劳动供给量,由劳动报酬所产生的正效用恰好弥补了劳动所产生的负效用;对于劳动需求而言,克拉克提出的边际生产力理论为经济学家提供了基本的分析线索。根据西方经济学的价值创造与分配理论,资本和劳动在市场经济中所取得的收入决定于它们各自在生产中对产出所做出的实际贡献,资本和劳动对产出的贡献是相互独立的。因此我们考察厂商如何决定劳动雇佣量时,仅仅需要根据边际成本等于边际收益的最大化原则考虑劳动量的决定。厂商愿意雇佣的劳动量的条件就是劳动量的边际成本与劳动量所形成的边际收益相等。劳动量的边际成本就是货币工资,劳动量的边际收益就是边际劳动产量与产品价格的乘积。新古典经济学认为只要确定了一个劳动力市场,那么劳动供给与劳动需求就能够形成一个均衡价格,即确定均衡水平工资及相应的均衡就业水平。在这里需要指出的是,根据边际生产力理论,每增加一个单位的劳动其劳动生产率是不同的,呈现出先增加到一定点然后下降的趋势,而工人的工资是由最后一名工人的边际产量决定的,因此工人的工资就与劳动雇佣量有直接的关系。由此,工人工资的变动就与从业工人的数量相关,掩盖了资本主义制度的剥削。

凯恩斯虽然从宏观视角分析了工资降低将会导致消费需求减少,从而影响利润率。但是他关于工资决定的理论仍有其缺陷,带有马歇尔式的局部均衡理论色彩。在凯恩斯看来,工资单位的确定,即劳动供给和需求的确定,是劳动供求双方讨价还价的结果,他用工会推动的集体协商、政府的充分就业理念以及劳动力市场的信息不对称解释工资刚性,认为同其他商品的价格一样,工资在短期内不会随宏观经济波动而产生变化,劳动力市场上存在非自愿失业。现代西方经济学工资理论关于工资水平决定的观点则各有千秋:劳资谈判工资理论认为工资水平决定于劳资双方力量对比和各自坚持范围的不同;分享工资理论认为工资水平决定于企业经营情况、利润分享比例所产生的工资基金的多少以及就业者人数;效率工资理论认为工资水平决定于工人边际生产率及企业支付水平以及由此产生的非自愿失业状况。现代西方经济学工资理论侧重于将工资问题局限于工资分配表象与工资功能联系的实证逻辑上,从交换过程的角度来解释工资现象和工资波动,将工资问题与利润的增减和边际产量联系在一起,而没有对工资背后更深层次的制度性因素进行探索,无法从根本上改变资本主义工资的本质和分配关系。

二、马克思工资理论与西方经济学工资理论的共同点

(一)二者都强调实际工资水平与劳动生产率的内在关系

按照马克思的经济理论,不同国家的工资差异,除制度、历史、道德等因素之外,劳动生产率差异也是极为重要的因素,在资本主义生产发达、劳动生产率高的国家,劳动者的名义工资虽然比劳动生产率较低的国家高,但是其实际工资却低于生产不发达的国家。因为生产发达、劳动生产率高的国家其劳动者的工作强度也高,实际支出的劳动量也多。但是由于其劳动生产率高,生产同一件商品所需要的劳动时间要低于生产欠发达的国家,平均每一件商品所蕴含的劳动量要少于生产欠发达国家,所以同一货币所购买的商品中实际包含的劳动量,在劳动生产率高的国家比生产率低的国家要少。因此,较高的名义工资并不代表较高的实际工资。而考察劳动者生活水平主要应看其实际工资,而不是名义工资。伴随劳动生产率的上涨,通货膨胀率和物价也会发生变化,这些因素都将直接影响工人的名义工资所能购买到的商品量。要避免实际工资的下降,工资的调节就要与经济发展水平相适应。根据社会主义工资的按劳分配原则,工资是劳动的报酬,劳动生产率提高了,工资尤其是实际工资也必然跟随增长,一方面是防止工资的增长被物价的提高、通货膨胀率的提高而淹没,另一方面则是伴随劳动生产率的提高,劳动者

的体力和精力的消耗也必然增加,在这种情况下需要提高劳动者的实际工资,以弥补劳动者生理的消耗实现劳动力的再生产,这也是使生产顺利运行的需要。从社会生产与消费的角度来讲,处理好劳动生产率增长与工资增长的关系还同生产与分配的关系有关,在生产与分配的关系中,生产处于主导地位,生产的方式决定分配方式,生产的规模决定分配的标准,没有生产的发展,没有日益增加的社会财富,就没有分配水平的提高。因此,由劳动生产率的发展引起经济总量的增大也会为工资分配提供物质基础。同样,分配环节也对生产有反作用,分配环节处理不好也会对生产造成消极影响,进而影响劳动生产率的提高,因此职工工资的增长要建立在发展生产、提高劳动生产率的基础之上。

西方经济学认为工资是劳动的函数,在生产过程中劳动力的购买者需要在使用资本和使用劳动之间进行选择,评估各种要素报酬之间的比例关系,并评估各种要素成本及其可能的收益,劳动者的工资与其边际生产率直接相关,边际劳动生产力高,工人的工资也就相应提高,劳动效率的提高,将改变劳动边际替代率,从而影响到劳动力的价格即工资水平。制度学派认为,在实际生产过程中,工资的变动对劳动生产率的高低具有重要影响:工资高可以改善劳动者的膳食结构,提高劳动者的体质,并提升劳动者工作积极性,从而提高劳动生产率。新古典学派在一定程度上肯定制度学派的观点,认为在现实经济生活中,支付高工资确实有利于提高劳动生产率,但在发展中国家能够更加明显地提高劳动生产率,因为发展中国家人均收入水平低,劳动者生活贫困,提高工资可以明显改善人们生活和健康水平。由此可见,无论是马克思主义经济学还是西方经济学,都强调认为工资水平与劳动生产率的高度存在必然联系,同时,高工资也有利于推动高劳动生产率的产生。

从现实经济运行来看,社会劳动生产率代表着一个国家或地区的财富创造能力,也是工资增长的物质来源。只有提高社会劳动生产率,进而提高国内生产总值,才能为工资的增长提供物质基础。社会劳动生产率与工资水平的关联,还受劳动人口增长速度的制约。只有当社会劳动生产率的增长超过劳动人口增长率时,工资水平才有可能得到提升。在经济运行中,处理好社会劳动生产率与工资水平的关系,就必须处理好社会平均工资与社会劳动生产率的关系,二者在增长速度上相适应,是社会经济发展的客观要求:(1)社会扩大再生产的必然要求。为了实现社会经济总量的不断提升、改善社会成员的生活条件,社会生产就要在不断扩大的基础上进行。要实现扩大再生产,就要积极拓展新的生产领域,投入大量资金,而这部分资金则来自国家积累。处理好社会劳动生产率与平均工资的关系,就是处理好劳动报酬以何种比例在国家、企业和劳动者之间进行分配的关系。在其他条件不变的情况下,劳动生产率的增长速度与平均工资的增长速度保持合理比例,就能够保证社会有更多的资金投入扩大再生产。(2)保持国民经济各部门按比例协调发展的要求。工人工资的主要用途是用于消费,工人的消费结构直接与社会的生产部门挂钩。工人的工资水平增长与劳动生产率的增长保持合理比例,就基本能够保证社会消费水平与生产水平的大致平衡,避免工资增长过快造成的消费品短缺或生产结构不合理,也避免由于产能过剩造成的生产过剩。(3)从社会宏观角度看,保持劳动生产率提高与工资水平增长的合理比例,需要兼顾全社会劳动生产率的提高与全社会工资水平增长的比例关系,不仅考虑工业,还要考虑农业在这二者关系上的合理比例,实现国民经济各部门生产的综合平衡。

(二)二者都认为名义工资对生产成本与价格具有重要影响

在资本主义生产中,资本家将生产商品中耗费不变资本(C)和可变资本(V)的总和视为商品的生产成本。而可变资本(V)即为资本家付给工人的工资,工资水平的变动将直接影响生产成本的变动,影响工资和利润在新价值中的分配利弊,但不会影响工人创造的价值。马克思曾经指出,可变资本的耗费虽然会加入商品的成本价格,但决不会参加新价值的形成,因为"可变资本的绝对价值量的变化,只要仅仅表现劳动力价格的变化,就丝毫不会改变商品价值的绝对量,因为它并不改变由活动的劳动力创造的这个新价值的绝对量"①。而"平均资本生产的商品的生产价格是和它们的价值一致的,所以这种商品的生产价格不变;因此,工资的提高,虽然引起利润的降低,但不会引起商品价值和价格的变动"②。但是,从个别生产部门来看,工资的提升会造成资本有机构成较低的部门生产价格的上涨,在工资增加的条件下,资本有机构成低的部门由于可变资本占的比例较大,追加的可变资本的绝对量比平均构成要多,所得利润也相应增加,生产价格上涨;资本有机构成高的部门

---

① 马克思:《资本论》第3卷,人民出版社,2004年版,第37页。
② 马克思:《资本论》第3卷,人民出版社,2004年版,第222页。

则与之相反。马克思还指出工资有名义工资和实际工资之分,二者的区分在本质上是工资与物价的关系:在名义工资不变的情况下,物价上涨,则实际工资下降;在名义工资和物价都上涨的情况下,实际工资的涨落取决于前两者的上涨幅度;在物价不变的情况下,若名义工资上升,则实际工资也上升,反之则下降。

在工资与生产成本和价格的关系上,西方经济学认为,由于生产总成本中工资占有较高的比重,在不完全竞争的市场上,由于工会组织的存在,工资不再是竞争的工资,而是工会和雇主集体议价的工资,并且由于工资的增长率超过生产率增长率,工资的提高就导致成本提高,从而导致一般价格水平的上涨,形成工资推动的通货膨胀。工资提高引起价格上涨,而价格上涨又推动工资提高,工资提高与价格上涨之间就形成了螺旋式上升的运动,形成工资—价格螺旋。所以,高水平的工资在提高生产成本的同时,也会导致物价的上涨。

（三）二者都强调工资与就业、宏观经济形势的相互影响

马克思主义经济学和凯恩斯经济学都认为工资作为社会分配的重要环节,其数量及水平的确定将会与社会其他经济要素产生连带效应,较高的工资率将会对经济发展产生拉动作用,促进社会生产与消费的良性循环。工资的提高也会对就业产生影响。

马克思主义经济学认为,在资本主义发展早期,由于剩余价值是由工人创造的,所以资本家对工人的需求量也会增加,劳动者的收入状况也会得到改善,但随着资本积累的增长和科学技术水平的提高,资本有机构成相应提高,用来购买劳动力的可变资本也就相应减少,造成工人工资的下降和就业劳动者数量的减少,劳动者失业增加。在这种状况下,让资本家增加工人的工资是不可能的,工资的提高只会造成更多失业人口的存在。西方经济学认为,随着工资率的提高,企业的使用劳动的边际成本将上升,导致企业生产更少的产量,产量的下降将会导致使用的劳动数量下降。同时,伴随劳动成本的上升,企业如果想要获得更多的利润,必然要进一步采取更加资本密集的生产方法,用资本替代劳动,以使得总产量成本下降。所以,工资率的上升将引起企业劳动需求的减少,引发失业。

马克思主义经济学认为,工资分配过程是保障社会再生产运行,实现各生产部门消费资料和生产资料替换的关键环节,如果没有工资分配,生产与

消费便无法联系在一起,生产就没有意义,只有实现社会的工资分配,劳动者才能购买自己所需生活资料,进而实现个人消费的社会意义,即保障按照社会分工而进行生产的各部门之间的协调运转,实现经济的持续发展。马克思是把工资放在整个社会大生产过程中进行考察的,因此应该看到工资又是一种生产性投入,能够激励和促进劳动者努力提高劳动的数量和质量,在考虑国民经济和社会发展规划时,应适当考虑工资分配所发挥的激励职能,不可单纯追求规划指数的静态平衡,还要考虑规划体系的弹性,在动态中追求平衡。

凯恩斯经济学也从收入对需求的决定作用方面展开分析,诸如凯恩斯在其绝对收入假说中认为对消费量具有决定意义的是家户收入,随着收入的增加,消费也会增加,但是消费的增加不及收入增加多,即边际消费倾向趋于下降;弗里德曼的持久收入假说认为决定人们消费支出的是消费者总收入中可以预料到的较稳定的持续性收入。尽管各种学说对于收入对消费的具体决定方式看法不同,但它们都承认收入对消费的决定作用。而在社会生产中,总需求决定总供给,所以工资水平的高低直接决定消费结构与生产规模。为工人支付较高水平的工资,将有力地增加社会投资率(投资主要来源于居民储蓄)和居民消费贡献率。另外,由于生产结构的变化应适应需求的变化,所以居民消费能力的提高能够更有效地对技术加以利用,促进经济增长。

从现实经济运行来看,宏观经济形势的发展也会影响工资水平的波动。因为无论在怎样的生产方式下,社会的经济发展是工资分配的基础和条件,离开了宏观经济的发展,劳动者工资也就成为"无源之水",因为分配方式本质上要取决于可供分配的产品的数量。无论劳动者的工资分配还是工资水平的增长,其物质基础都是一定条件下经济总量的高速度增长。一方面,在经济高速增长的条件下,社会各生产部门的生产的积极性得到调动,推进生产的发展,效益的提高,从而自然地提升劳动者的工资水平。另一方面,在宏观经济发展速度较快时,一般是进入了经济的扩张期,这时社会的资本投资率和产品需求率都会得到上升,从而对于劳动力的需求数量大于其供给数量,引起劳动者工资水平的上升。相反,在经济的下行周期,社会需求缩减,企业的投资需求也随之下降,大量工厂缩减产量甚至面临破产危机,失业率上升,劳动力需求小于供给,导致劳动者工资水平下降。

三、马克思工资理论的无产阶级立场与观点

马克思主义经济学工资理论与西方经济学工资理论在研究方法、理论基础以及工资制定标准上的不同，是与马克思主义经济学和西方经济学在阶级性、科学性上的区别密不可分的。西方经济学代表资产阶级的利益，其工资理论也意图证明资产阶级获得资本收益的合理性。而马克思主义经济学则是建立在辩证唯物主义基础上的，代表无产阶级的利益，透过现象分析资本主义制度的剥削本质，表明无产阶级受压迫受剥削的社会地位。致力于实现以劳动人民为主体的最广大人民的利益，最终实现人的自由而全面的发展的共产主义社会是马克思主义最鲜明的无产阶级立场，也是马克思与恩格斯终生所为之追求的，其实质也就是劳动人民、无产阶级立场，这就与西方经济学的资产阶级性质与使命形成截然相反的鲜明对比。这也意味着马克思与恩格斯是站在劳动人民的立场并为他们服务的。

马克思工资理论通过科学区分劳动与劳动力，并指明劳动力商品的特殊使用价值，揭示了资本家剩余价值的来源，也揭开了资本主义生产的秘密。在资本主义生产中，资本处于主导地位，雇佣劳动处于从属的、被统治的地位，伴随资本主义劳动生产率和资本有机构成的提高，资本家必然通过加大剥削提高剩余价值率来保证利润率的稳定，由此造成资本家财富积累与无产阶级贫困化的两极分化趋势。在资本主义社会常常出现的工资低于劳动力价值的现象，实质是剩余价值对于工人必要劳动的侵占，使工人的部分必要劳动也成为剩余价值的一个独立来源。由此造成资本家与无产阶级的收入两极化，这种两极化的收入趋势无论对于工人、企业还是宏观经济都会产生消极影响。首先，工人备受压迫，生活艰难，甚至只能维持动物般的苟延残喘的生存，严重影响劳动力的补给与恢复。其次，工人长期处于被压迫被剥削的状态，必然产生反抗情绪，工人与资本家矛盾恶化必然引发罢工等经济斗争。再次，这种收入两极化方式的长期存在，定会影响社会积累与消费的对抗性矛盾，工人的工资是其消费的主要来源，若工资长期处于较低的水平，必将造成工人消费力的萎缩，从而影响生产过程形成产品的积压，引发生产的相对过剩，进而引起经济发展停滞甚至最终引发经济危机。

当代的资本主义国家也正是意识到工人的工资水平对于企业与社会经济发展的重要意义，于是采取措施在分配领域对分配关系进行了一些调整，

诸如采取职工持股、长期雇用、建立普及化的福利制度等措施,其目的就在于缓和劳资矛盾、避免社会的剧烈动乱与冲突,以为生产与经济的顺利运行提供良好的社会环境。但是其仍然是在资本主义制度的框架内所做的调整,并没有改变资本主义生产关系的根本关系,工人工资的增长仍然是在不触动利润增长范围内的增长。

因此我国当前的工资与收入分配制度改革,应该以马克思工资理论为指导,致力于构建站在人民立场的、为人民利益服务的中国特色工资与收入分配制度体系。缩小群体间、行业间的收入分配差距,提高中低收入者收入,重点保障占人口大多数的劳动人民的利益,维护劳动者的合法权益,不仅有利于在当今国际经济局势低迷的状况下拉动国内消费,促进经济增长,而且有利于缓和工人和企业主之间的矛盾,构建和谐的劳动关系从而构建和谐社会。除此之外,马克思在劳动力决定因素中强调历史道德因素的必要性,充分体现了马克思对于实现人的生存权和发展权平等的价值追求,体现了马克思致力于实现人的充分、自由、平等发展的哲学理念和人文关怀。我国在当前提高低收入者收入水平、保障弱势群体的生存与发展权益,不仅是一种人道主义和人文主义的关怀,更是站在劳动人民的立场,从社会公平正义的视角出发,为最终实现共同富裕奠定基础,让广大劳动群众能够体面劳动,"让人民过上更加幸福、更加有尊严的生活"①。

---

① 温家宝:《我们要使人们生活得更有尊严,让每个人都过上更体面的生活》,参见中国广播网 2010 年 12 月 26 日。

第五章　中国工资及收入分配制度的
历史发展及现状

伴随我国经济的双重转轨,即由农业社会向工业社会,由计划经济体制向市场经济体制转轨的时代过程,我国的工资管理制度及收入分配制度也经历了逐步探索与发展的过程,工资管理制度与收入分配制度都是我国经济社会发展中的重要问题,根据社会发展的不同历史背景和时代要求,也要进行相应的调整。改革开放以来,我国经济建设取得巨大成就,但同时也产生了工资在国民收入分配中所占比重下降、收入分配差距扩大、收入分配不公等问题,研究我国当前工资及收入分配的现状及特点,对于确定中国工资改革的目标与原则,调节收入分配差距具有重要意义。

第一节　我国工资管理制度的探索与发展

一、我国工资管理制度的历史变迁

工资管理制度是整个国民经济管理体制的重要组成部分,也是工资改革的重要内容。新中国成立60多年来,我国的工资管理制度一直在进行曲折的摸索,在探索中不断前进。伴随着我国的所有制结构由单一公有制向多元化所有制结构的转变,我国的工资分配机制也在不断地变革和完善。纵观我国的工资管理制度变迁,粗略地可以将其划分为以下几个阶段:

1.计划经济时代高度集中统一的工资制度(1949—1978 年)

在新中国成立后的国民经济恢复初期,由于多种经济成分并存,各地具体情况存在很大差异,因此全国各地也呈现出多种分配制度并存的局面。在老解放区、部队和机关工作人员实行供给制,革命工作人员所需的生活必需品都由老解放区免费供给;在企业中,有的实行供给制,有的实行部分供给部分工资制,为了避免职工工资收入受物价波动的影响,这一阶段的工资分配制度采取以实物为计量单位、以货币为支付手段的工资分制度;在解放较早的东北地区,实行新建立的13等39级的等级工资制度。这些分配政策的实行也在一定程度上遵循了各地的具体情况,遵循了从革命需要出发和从群众生产利益出发的原则,形成了灵活多样的工资分配政策,也取得了较好的效果。但是,伴随社会主义事业的蓬勃开展,有些旧社会遗留下来的陈旧落后分配制度,已经不能适应新形势发展的需要,全国各地的分配制度和工资支付方式的不统一,也不利于全国工资总额的及时计算,不利于国民经济计划的编制与综合平衡。因此实行全国范围的工资制度改革是极其必要的,在这一时期我国实行了两次工资改革:1950—1955年工资改革和1956年工资改革,逐渐形成了工资的中央高度集中统一的管理体制,并实行全国统一的等级工资标准。其主要特点是工资由国家统一规定,并在全社会范围内实现同工同酬。

在尽可能将工资制度加以合理改善并照顾现实情况与国家财政经济能力的原则下,第一次工资制度改革在各大行政区或早或晚地展开。其主要内容包括:

(1)在全国统一以"工资分"作为工资的计算单位,并统一"工资分"所含事物的品种和数量。由于当时物价波动不稳,还不能实行直接以货币支付工资的制度,因此规定全国统一的工资计算单位——"工资分",既能在全国范围内实现统计核算,又能够反映各地生活消费和实际物价差别。"工资分"所含实物的数量和种类是按照全国工资改革准备会议上的方案规定的。各地区的主管机关定期公布其所在地区工资分单位,各单位按照公布的工资分值逐月换算成货币工资发给职工。以"工资分"作为工资的计算单位,不仅避免了物价变动对于职工工资收入的影响,还为统一工资标准创造了条件。

(2)建立新的工资制度。对国有企业工人和职员实行新的工资等级制度。对于工人大多实行八级工资制,废除了过去实行的多等级、小级差的工资制度,八级工资制以技术等级标准为基础,根据各产业部门的技术复杂性和劳动强度、劳动环境等因素,工资标准一般是采矿业、冶炼业最高,电业、机械制造业居中,轻纺工业较低;对于职员实行职务工资制,各大行政区采取的形式也不尽相同。多数实行职务等级工资制,一职数级,上下交叉,少数实行职务工资制,根据职务规定若干个工资标准,不同职务工资标准之间并没有固定的比例关系。对于技术人员和管理人员,有的企业采用相同的工资标准,有的实行不同工资标准,实行不同工资标准的,技术人员的工资标准要比管理人员略高一些。

(3)建立了奖励工资制,并推广计件工资制。要提高企业的经济效益,不仅要实行新的工资制,还要配套实行能够调动职工生产积极性的奖励工资制和计件工资制。各大区对于奖励的条件、考核细则与标准以及奖金额度等都做了具体规定,并建立了新的计件工资制,对于计件单价和劳动定额都做了规定,并确立了按照平均先进水平制定和修改劳动定额的办法和要求,进一步发挥了工资对于生产过程的推动和促进作用。

(4)取消了"变相工资"。在改革工资管理制度的基础上,对旧社会遗留下来的诸如电贴、米贴等变相工资都陆续予以取消,在1953年,由政务院财经委员会发文在全国范围内取消了旧社会遗留下来的年终双薪制度。

(5)经过一段时间的调整,全国的"工资分"值一般不再变动,在实际上成为固定分值。因此,在1955年国家机关、事业单位和商业企业开始实行全国统一的货币工资标准另加物价津贴的办法,首先取消了"工资分"制度。经过这次改革,全国的工资制度开始向统一的货币工资标准过渡。

在这次工资改革的推动下,通过职工的定职评级,改变了旧中国遗留下来的同工不同酬、劳酬不符的现象,使广大职工的基本工资实现了与职级相符,体现了按劳分配的原则,也使广大职工的工资得到较大幅度提高,工资关系也初步理出了头绪,为进一步改革工资制度创造了有利条件。由于国家财力和改革经验的限制,此次工资改革也存在一些不足之处,主要表现为:在工资定级的过程中,有些极差、比例和系数不尽合理,在工资水平上,各企业之间存在较大差距,在工资关系上还存在有平均主义的倾向。

为了对第一次工资改革所存在的遗留问题进行进一步调整,再加上这一时期又涌现出许多新情况和新问题,我国于1956年实行了第二次工资改革。这次工资改革是在我国处于社会主义建设和社会主义改造高潮的历史条件下展开的,从1953年起国民经济进入到第一个五年计划时期,国民生产速度和劳动生产率都呈现高速发展的局面,而企业职工的工资增长缓慢,工资增长速度赶不上劳动生产率的增长速度。为了鼓励职工投入生产的积极性,提高职工的工作技术水平,争取提前和超额完成第一个五年计划,国务院决定施行此次工资改革。通过此次工资改革,我国建立起改革开放之前的等级工资制度,全国实行统一的工资标准。在第二次工资改革过程中,主要做了以

下几项工作:

（1）鉴于全国物价已经基本稳定,全部实行直接用货币规定工资标准,取消"工资分"制度。根据不同地区的物价生活水平、现实工资状况以及发展生产的需要,制定不同的货币工资标准。在物价较高的地区,采取在工资标准之外加生活费补贴的办法,以此避免过高的工资标准。生活费补贴根据物价的变动而调整。

（2）统一和改进了工人工资等级制度,拉大了工资标准间的差距,克服了工资待遇上的平均主义现象。使各工种工作性质的不同和工作辛苦程度的差别在工资标准上有较明显的显现,进一步体现了按劳分配,克服了平均主义。低级工人和高级工人之间的工资差额也有所扩大,较多地提高了高级技术工人的工资标准,并严格了产业技术等级标准的考核升级,使工人的工资等级更加合理,工人按照产业技术等级标准进行考工升级。

（3）改进企业职工和技术人员的工资制度,并调整了产业之间、地区之间和人员之间的工资关系。将全国细分为七类地区、四类产业。每类产业又细分为四类企业,企业内部根据技术复杂程度和规模大小又划分为三类科室,科室内部划分四类职能人员,每类的职务工资分为若干等级,每一级别都对应相应的工资标准,高一级职务与低一级职务工资等级相互交叉。对于技术复杂的、劳动条件较差的产业以及重点建设地区的产业可以提高工资标准,对于工作业务水平高的技术人员和对企业有较大贡献的人员可以加发津贴或单独规定工资。

（4）推广和改进津贴制度、计件工资制和奖励工资制。津贴工资制是与八级工资制相配套的重要方面,也是充分体现按劳分配的补充形式。我国津贴制度也经历了不断完善的过程。1956年的工资改革,把津贴改革作为一项重要的内容,要求各部门按照发展的需要和业务范围提出健全津贴制度的方案,并针对特殊工种提出其工资标准可以相对提高的方案;在工资管理制度改革的推动下,计件工资作为促进生产发展的一种有效工资形式得到了更广泛的推广,《工资改革决定》中要求在能够实行计件工资制的企业中全部或大部分实行计件工资制,为鼓励推广这一机制,《决定》还要求实行计件的工资标准比计时工人高4%～8%的计件工资率;在国务院颁布的《关于工资改革的决定》和1956年劳动部发布的《关于工业、基本建设、交通运输部门建立和改进奖励工资制度的指示(草案)》中,都要求各产业生产部门根据生产的需要和本系统的需要,制定统一的奖励办法,按照性质划分,这些奖励办法大体包括:节约奖、安全奖、质量奖和超额完成任务奖。

(5)对于国家机关和文教卫生等事业单位的工作人员实行全国统一的职务等级工资制。职务等级工资制的特点是"一职数级,上下交叉"。工作人员的级别评定依据是:德、才,并适当照顾资历。"德"是指工作人员的政治品质,"才"是指工作人员的工作能力,"资历"是指革命斗争历史和贡献。国家机关中工程技术人员的工资标准,要高于同级行政干部,分为18个等级,按产业分为五类。科研人员和高等院校的教学技术人员实行13级工资制。

(6)对于公私合营企业的工资制度改革。对于公私合营企业,在国务院于1956年10月发布的《关于公私合营企业工资改革中若干问题的规定》中指出,新公私合营企业的工资标准和工资制度,应逐步向同一地区性质相同、规模相近的国有企业看齐。新公私合营企业有的根据国有企业的标准进行了改革,有的根据本地区实际情况制定了新的工资标准,通过工资改革,初步建立了比较合理的工资制度。

经过1956年的第二次工资改革,全国统一的社会主义工资制度得到基本确立,在生产发展的基础上职工工资有了明显增加,生活条件得到了进一步改善,这一阶段在工资管理制度改革上取得的成果,本可以将我国的工资工作指向一个健康发展的新阶段。但是,从1958年开始我国经济工作发生严重的"左"的偏向,经济建设上盲目追求"高指标",使工资工作遭受较大波折,主要表现为:理论上片面理解资产阶级权利,否定按劳分配原则,取消计件工资制和奖励工资制,试行供给制和半供给制。由于地方工业遍地开花,基本建设规模急剧扩大,直接导致全国职工人数激增,造成工资总额增加,而职工实际工资水平下降的后果。后来,1961年党的八届九中全会召开,会议决定对国民经济实行"调整、巩固、充实、提高"的八字方针,使遭到破坏的工农业生产得到恢复,国民经济重返健康发展的轨道,在工资工作方面也重新明确了按劳分配的原则,基本恢复了计件工资和奖励工资制,提高了部分职工的工资标准,并进一步加强了工资基金的集中控制与计划管理。1956年工资改革过程中,由于产业划分和工资等级标准制定过于细化,工资标准很不统一,在实际执行中也存在困难,因此,在1961年至1965年间,许多产业对1956年原定工资制度进行了修订,将标准多的产业适当减少归并,并照顾产业内各类人员和各地区间的平衡关系。从1960年开始,劳动部着手探索进一步的工资制度改革,并于 1965 年拟定了《关于改革现行职工工资标准的初步方案及进行试点的意见》(通常称"一条龙"方案),其主要内容就是对全国各行各业职工实行全国统一的职工工资标准,打破了 1956 年工资改革将全国划分为七类地区的工资标准。并适当提高一般职工的工资标准,缩小其与高级领导人员的工资差距。

这一时期的工资管理采取计划经济下国家计划、统分统配的方式,整个社会被看作一个统一的生产单位和分配单位,由社会或国家对劳动者进行直接分配,所有的城镇就业者的工资都由其职务相对应的工资等级决定。这种工资政策是与新中国建立初期国内外政治局势不安定,急需稳定形势、发展生产、实现经济积累分不开的,也是在特殊的政治经济形势下实行的工资管理措施和政策。等级工资制在一定程度上体现了按劳分配的原则,其在调动劳动者工作积极性和改善人民生活水平方面也曾发挥过积极作用,但随着我国经济的进一步发展,其存在的弊端也逐渐显露。由于等级工资制以职工技术等级为依据,因此同一等级的职工无论其工作质量与否,所得工资都是相同的,且工资等级标准过多且反复冗杂,在实际推广中遇到困难。工资管理体制上国家统一规定得过死,绝大部分劳动者的工资都牢牢控制在政府手中,单位没有自主权,严重挫伤了劳动者生产和工作的积极性,阻碍了生产力的发展,许多单位职工的货币工资连续十几年都没有增长,积累了深厚的社会问题。

2. 转型经济时期企业薪酬制度的萌芽与探索(1978—1992 年)

1978 年党的十一届三中全会提出了我国经济体制的问题,并指出我国经济体制的一个严重缺点就是权力过于集中,应该在中央领导下进行权力下放,让地方和企业在国家统一计划下有较多的自主权。以此方向为指导,伴随我国经济体制改革的不断深入,高度集中的计划经济开始向有计划的商品经济过渡,工资决定机制也逐渐由国家行政单层次决定走向以"工效挂钩"为特征的国家宏观调控与企业自主分配相结合的双层次决定的工资机制,这是我国企业工资改革的新探索、新创造。在 1978 年之后的几年间,逐渐恢复了"文化大革命"时期取消的计件工资和奖励工资制度,并依据劳动态度、技术高低和贡献大小对职工普遍进行了调资定级,揭开了我国工资制度改革的序幕。

此次工资制度改革的特点主要表现为国家对企业工资的管理逐渐由直

接管理变为间接管理,由微观管理变为宏观管理,企业获得了对其内部工资制度进行管理的自主权。通过 1977—1983 年我国召开的五次按劳分配理论讨论会,通过理论探讨逐渐意识到在社会主义商品经济条件下实行高度集中统一的工资管理模式是有缺陷的。工资分配与管理制度应该与生产结构和多层次的联合劳动相适应,首先处理好国家与企业的利益关系,再按照企业内部劳动数量与质量的分配状况,处理好企业与内部职工之间的关系。这就要求实行国家、企业分级管理体制,并建立与之相适应的工资分配制度,给企业相对独立的分配权,增强自身活力。

因此,从 1979 年起,国务院颁布了《关于国营企业实行利润留成的规定》和《关于扩大企业经营管理自主权的若干规定》,扩大企业管理自主权的工业经济体制改革开始全面展开,并将企业基金改为利润留成制。在 1980 年扩权试点的 6 000 多家企业中,对企业利润留成办法做了进一步改进,实行职工奖励基金从企业留成利润中按一定比例提取的方法。实现了奖金与企业经济效益的挂钩浮动,职工的收入也与企业经营状况联系起来。1981 年 10 月,国家批转了《关于实行工业生产经济责任制若干问题意见的通知》,进一步提出要把企业和职工的经济利益同他们所承担的责任和实现的经济效益联系起来,这就要求实行经济责任制,在国家和企业之间建立奖金和企业经济效益挂钩浮动的制度,在企业内部将职工的收入同企业经营状况和职工劳动成果挂钩,做到责、权、利的统一。1985 年 1 月 5 日在国务院发布的《关于国营企业工资改革问题的通知》中规定,"企业与国家机关、事业单位的工资改革和工资调整脱钩""企业职工工资的增长应依靠本企业经济效益的提高,国家不再统一安排企业职工的工资改革和工资调整"[①],决定在我国国有企业实行工资总额同经济效益挂钩,标志着我国企业工资制度进入到一个新的历史时期。至此,国家在"工效挂钩"的基础上,将企业内部的工资分配自主权还给企业。企业工资的增长总额不再是由国家每年下达增长指标,而是"将工资总额与其经济效益挂钩的方法,企业根据劳动保障部门、财政部门核定的工资总额基数、经济效益基数和挂钩浮动比例,按照企业经济效益增长的实际情况提取工资总额,并在国家指导下以丰歉补、留有结余的原则合理发放

---

① 国务院:《关于国营企业工资改革问题的通知》,1985 年 1 月 5 日。

工资"①,工人的奖金也与其自身劳动贡献和企业经营状况直接挂钩。由此,工人所得即为由固定等级工资和奖金组成的浮动工资。奖金与责任制的结合也使职工不仅关心劳动者本人的劳动成果,而且关心整个企业的生产经营活动,因此搞活了企业的内部分配,也在一定程度上解决了企业吃国家"大锅饭",职工吃企业"大锅饭"的现象。

在实行"工效挂钩"试点的过程中,全国各地区、各产业部门都结合经济责任制和企业整顿,选择若干企业开展了多种形式的改革工资制度的试点探索,经济效益得到很大提高,由于过去国家在奖金的发放和使用上有"封顶"(每人每年奖金数量不能超过两个月的平均标准工资)的限制,伴随经济效益的提高,大多数企业的奖金都达到了"封顶"限制,不准突破,这势必影响企业职工生产的积极性。1984年4月,国务院先后发布《关于国营企业发放奖金有关问题的通知》和《关于进一步扩大国营企业自主权的暂行规定》两个文件,取消了奖金发放的"封顶"限制,奖金的使用也由企业自行决定。

实行"工效挂钩"之后,各国有企业获得了本企业内部工资制度的自主权,开始根据本企业的生产经营状况制定本企业的工资制度,其中采用最多的是结构工资制。它是根据工资各部分的不同作用和决定工资各部分的因素将职工工资分解为若干单元,各单元按其各自规律运动的工资制度。结构工资一般由基础工资、职务(岗位、技术)工资、年功工资、奖励或效益工资四部分组成。基础工资是当时维持员工基本生活所需费用的工资。职务(岗位、技术)工资是根据职工所担任职位的工作责任大小及劳动复杂程度确定的工资,是结构工资的主要组成部分。年功工资是根据企业职工工龄的长短或工作经验的多少确定的工资。奖励或效益工资就是与职工自身劳动贡献与企业经济效益相挂钩的工资。企业经济效益高,自身劳动成果高个人收入提高,反之则降低。

这一时期的机关和事业单位工资管理体制改革,也取得了丰硕成果。主要表现为在机关和事业单位也开始用结构工资制代替了实行三十多年的职务等级工资制,其构成方式与企业结构工资的构成方式基本一致,机关和事业单位工作人员的工资增长由政府统一调节。这一阶段的工资改革使得企业与机关、事业单位的工资管理开始脱钩,实行不同的工资制度,有利于实行政企

---

① 晋利珍:《劳动力市场双重二元分割下工资决定机制研究》,经济科学出版社,2010年版,第134页。

分开的体制。从表现形式上主要体现为各自管理机构的变化,从 1988 年 5 月开始,重新分别成立劳动部和人事部,分别管理企业和机关、事业单位的工资。

这一阶段实行的"工效挂钩"工资决定机制,是在推行经济责任制的基础上展开的,以浮动工资制代替了固定工资制。将企业工资总额与企业经济效益浮动挂钩,较好地处理了国家与企业之间的经济利益关系,将职工的工资与其自身劳动贡献和企业经营状况挂钩,较好地处理了企业与个人之间的经济利益关系,搞活了企业的内部分配,提高了劳动者生产积极性,改变了长期企业经济效益的提高与个人劳动贡献脱节的状况,进而提高了企业的经济效益。并且将企业与机关单位的工资管理区分开来,并逐渐形成了工资分级管理体制,对于企业工资,国家只负责核定省、自治区、直辖市和国务院有关部门所属企业的全部工资总额,及其伴随经济效益浮动的比例。其他各个企业的工资总额和浮动比例,由省、自治区、直辖市和国务院有关部门在国家核定给本地区、本部门所属企业的工资总额和浮动比例范围内逐级核定。对于机关、事业单位的工资,中央只负责省和中央两级机关,以及全国性的重点大专院校和科研、文化、卫生事业单位,其他各级机关和事业单位归省、自治区、直辖市管理。虽然这一时期的工资制度改革取得了一定的成绩,也还存在着宏观调控体系不健全,宏观控制与微观搞活不能很好结合的问题,在"工效挂钩"实行的过程中,挂钩的效益指标如何确定、非劳因素产生的经济效益如何划定等,也是需要进一步改进和完善的问题,只有经过不断的探索,才能逐步建立适应社会主义有计划商品经济的工资管理体制。在这一阶段,虽然企业拥有了经营自主权,但是国家仍然是企业的所有者,浮动工资制度只是对原有工资制度的改进,并没有使工资制度发生根本的变化。

3. 市场经济推进过程中的薪酬管理(1992—2004 年)

1992 年,邓小平同志南方谈话以后,十四大确立了社会主义市场经济体制的改革目标,改革开放和现代化建设步入新的阶段。所有制结构日趋多元化,混合所有制经济迅速壮大,日益显示出旺盛的生命力,国民经济的微观活力日益增强;市场基础设施逐步得到改善,市场体系基本形成;与现代市场经济相适应的国家宏观调控手段,也逐渐从干预微观经济转向调节市场供求总量变动,注重实现经济社会的协调发展。

随着经济的发展和改革的深入,原来的工资制度存在一些与国民经济发展和经济体制改革不相适应的地方,主要表现为原来的工资制度未能建立正常的增资晋级机制。此外,伴随 1992 年社会主义市场经济体制的建立,公有制企业成为独立的市场主体,企业制度的转变也要求其建立相应的工资制度,以在激烈的市场竞争中求得生存。为此,我国开始了新时期的工资管理体制改革。

(1)机关、事业单位的工资改革

1993 年,中共中央、国务院发布《机关工作人员工资制度改革实施办法》《事业单位工作人员工资制度改革实施办法》,决定对机关和事业单位的工资制度进行改革,这一阶段的改革将机关单位和事业单位的工资管理制度区别开来,使得二者无法在工资标准水平上进行直接对应和比较。

首先,在机关建立与国家公务员制度相配套的公务员职级工资制。按照工资的不同职能,将公务员的工资分为职务工资、级别工资、基础工资和工龄工资四个组成部分。职务工资主要体现公务员工作职务的高低和工作的难易程度,是公务员工作性质的表现。级别工资主要体现公务员的能力和资历,共分为 15 级。各职务层级和各级别的公务员都执行同样的基本工资,是大体维持公务员生存所需的基本生活费用。工龄工资则主要由公务员的工作年限确定,工作年限越长,工龄工资就越多。

其次,在事业单位建立起体现事业单位各自不同特点的工资制度。为了激发事业单位从业人员的工作积极性,事业单位工作人员的工资由固定部分和活的部分组成,分别与工作的职务高低和实际工作贡献量挂钩。由于事业单位经费来源的不同,国家将事业单位区分为全额拨款、差额拨款和自收自支三种不同类型实行分类管理。每种类型的单位的工资构成中,其固定部分和活的部分的比例是不同的,在全额拨款单位的工资构成中,固定部分为70%,活的部分为30%,差额拨款单位的工资构成中,固定部分为60%,活的部分为40%。

再次,1993 年工资制度改革,还确定了正常增资的基本原则和基本方法。晋级增资采取考核的办法,每两年晋升一个职务工资档次,以考核合格与否确定工资是否晋级。伴随城镇居民生活费用的增长,工资水平也应进行相应的调整与提高。

2001 年 1 月,国家再一次对机关和事业单位工作人员的工资标准进行了调整,平均每人每月增加 100 元,并在这次工资调整中,确定了"年终奖"制度,只要工作人员通过了年终考核即可发放,相当于第 13 个月的工资。

(2)国有企业的工资改革

1993 年,劳动部提出工资管理体制改革的目标是"市场机制决定,企业自主分配,政府监督调控"。1994 年,党的十四届三中全会提出国有企业改革的目标是建立现代企业制度。1999 年,在党的十五届四中全会上审议通过了《中共中央关于国有企业改革和发展若干重大问题的决定》,《决定》指出,要建立与现代企业制度相适应的收入分配制度,为国有企业的工资收入制度的改革指明了方向。

首先,国有企业逐步建立起符合现代企业治理结构的企业工资制度。企业工资制度是现代企业制度的重要组成部分,要建立现代企业制度,就要求国有企业改革工资制度。企业实行工效挂钩制度以后,落实了企业内部工资分配自主权,僵化的八级工资制被打破,大部分企业采用了结构工资制和浮动工资制。20 世纪 90 年代初,劳动部先后出台两项重要通知,要求在全民所有制企业中逐渐实行岗位技能工资制,使之成为企业内部分配的主要形式和基本工资制度。岗位技能工资制的基本评价基础是职工所从事劳动的技能、责任、强度和条件,并以岗位和技能工资为基本内容,与职工的实际劳动贡献相挂钩确定劳动报酬的工资制度。此项工资决定机制确立的前提条件就是劳动评价体系的建立,只有对于岗位劳动评价和职工劳效评价进行合理的测试和评定,才能够确定职员所从事劳动的岗位工资和技能工资。随着与市场经济相适应的现代企业制度的建立,许多国有企业本着服务于自身发展战略的宗旨,积极探索多元化的工资制度。国有企业的工资制度包括:岗位(职务)工资体系,结构工资体系,岗位绩效工资体系,绩效工资体系,协议工资体系。纵观国有企业工资改革的全过程,通过我国企业工资制度的演进过程:固定等级工资制度——浮动工资制度——结构等级工资制度——岗位技能工资制度——多元工资制度,我们可以发现我国企业工资制度其经历了由固定等级工资制向多元工资制的发展历程,这与我国经济体制的改革以及经济制度的确立有密切关系,企业每经历一次工资改革,企业的自主权就多增加一些,劳动者的工资与其劳动绩效就多关联一分。国有企业经历了由计划经济时代工资制度的传递者、执行者向市场经济时代工资制度的制定者、管理者的转型。

其次,对企业经营管理者进行年薪制试点。在计划经济时期,企业经营管理者与企业职工的收入分配原则是相同的,存在平均主义倾向,不利于调动企业经营管理者的积极性与智慧才能投入到企业的经营管理中去。1995年前后,在深化国有企业改革时,按照建立现代企业制度的要求,国家对企业经营管理者进行年薪制试点,形成了对其进行约束和激励的机制,并制定了一系列配套的政策法规,提高了企业经营管理者的工作积极性。

再次,在市场经济条件下,通过经济体制改革,我国企业拥有工资分配自主权,并建立起职工民主参与为基础的工资协商机制。在市场经济体制下,企业可以根据自身生产经营特点和本企业经济效益,并结合国家对于工资问题的相关法律规定,在综合考虑工资指导线等市场信息的前提下,进行自主分配。但是,这种自主分配是资方与劳方共同协商、平等进行的分配。1994年颁布的《劳动法》规定企业职工有权与资方就工资问题进行集体谈判,并签订工资集体合同,维护自身合法权益。此后,一系列保护职工进行工资集体协商、维护职工合法利益的法律法规也得以建立,如我国在2000年颁布了《工资集体协商试行办法》,其中要求代表职工利益的工会或职工代表就企业内部工资制度、工资收入水平和分配形式与企业代表进行平等协商,并在协商一致的基础上签订工资协议。此后,2004年,劳动保障部颁布新的《集体合同规定》,对集体协商的原则、内容、程序以及集体合同的审查做了明确规定,这意味着,决定工资的主体已经不再是国家和企业,而是企业和劳动者。

(3)国家宏观调控基本方式方法的改变

伴随市场经济体制的确立,政府对于企业的微观经济运行不再直接干预,而是侧重于从宏观上关注整个社会经济运行,并逐步实现权力下放。在工资管理体制上,这一时期,劳动部和相关部门也侧重于制定工资收入宏观指导体系,由企业在实际操作中进行严格遵守,而不再直接管理企业内部的工资分配。

首先,建立工资指导线制度。工资指导线是国家对企业工资分配进行宏观调控的一种制度。从1996年开始,我国在深圳、成都和北京开始进行工资指导线制度试点。其目的在于通过发布工资指导线,为企业合理确定工资水平和年度工资增长幅度提供可供遵循的标准,以实现对于社会平均工资和行业间工资分配关系的调节。1996年,劳动部、国家计委又发布《关于对部分行业、企业实行工资指导线办法的通知》,主要针对部分工资偏高行业、企业的工资发放进行控制,调节行业、企业职工工资水平,是缓解收入分配不公的有效方法。

其次,建立劳动力市场指导价位制度。劳动力市场指导价位制度,是指政府有关部门通过调查分析,根据大量的统计数据,对各类职业(工种)的平均工资水平进行定期公布的制度,以规范劳动力市场供需双方的行为,间接引导企业合理确定不同岗位职工的工资水平,以保护劳动者的合法权益,并形成企业内部科学合理的工资分配关系。

再次,建立企业人工成本预测预警制度。政府管理部门通过调查、收集、整理社会人工成本信息,建立企业人工成本检测指标体系,并定期向社会发布,对于人工成本偏高的企业进行预警,以有利于加强企业人工成本核算,促进企业内部分配约束机制的形成,提高企业的市场竞争能力。

最后,加强工资立法,建立最低工资制度,保护职工合法收入。1993年,劳动部发布《关于印发企业最低工资规定的通知》。1994年,我国颁布了新中国成立以来第一部保护劳动者合法权益的基本法律《劳动法》,其中也规定实行最低工资制度。同年,劳动部又发出《关于实施最低工资保障制度的通知》,使《劳动法》中有关最低工资的相关规定更加具体化。各省市也以此为依据,建立起最低工资制度。此后,劳动保障部、劳动部等相关部门也针对最低工资规定和用人单位的工资支付行为颁布了相关法律法规,以约束用人单位的工资分配行为,使之在工资分配上贯彻执行国家规定的相关标准,使我国的工资分配开始走向通过立法保护劳动者合法权益的道路。

这一时期,我国工资改革在取得重大成效的同时,也存在一些不足之处:第一,国家侧重于公有制企业工资制度改革,而忽视了民营企业工资制度的发展,民营企业诞生于改革开放之后,伴随非公有制经济的发展而逐渐形成,其内部的企业制度自诞生之日起就与市场经济体制相一致。民营企业的工资分配方式也是一种市场化的分配制度,企业职工的工资依靠市场机制的调节。但是,市场化的工资制度的实行需要成熟完善的劳动力市场的形成,而我国劳动力市场由于各种制度性壁垒的存在与历史遗留问题的作用,还尚未完全成熟,因此在民营企业中并没有形成全社会均衡的工资水平,工资决定机制的合理差距诱导作用也没有得到充分的发挥。长期以来,我国的工资制度改革也忽视了对于民营企业工资制度的管理,导致民营企业凭借在劳动力交易中资方的强大地位压低工资,导致工人工资水平长期偏低,在珠江三角洲地区甚至出现民营企业工人工资十二年未涨的现象。与此同时,民营企业内部工资分配制度没有形成规范的体系,同工不同酬、拖欠工资、克扣工资的现象时有发生。第二,工资制度的改革不到位。在工资分配权下放,增强企业自主性的同时,由于竞争因素和垄断因素的存在,以及国家忽视了对于企业工资的宏观调控与监管,使得行业工资呈现差距过大的现象,特别是处于垄断地位的国有企业职工工资增长过快,加大了社会收入分配不公。

4.社会主义市场经济体制下工资管理的新进展(2004年至今)

在企业工资管理方面。伴随我国市场经济的发展,国有企业自身也发生了巨大的变化,经过1990年代的深化改革,一部分国有企业完成了清算破产,一部分国有企业完成了产权清晰的股份制改造,另外还有一部分垄断性国企。这一时期,国有企业的分配着眼点已经由如何通过绩效挂钩普遍提高员工工资水平,转变为如何通过工资分配为企业在激烈的人才竞争中保留和吸引优秀员工,提升员工对于企业的认同感和归属感。因此,"工效挂钩"模式开始被利润分享模式所取代,各种员工持股入股、利润分红的员工利润分享制开始兴起。"国有企业的利润分享不同于非国有企业的利润分享,要处理好企业内员工利润分享比例与公众利润分享比例之间的关系。"①目前,企业工资率的确定需要根据劳动力市场上企业所需劳动力的价格,结合本企业的经营效益和生产计划,并综合政府关于工资的宏观管理规定,最终确定员工的工资标准。随着企业经营管理者在企业发展中的作用日益突出,虽然在20世纪90年代制定了企业经营者的年薪制度。但在具体执行中,仍然存在着企业高管薪酬过高、自主定价以及评级考核体系不完善等问题。2004年,我国开始在全面实施年度经营业绩考核的基础上对中央企业负责人实行年薪制度,初步解决了国有企业负责人的薪酬问题。但是,伴随近年来国有企业高管的"天价年薪"引起人们的关注,高管年薪制存在的管理漏洞也逐渐显现,因此,在2013年2月出台的《收入分配制度改革方案》中提出要将行政任命的国有企业高管人员的薪酬与其经营管理绩效和责任确定相挂钩,实行薪酬限高、薪酬延期支付和追索扣回的制度。并规定在企业内部,高管人员的薪酬增幅不应高于企业职工平均工资的增幅。

在机关和事业单位工资管理方面。2005年,国家启动新一轮的公务员工资制度改革,简化了过去的基本工资结构并增设级别。公务员基本工资构成由现行职务工资、级别工资、基础工资和工龄工资四项调整为职务工资和级

---

① 董克用:《中国转轨时期薪酬问题研究》,中国劳动社会保障出版社,2003年版,第205页。

别工资两项,取消了基础工资和工龄工资。此外,在清理规范津贴补贴的基础上,实施地区附加津贴制度,完善了艰苦边远地区津贴制度和岗位津贴制度,这就使工资制度适当向基层倾斜。经过改革后,初步建立了国家统一的、职务与级别相结合的公务员工资制度。此外,事业单位也展开了收入分配制度改革,初步建立符合事业单位自身运作特点的工资正常调整机制,并执行岗位绩效工资制度,实行工资的分类管理,并完善了事业单位引进高层次人才的收入分配激励机制。在提高居民工资收入方面,2012 年 11 月,在中共十八大报告中进一步提出了今后一个时期,"在发展平衡性、协调性、可持续性明显增强的基础上,实现国内生产总值和城乡居民人均收入比二○一○年翻一番"[1]的目标。

政府对工资的宏观调控也逐渐增强,在进一步完善工资指导线制度、劳动力市场价位制度等宏观工资管理机制的同时,更加注重从维护社会公平正义、缩小收入差距的角度调控群体间、行业间的工资发放标准,尤其更加注重保护农民工群体和低收入群体的合法权益。2006 年,国务院明确要求建立农民工工资支付保障制度,规定用人单位对农民工的工资支付负有直接责任。有的地区还建立了农民工工资支付保证金制度和农民工工资支付监控制度,以保障农民工群体的工资能够得到及时、足额的发放。在保护低收入者基本权益方面,最低工资标准的制定与调整出现新进展,从 1993 年我国出台最低工资规定至今,全国已有 31 个省、自治区和直辖市初步建立起了最低工资制度,为身处社会底层的劳动者提供最基本的工资保障。近年来,伴随收入分配不公现象的出现,党和政府注重提高居民收入在国民收入中所占比重,将最低工资制度作为健全工资增长机制的重要措施,对最低工资标准的调整给予高度重视。2012 年 2 月 8 日,在国务院发布的《促进就业规划(2012—2015年)》中提出,"十二五"期间,中国将形成正常的工资增长机制,职工工资收入水平合理较快增长,最低工资标准年均增长 13% 以上,绝大多数地区最低工资标准达到当地城镇从业人员平均工资的 40% 以上。在同年 6 月 11 日发布的《国家人权行动计划(2012—2015 年)》中也提出未来三年将稳步提高最低工资标准,最低工资标准年均增长 13% 以上,全面推行劳动合同制度的目标。2012 年全国共有北京、天津、深圳、山东、宁夏等 18 个省市先后调整了最

---

① 胡锦涛:《坚定不移沿着中国特色社会主义道路前进 为全面建成小康社会而奋斗》。

低工资标准。据统计,调整之后,深圳月最低工资标准为 1 500 元,在全国范围内为最高。2013 年 2 月在国务院批转的《深化收入分配改革若干意见》中提出要根据经济发展、物价变动等因素,适时调整最低工资标准,到 2015 年绝大多数地区最低工资标准达到当地城镇从业人员平均工资的 40% 以上,并研究发布部分行业最低工资标准。

二、近年来我国居民工资总额变动情况

工资总额的变动情况能够反映居民收入的大体变动趋势,并了解性质不同的各企业单位职工的工资总额在全部职工工资总额中的变动趋势,为单位制定工资标准提供参考。我们以表 5.1:1990—2011 年城镇单位就业人员工资总额为分析对象,从此出发考察我国职工工资总额的变动趋势。根据表5.1 分析可得:

1. 从 1990—2011 年,全国城镇单位就业人员工资总额大幅度提高,国民经济的持续快速发展也为居民工资总额的快速上升奠定了雄厚的经济基础。职工工资总额从 1990 年的 2 951.1 亿元提高到 2011 年的 59 954.7 亿元,提升了 20 倍。其中,国有企业职工工资总额从 2 324.1 亿元提高到28 954.8 亿元,城镇集体单位职工工资总额从 581.0 亿元提高到 1 737.4 亿元,其他单位职工工资总额从 45.0 亿元提高到 29 262.4 亿元。

2. 国有企业职工工资总额和城镇集体单位职工工资总额占全部职工工资总额的比重呈现缓慢下降的趋势。20 世纪 90 年代中期以后,伴随着建立现代企业制度改革方向的确立,国有和集体企业经历了股份制改造、企业改制等一系列改革,造成企事业单位和机关单位职工人数在总就业人数中的减少。国有企业职工工资总额占全部职工工资总额的比重从 1990 年的 78.7%逐渐下降到 2011 年的 48.2%,其中 1996 年和 2006 年所占的比重分别为76.8% 和 57.3%,由此可以看出其逐渐下降的趋势;城镇集体单位职工工资总额占全部职工工资总额的比重更是从 1990 年的 19.7% 下降到 2011 年的2%。其中,1995 年的比重为 14.6%,2000 年的比重为 8.6%,2008 年则下降到 3.4%。

3. 其他单位就业的职工工资总额占全部职工工资总额的比重呈现大幅提高。从 1990—2011 年,其他单位就业人员工资总额占全部职工工资总额的比重从 1.6% 提升至 48.8%,提升了 30 倍。这是由于伴随我国改革开放

和市场经济体制的推进,多种所有制类型的企业得到蓬勃发展,其在经济中所占比重也不断增大,使得其就业职工工资得到显著提高。

表5.1　1990—2011 年城镇单位就业人员工资总额　　单位:亿元

年份	工资总额			
	合　计	国有单位	城镇集体单位	其他单位
1990	2 951.1	2 324.1	581.0	46.0
1991	3 323.9	2 594.9	658.6	70.4
1992	3 939.2	3 090.4	743.2	105.6
1993	4 916.2	3 812.7	849.9	253.6
1994	6 656.4	5 177.4	1 023.3	455.6
1995	8 055.8	6 172.6	1 210.6	672.6
1996	8 964.4	6 893.3	1 269.4	801.7
1997	9 602.4	7 323.9	1 283.9	994.5
1998	9 540.2	6 934.6	1 054.9	1 550.7
1999	10 155.9	7 289.9	995.8	1 870.1
2000	10 954.7	7 744.9	950.7	2 259.1
2001	12 205.4	8 515.2	898.5	2 791.7
2002	13 638.1	9 138.0	863.9	3 636.2
2003	15 329.6	9 911.9	867.1	4 550.6
2004	17 615.0	11 038.2	876.2	5 700.6
2005	20 627.1	12 291.7	906.4	7 429.0
2006	24 262.3	13 920.6	983.8	9 357.9
2007	29 471.5	16 689.1	1 108.1	11 674.3
2008	35 289.5	19 487.9	1 203.2	14 598.4
2009	40 288.2	21 862.7	1 273.3	17 152.1
2010	47 269.9	24 886.4	1 433.7	20 949.7
2011	59 954.7	28 954.8	1 737.4	29 262.4

资料来源:中国统计年鉴(2012)http://www. stats. gov. cn/tjsj/ndsj/2012/indexch. htm,1990—1994 年数据根据历年统计年鉴整理得到。

第二节　我国收入分配制度的探索与发展

收入分配是经济社会发展中的重点问题,不仅关系着社会物质利益的实现,联系着人民的民生和民本,更牵动着社会公平和公正的实现。收入分配制度一直是与社会经济体制相联系的,伴随我国由计划经济体制向市场经济体制的转型,收入分配制度也经历了一个不断发展和完善的过程。

一、我国改革开放以前的收入分配制度

新中国是在半殖民地半封建社会的基础上建立起来的,在一个政治、经济、文化和社会发展都十分落后的国家如何建设社会主义、如何建成社会主义都没有既成的答案。在收入分配问题上,马克思和恩格斯所构造的,也只是对于未来社会收入分配模式的理论构造和模式设想,以毛泽东为代表的中国共产党第一代领导者依托对马克思主义基本理论的理解,以苏联的分配实践为参照,力求结合本国实际,在社会主义建设的实践中发展马克思和恩格斯的分配理论。

在新中国成立初期,毛泽东提出了新民主主义国家的分配原则是"公私兼顾、劳资两利",允许私人资本主义非劳动收入的存在,这一阶段,他认为"这种新式国家资本主义经济是带着很大的社会主义性质的,是对工人和国家有利的"[①]。在 1956 年社会主义改造基本完成以后,他在《论十大关系》中详细阐述了社会主义的分配问题,他指出社会主义国家要坚持国家、集体和个人利益三结合的物质利益原则,劳动者的收入要在经济增长的前提下有所提高。在社会主义建设初期,毛泽东强调分配不应拘泥于劳动者收入的完全平等,而要服从经济发展的需要。物质利益分配上的差别,即便是工资和利润的差别,只要有利于经济发展,都是合理允许的。物质分配要按照各尽所能,按劳分配的原则,而不是绝对的平均。1956 年我国实行了第二次全国性的工资改革,将供给制改为货币工资制,按劳分配的原则开始得到比较全面的贯彻,确立了按照技术、职务、行业、地区为参照标准的"按劳分配"制度,由

---

① 《毛泽东文集》第 6 卷,人民出版社,1999 年版,第 282 页。

于这一时期的按劳分配建立在单一的公有制基础之上,所以分配形式也过于单一,除了按劳分配之外,没有其他分配形式。

伴随所有制改造的完成,从 1958 年开始我国经济工作发生了"左"的偏向,毛泽东也转变了初期的分配思想,主张分配上的大体平均和集体福利并认为这种分配方式包含共产主义的因素,一时间"共产风"盛行。在分配政策上主要表现为倾向于平均主义,过分强调公平,把按劳分配之外的一切其他收入都被视为资产阶级生产关系或资产阶级生产关系产生的土壤。造成这一时期平均主义错误盛行的原因在于,忽视了马克思分配理论中收入分配原则最终要由生产力水平决定的原理,从而排斥非按劳分配方式的存在,以为只有坚持按劳分配,才是真正坚持马克思的收入分配理论。后来,为了纠正"大跃进"时期人民公社平均供给制的错误,毛泽东在 1958 年底提出要"保留适当工资制,保留一些必要的差别,保留一部分多劳多得"。之后,在他负责起草的《关于人民公社若干问题的决议》中,他指出社会主义和共产主义是经济发展不同的两个阶段,社会主义的分配原则是"各尽所能,按劳分配",共产主义的分配原则是"各尽所能,按需分配",实行按劳分配应允许工资差别的存在。毛泽东在 1959—1960 年《读苏联政治经济学教科书的谈话》中指出,既要反对平均主义,也要反对收入过分悬殊。

二、改革开放以来收入分配制度的探索与发展

改革开放以来,对应不同的历史背景和时代要求,我国对收入分配理论的探索和发展,主要经历了恢复、探索、建立和发展四个阶段。

(一)社会主义收入分配制度的逐渐恢复(1978—1987 年)

十年动乱给经济社会带来严重破坏,否定了社会主义的按劳分配原则,取消了计件工资制和奖励工资制,也破坏了工资的增资晋级体系。1978 年以后,中央决定进行按劳分配理论和工资实践上的拨乱反正,1978—1987 年国家在工资分配领域最主要的成就就是恢复了按劳分配原则。在 1978 年 3 月,第五届全国人民代表大会第一次会议通过的《中华人民共和国宪法》中,指出:"国家实行'不劳动者不得食','各尽所能,按劳分配'的社会主义原则。"刊登于 1978 年 5 月 5 日《人民日报》的特约评论员文章《贯彻执行按劳分配的社会主义原则》,从理论上论证了按劳分配的性质和作用,文章指出按劳分配是社会主义的原则,也是作为资本主义的对立物出现的,是社会主义

生产关系的一个重要方面。否定按劳分配,实际上就是否定社会主义公有制,否定社会主义生产关系。这篇文章受到邓小平的称赞,认为其正确说明了按劳分配的性质,帮助人们理清了按劳分配理论和实际工作中的一些大是大非问题,澄清了思想上的混乱。此外,邓小平明确指出,按劳分配就是按照劳动的数量和质量进行的分配,一定要坚持按劳分配的社会主义原则。

收入分配改革首先从农村开始,率先实行家庭联产承包责任制,"交够国家的、留足集体的、剩下全是自己的"便是对家庭联产承包责任制的生动诠释,将农民收入与其所付出的劳动直接挂钩,瓦解了人民公社体制下集体劳动为主的生产管理体制,明确划分了国家、集体和个人三者之间的关系,在提高生产效率的同时保证了分配的公平与公正,也极大地激发了农民生产的积极性。随后,中国经济体制改革开始转向城镇,国有企业的经营体制改革成为这一时期经济体制改革的主要内容。1980年,国家恢复了国有企业的计件工资制和奖励工资制,并开始对企业的工资实行工效挂钩制,企业开始根据自身经营特点探索适合各自实际情况的工资决定模式。20世纪80年代中期,在国有企业中也开始广泛推广和运用以承包为主的经营责任制。1984年,在中共十二届三中全会通过的《关于经济体制改革的决定》中提出要在贯彻按劳分配原则,拉开收入差距的同时,保证共同富裕。

这一时期社会主义按劳分配的制度得以恢复,在农村实行的家庭联产承包责任制的实施也被称之为农村收入分配制度改革的创举,确立了30年来农村收入分配的框架体系,极大提高了农民收入,1978—1987年间农民人均收入年均增长率高达12%,为农村经济工作的开展做出了巨大的贡献。在企业实行的工效挂钩制度也提高了职工生产的积极性,提高了企业的经济效益,初步改变了平均主义的"大锅饭"机制,为以后的收入分配体制改革奠定了良好基础。

(二)社会主义初级阶段收入分配制度的初步探索(1987—1992年)

1987年党的十三大确立了"一个中心,两个基本点"的基本路线,经济体制改革不断走向深入。与此同时,政府主导的收入分配体制的局限性日趋凸显。这一时期,中央开始探索与以公有制为主体,多种所有制经济共同发展的所有制结构相适应的收入分配制度。1987年中共十三大报告中明确提出,社会主义初级阶段的分配方式不可能是单一的,必须坚持以按劳分配为主体、其他分配方式为补充,除按劳分配和个体劳动以外,企业的债券利息、股份分红以及企业经营管理者的风险收入只要是合法的,就应当允许存在,同时也允许一部分人通过诚实劳动和合法经营先富起来。

这一时期的收入分配制度方面的主要成就就是确立了以按劳分配为主体,其他分配方式为补充的收入分配原则,并提出允许一部分人先富起来,最终达到共同富裕的目标。肯定其他方式获取收入的合法性,为以后按生产要素分配理论的提出做了铺垫。收入分配制度在此阶段所取得的理论和实践成就,是与十一届三中全会所确立的解放思想、实事求是的思想路线息息相关的,中国共产党人结合我国处于社会主义初级阶段的历史事实,创造性地深化和发展了马克思主义按劳分配理论。

(三)社会主义市场经济体制下收入分配制度的建立形成(1992—2002 年)

1992 年,邓小平的南方谈话把改革开放和现代化建设推向了新阶段。同年,中共十四大的召开明确指出我国经济体制改革的目标是建立社会主义市场经济体制。以此为标志,中国社会主义改革开放和现代化建设事业进入新的发展阶段。从 1992 年至 2002 年的十年,是我国市场经济体制改革向纵深发展的十年,这一时期中国共产党对于收入分配体制的思考,是如何初步建立与社会主义市场经济体制相适应的收入分配制度。

1992 年 10 月,中共十四大召开。报告中明确指出,"在分配制度上,以按劳分配为主体、其他分配方式为补充,兼顾效率与公平。运用包括市场在内的各种调节手段,既鼓励先进,促进效率,合理拉开收入差距,又防止两极分化,逐步实现共同富裕"[①]。与十三大相同,十四大报告中也提出要允许一部分人通过诚实劳动和合法经营先富起来,实现先富带后富,最终实现共同富裕。在 1993 年,十四届三中全会通过的《中共中央关于建立社会主义市场经济体制若干问题的决定》中,首次对个人资本参与分配做了明确规定并指出:"国家依法保护法人和居民一切合法收入和财产,鼓励城乡居民储蓄和投资,允许属于个人的资本等生产要素参与收益分配。"

1997 年中共十五大报告中提出在我国社会主义市场经济体制下,以按劳分配为主,把按劳分配和按生产要素分配结合起来,允许和孤立资本、技术等

---

① 江泽民:《加快改革开放和现代化步伐,夺取中国特色的社会主义事业的更大胜利》。

生产要素参与收益分配,允许和鼓励一部分人通过诚实劳动和合法经营先富起来。此项决定解决了把社会主义基本经济制度与市场经济结合起来的问题。十五大第一次把"其他分配方式"概括为"按生产要素分配",这样就把长期看作是私有制和资本主义产物的分配方式同社会主义的分配方式结合起来,实现了理论创新的巨大突破。

2002年中共十六大报告进一步提出,要完善按劳分配为主体、多种分配方式并存的分配格局,确立劳动、资本、技术和管理等生产要素按贡献参与分配的原则。中共十六大是在我国社会主义市场经济初步建立的条件下召开的,其对于收入分配理论的贡献主要有两点:首先,在报告中将过去"保护合法收入"的说法进行了具体化和明确化的阐释,首次提出要保护一切合法的劳动收入和合法的非劳动收入。由于在马克思生活的时代脑力劳动对于社会生产的促进作用还不明显,只有为资本家生产剩余价值和为资本增值提供劳动的工人才算是生产工人,随着科学技术的发展,脑力劳动者日益在生产力发展过程中做出越来越多的贡献,科学技术、管理能力、资本技术等都应该作为生产能力得到重视。只有保护一切合法的劳动收入与非劳动收入,才能够让一切劳动、知识、技术、管理和资本的活力竞相迸发,调动一切财富创造因素的积极性,让一切财富的源泉充分涌流。其次,在报告中提出要坚持"效率优先,兼顾公平",在提倡风险精神、落实分配政策的同时,政府又要注重再分配过程中的"控高、提低和扩中",逐步实现全体人民的共同富裕。

这一时期收入分配制度方面的主要成就是逐步建立起与社会主义市场经济体制相配套的收入分配制度,明确了劳动、资本、技术和管理等生产要素按贡献参与分配的原则,并明确提出了初次分配注重效率,再分配注重公平的收入分配政策,收入分配机制日臻完善,收入分配框架得以基本形成。

(四)社会主义市场经济体制下收入分配制度的新发展(2002年至今)

进入21世纪以来,伴随着各种生产要素参与分配的形式与内容的不断丰富,居民的收入来源也日益多元化,在收入分配领域涌现的最突出的问题就是居民收入差距日益扩大的问题,严重威胁社会的安定与和谐。温家宝提出:"当前,收入分配问题已经到了必须下大力气解决的时候。"①为此,采取措施缩小差距、统筹发展成为进入21世纪以来我国收入分配领域的主要

① 温家宝:《关于发展社会事业和改善民生的几个问题》,《求是》2010年第7期。

任务。

2003 年,在中共十六届三中全会通过的《中共中央关于完善社会主义市场经济体制若干问题的决定》中指出,要整顿和规范分配秩序,着重解决社会成员间收入差距扩大的问题。要坚持共同富裕的目标,扩大中等收入者比重,提高低收入者收入水平,调节过高收入,取缔非法收入。

2007 年中共十七大报告更加侧重于从"效率"与"公平"入手阐述收入分配问题,报告指出国民收入的初次分配和再分配都要处理好效率与公平的关系,再分配更加注重公平,并认为合理的收入分配是社会公平的重要体现。要逐步提高居民收入在国民收入分配中的比重,提高劳动报酬在初次分配中的比重,创造条件让更多群众拥有财产性收入,"努力使全体人民学有所教、劳有所得、病有所医、老有所养、住有所居,推动建设和谐社会"[1]。在收入再分配方面,这一时期政府加大了对农村、教育和社会保障体系的公共财政投入,并采取全面取消农业税、增加粮食直补、良种直补、农机具补贴和生产资料补贴的方式千方百计促进农民增收。2012 年中共十八大报告进一步指出,目前城乡区域发展差距和居民收入分配差距仍然较大,要增加居民收入,实现发展成果由人民共享,必须深化收入分配制度改革,努力实现居民收入增长和经济发展同步、劳动报酬增长和劳动生产率提高同步,提高居民收入在国民收入分配中的比重,提高劳动报酬在初次分配中的比重。在初次分配阶段和再分配阶段都要兼顾效率和公平,再分配更加注重公平。完善劳动、资本、技术、管理等要素按贡献参与分配的初次分配机制,加快健全以税收、社会保障、转移支付为主要手段的再分配调节机制。深化企业和机关事业单位工资制度改革,推行企业工资集体协商制度,保护劳动所得。多渠道增加居民财产性收入。规范收入分配秩序,保护合法收入,增加低收入者收入,调节过高收入,取缔非法收入。

2013 年 2 月,《收入分配制度改革方案》最终出台。方案提出要继续完善初次分配机制,加快健全再分配调节机制,建立健全促进农民收入较快增长的长效机制和推动形成公开透明、公正合理的收入分配秩序。力争到 2020 年实现城乡居民人均实际收入比 2010 年翻一番,收入分配差距逐步缩小,逐步形成"橄榄型"的分配结构,使合法收入得到有力保护,过高收入得到合理

---

① 胡锦涛:《高举中国特色社会主义伟大旗帜,为夺取全面建设小康社会新胜利而奋斗》。

调节,隐形收入得到有效规范。并逐步提高居民收入在国民收入分配中的比重、劳动报酬在初次分配中的比重,使社会保障和就业等民生支出占财政比重得到明显提升。此次收入分配制度改革的意见要点主要包括:(1)继续完善初次分配机制。完善劳动、资本、技术、管理等要素按贡献参与分配的初次分配机制,促进就业机会公平,健全职业培训制度提高劳动者职业技能,采取措施促进中低收入职工工资合理增长,加强国有企业高管薪酬管理,完善机关事业单位工资制度,健全技术要素参与分配机制,多渠道增加居民财产性收入,建立健全国有资本收益分享机制,完善公共资源占用及收益分配机制等。(2)加快健全再分配调节机制。加快健全以税收、社会保障、转移支付为主要手段的再分配调节机制,集中更多财力用于保障和改善民生。健全公共财政体系,完善转移支付制度,调整财政支出结构,大力推进基本公共服务均等化。加大税收调节力度,改革个人所得税,完善财产税,推进结构性减税,减轻中低收入者和小型微型企业税费负担,形成有利于结构优化、社会公平的税收制度。全面建成覆盖城乡居民的社会保障体系,按照全覆盖、保基本、多层次、可持续方针,以增强公平性、适应流动性、保证可持续性为重点,不断完善社会保险、社会救助和社会福利制度,稳步提高保障水平,实行全国统一的社会保障卡制度。

这一时期的收入分配改革呈现出其独特的时代性特征,科学发展观和和谐社会的理念贯穿在收入分配改革之中。在国民经济持续快速发展的同时,人们更加注重收入分配不公等社会问题,更加关注低收入群体的基本生活保障问题。政府的职能与作用开始向公共服务型回归,加大了对于地区间、群体间收入差距的调控力度,积极运用政府的财政转移支付手段和政策手段,使政策措施向边远地区和贫困地区倾斜。这一时期,垄断行业的过高收入、灰色收入以及企业与机关事业单位的福利保障待遇差距,一直为人们所诟病,这些都成为今后一个时期收入分配制度改革的重点。

综合以上论述,我国的收入分配制度改革始终与我国的社会主义市场经济体制的建立和发展相伴随。在计划经济体制下的收入分配实行平均主义,职工干多干少一个样,干好干坏一个样,阻碍了人们生产工作积极性的发挥。在改革初期,我国实行工资的"工效挂钩"制度,将人们的工资收入与劳动绩效直接挂钩,劳动者的工作热情得到激发。伴随改革开放的深入推进,收入分配开始肯定其他分配方式的合理性与合法性。伴随着我国非公有制经济的发展,与以公有制为主体,多种所有制经济共同发展的基本经济制度的确立,收入分配原则调整为以按劳分配为主体,多种分配方式并存。随着科技在生产力发展中地位的上升,劳动、资本、技术和管理等生产要素对社会生产的贡献力量日益突显,收入分配原则进一步演变为以按劳分配和按生产要素分配相结合,生产要素按贡献参与分配。

国民收入分配包括初次分配和再分配两个环节。市场经济下的初次分配是指在创造国民收入各部门(或收入主体)之间的分配,主要是将生产成果在各要素提供者以及政府之间进行的分配。主要以劳动者获得工资、投资者或企业获得利润、政府获得税收的形式实现。国民收入再分配是指在初次分配基础上进行的单方向的收入转移,主要以财政转移支付、提供公共产品、社会保障等形式实现,是政府实现社会管理者职能,维护社会公平所必要的手段。

第三节　我国工资及收入分配的现状与特点

改革开放以来,我国经济建设取得重大成就,人民生活水平得到大幅度提高,居民收入显著增长。企业的薪资管理与国家的收入分配制度也是直接关系到人民群众切身利益的重大问题。而中国当前正处于转型期,社会矛盾不断涌现,研究当前我国工资及收入分配的现状及特点,对于了解当前居民收入分配中所存在的问题并制订相应的解决方案具有重要意义。

一、工资在国民收入分配中所占比重下降,最低工资保障功能不到位

近十年来,随着我国经济社会的平稳发展,"经过多年高速积累,我国居民财产总值已达 16.5 万亿美元,成为全球第三大财产来源地,仅次于美国(54.6 万亿美元)及日本(21 万亿美元)"[1]。居民收入得到显著提高,但是在我国国民收入分配中仍然存在一些突出问题,突出表现为我国居民工资在国民收入分配中所占比重下降,劳动收入的相对量仍然偏低,有进一步提升的空间。

首先,从宏观上看,在国民收入分配格局中初次分配劳动报酬占比连续

---

[1]　财政部财政科学研究所课题组:《影响收入分配关系的五个问题与八点建议》,《经济社会体制比较》2012 年第 2 期。

下降。国民收入分配格局指在整个国民收入中,政府、企业和居民三者收入的比例。国内生产总值(GDP)分配的合理与否,直接关系到各主体间利益的此消彼长,并直接影响国民经济的持续、稳定发展。然而,近年来,在我国GDP的分配总量中,呈现出政府和企业所得份额比重逐渐提高,而劳动收入占比下降的现象。政府财政收入由2000年占国内生产总值13.5%增加到2010年的21%,企业税后利润占GDP的比重由2001年的8%增加到2010年的13%。而据统计,自2000年开始,我国城镇居民收入总额与农村居民可支配收入总额之和占国内生产总值的比重,由2000年占比47.4%下降到2008年的43.3%,下降了4.1个百分点。[1] 1990—2007年,我国职工工资总额在国内生产总值中的比重也从15.32%降至10.78%。[2] 在市场经济体制成熟的国家,劳动报酬总额占国内生产总值的比重是比较高的,美国占70%左右,其他国家约占54%~65%。[3]

其次,从微观上看,我国企业中广泛存在着"利润侵蚀工资"的现象,造成劳动报酬在国民收入初次分配中的比重偏低。根据2004—2010年的经济数据,我国GDP总量从13万亿元增长到33万亿元,增加了150%左右。有些企业经济效益连年翻番,增长速度超过100%,而全国的城镇职工平均工资增加不到90%,农民工的工资只增加了50%左右,只是GDP增长的1/3,有些工人工资还停留在十年前水平。此项数据一方面说明企业利润的增长要快于农民工工资的增长。雇主通过压低或拖欠职工(特别是农民工)工资、不执行最低工资标准或不为职工缴纳基本保险金的方式,压低职工劳动收入获取高额利润。另一方面说明,从整个经济或者企业的发展情况看,经济发展速度的提高要快于劳动收入的提高。城乡居民的收入增长速度跟不上经济增长速度,或通胀速度。

除此之外,最低工资制度所发挥的作用欠佳,也影响我国低收入者劳动收入的切实增长。所谓最低工资制度,是国家通过一定立法程序所规定的、为保障劳动者在履行必要的劳动义务后应获得的维持劳动力再生产的最低工资收入的一种法律形式。其中,最低工资标准,即用人单位依法应支付的

① 王学力:《当前我国工资收入分配存在的问题暨政策建议》,《中国劳动》2010年第10期。
② 于桂兰、宋冬林:《我国劳动力价值实现程度与劳动争议关系的实证研究》,《马克思主义研究》2009年第6期
③ 白暴力:《让城乡居民收入稳步增长》,人民出版社,2008年版,第48页。

最低劳动报酬,最低工资制度是我国目前保障低收入者收入的重要措施。自我国实行最低工资保障制度以来,目前已经有31个省、自治区、直辖市颁布并实施了最低工资标准。虽然近几年我国最低工资标准呈现上调趋势,但与国际经验相比,我国在最低工资标准制定方面仍存在着最低工资基数偏低、调整幅度落后于经济发展速度的情况。影响最低工资标准确定的因素有很多,包括综合考虑社会总工资水平、生活费用及变动情况、社会保障津贴与其他经济方面因素等。若从平均工资与人均GDP两项来对我国最低工资标准进行分析:首先,从最低工资标准与平均工资水平关系来看,世界上多数国家的最低工资相当于社会平均工资的50%至70%,国际经验为40%~60%。而以我国2008年全国职工平均年工资水平29 229元为例,如果按照55%的标准制定最低工资,则最低工资应该达到1 300元,从表5.2来看,在2008年还没有省份达到这一标准。其次,从最低工资与人均GDP的关系来看,据统计资料显示,1994—2008年,除海南外,我国各省市最低工资的年均增长率均低于人均GDP的年均增长率,平均低幅为4.59个百分点。[①] 从世界上来看,世界最低工资平均是人均GDP的58%,而中国目前的最低工资只有人均GDP的25%,此项数据表明我国劳动者并未能分享到经济发展的成果,我国劳动力价值存在被压低的现象。另外鉴于部分私营企业中存在剥削现象,考虑到劳动者基本生存的需要,我国的最低工资标准也应尽可能提高。在今年2月初国务院批转的《关于深化收入分配制度改革的若干意见》中指出,要根据经济发展、物价变动等因素,适时调整最低工资标准,到2015年绝大多数地区最低工资标准达到当地城镇从业人员平均工资的40%以上。由此释放了今后最低工资标准制定的积极信号,将会有力地增加低收入者收入,保障低收入者权益。

表5.2　2004—2012年部分地区最低工资标准　　　　　　元/月

城市	2004年	2005年	2006年	2007年	2008年	2009年	2010年	2011年	2012年至今
北京	545	580	640	730	800	800	960	1 160	1 260

---

　　① 刘家珉、林原:《从马克思劳动力价值与工资理论看现实经济危机》,中国经济出版社,2010年版,第212页。

表 5.2　2004—2012 年部分地区最低工资标准(续)

城市	2004 年	2005 年	2006 年	2007 年	2008 年	2009 年	2010 年	2011 年	2012 年至今
天津	530	590	670	740	820	820	920	1 160	1 310
浙江	620	670	750	750	850	960	1 100	1 310	1 310
江苏	540	620	690	750	850	850	960	1 140	1 140
上海	635	690	750	840	960	960	1 120	1 120	1 450
广东	510	684	780	780	860	860	1 100	1 300	1 300
深圳	610	690	810	850	1 000	1 000	1 100	1 100	1 500

　　注:表中北京、上海的最低工资自实施之日起采用统一标准。表中广东的数据中不包括深圳市,表中各地区最低工资标准数值为当地最低工资标准的最高值。

　　资料来源:根据各省统计年鉴及人力资源和社会保障网公布的数据整理。

　　尽管目前阶段我国制定的最低工资标准仍然偏低,但是在实际执行中仍然困难重重。企业落实不力、政府监管不严等问题时有发生,致使有些地区最低工资标准的具体落实效应显现不明显,降低了制度的预期效果。最低工资标准执行困难,背后的深层次根源是劳资双方力量的不均衡,资强劳弱、资方侵蚀劳方利益的情况在我国仍然广为存在。大量的农村剩余劳动力进城就业,使得劳动力的供给远远大于需求,再加上底层劳动者通常以在农村时的收入作为参照来确定其自身的保留工资,所以他们比较容易接受较低标准的工资,由于劳动力供给大于需求现象的存在,对于低工资的心理接受力又会在底层劳动者之间互相影响。另外,目前我国农民工的维权行为也存在成本高、回馈时间长的问题,再加上其自身维权意识淡薄,这就使企业规避最低工资标准的做法具有隐藏性。

二、工资收入分配差距较大,工资增长呈现"马太效应"

　　伴随工资分配由计划经济时期的国家统一计划为主,到市场经济时期以市场配置为主,工资的分配也经历了由"大锅饭"的完全平均到逐渐拉开差距的过程。尤其是各生产要素可以按贡献参与分配以后,居民的收入差距更是呈现两极分化的趋势。这种两极分化现象的背后,表明不同群体对于社会经济发展成果的分享仍存在巨大差异。在工资的增长方面,也存在着工资越高者,工资增长越快,工资越低者,工资增长越慢的"马太效应"。

（一）工资收入分配具有较大差距

1. 不同地区之间的工资水平差距明显

不同地区间工资分配差距,首先表现为经济发达的东部地区与不发达地区的工资水平差距。长期以来,我国区域经济发展不平衡,东、中、西部地区经济发展存在较大差异,居民收入也存在较大差距,东部地区的居民收入水平普遍高于中西部地区。国家统计局调查资料显示:2010 年,东、中、西部地区城镇居民人均可支配收入,东部地区为 23 272.83 元,中部地区为15 962.02元,西部地区为 15 806.49 元,东部和西部两个数据相差 7 466.34元,东部为西部的 1.47 倍。近年来,虽然各地区之间工资的绝对差仍在不断加大,但是其相对值却呈现逐渐降低的趋势。这一方面与中央政府和地方政府的区域经济发展规划和惠民政策相关,另一方面,东部发达地区发展到一定程度后,随着人工成本的上升和中、西部崛起计划的实施,一些产业也会逐渐实现区域转移,从而带动后经济欠发达地区的经济发展。

其次,不同地区之间工资水平的差距,还表现为城乡居民之间的收入差距。由于我国长期存在的二元经济结构,使得城市的经济社会发展水平和速度均快于农村。如表 5.3 所示,城市居民和农村居民的收入差距一直较大,且这种差距还呈现出逐年扩大的态势。根据数据可知,2006 年、2007 年、2009 年我国城乡居民收入的差距为 3.3 倍,2003 年、2004 年城乡居民差距为3.2 倍,而根据国际经验,世界上多数国家城乡收入比率为 1.5∶1,这一数据超过 2 已属罕见。

城乡收入差距处于较大状态,一是由于城镇居民劳动收入高于农村居民;二是由于城镇居民财产性收入高于农村居民财产性收入。改革开放以来,农民工成为中国民营经济新工人群体的重要组成部分。工资收入占农村居民家庭收入的比重也逐年提高。"1984—1996 年,我国农民工工资收入占农村居民家庭纯收入的比重从 17.17% 提高到 23.59%。到 2008 年,这一比重又进一步上升到37.42%。"[①]农民工工资收入的高低将直接影响农村家庭收入总水平,影响到农村居民消费水平的高低。然而,由于农民工大多在劳

---

① 　程恩富、胡靖春、侯和宏:《论政府在功能收入分配和规模收入分配中的作用》,《马克思主义研究》2011 年第 6 期。

动密集型企业就职,工资水平长期偏低且其享受的社会福利待遇与保障水平
也与城市居民相差甚远。农民工工资基数较低,收入增长缓慢,导致城乡居
民收入差距扩大。在财产性收入方面,我国农村集体建设用地和农村居民的
宅基地(使用权)的流转受到诸多限制,既不能买卖和抵押,也不能自由上市
流转,大量的土地和房屋长期荒废,农民无法获得相应的财产性收入,进一步
拉大了城乡收入差距。

表5.3　1978—2011年中国城乡家庭人均收入水平比较　　单位:元

年 份	城镇居民家庭 人均可支配收入	农村居民家庭 人均纯收入	城乡居民 人均收入差距
1978	343.4	133.6	209.8
1980	477.6	191.3	286.3
1985	739.1	397.6	341.5
1990	1 510.2	686.3	823.9
1995	4 283.0	1 577.7	2 705.3
2000	6 280.0	2 253.4	4 026.6
2001	6 859.6	2 366.4	4 493.2
2002	7 702.8	2 475.6	5 227.2
2003	8 472.2	2 622.2	5 850.0
2004	9 421.6	2 936.4	6 485.2
2005	10 493.0	3 254.9	7 238.1
2006	11 759.5	3 587.0	8 172.5
2007	13 785.8	4 140.4	9 645.4
2008	15 780.8	4 760.6	11 020.2
2009	17 174.7	5 153.2	12 021.5
2010	19 109.4	5 919.0	13 190.5
2011	21 809.8	6 977.3	14 831.7

资料来源:中国统计年鉴(2012)http://www.stats.gov.cn/tjsj/ndsj/2012/indexch.
htm,引用至本书时做了部分删减。

2.不同行业之间的工资收入差距过大

我国行业之间收入差距,是指不同行业从业人员的收入差距,主要体现在具有垄断性质的行业,如金融、石油、烟草、通信等行业职工的平均收入远高于其他行业职工的平均收入,呈现"收入畸高"的现象。如表5.4所示,从国有单位来看:2011年,我国金融行业平均工资为全国最高,为74 650元,其次为科学研究、技术服务和地质勘查业,平均工资为60 316元。分别是当年全国国有单位就职职工平均工资43 483元的1.71倍和1.38倍。如果与2011年国有单位平均工资最低的行业农、林、牧、渔业19 253元相比,平均工资最高的两个行业分别是平均工资最低行业的3.88倍和3.13倍。此项统计数据为行业职工所得平均工资水平,若再加上住房、工资外收入和职工福利等隐性收入,实际收入差距可能在5～10倍。2005年,我国电力、电信、石油、金融、水电气供应、烟草等垄断性行业的职工约为833万人,不到全国职工总数的8%,但其行业工资和工资外收入总额估算为1.07万亿元,相当于当年全国职工工资总额的55%。[①] 垄断行业诸如航天科技事业由于其独有的对技术、资源的高要求从而取得高收入无可厚非,然而公众之所以对于垄断行业的高收入有诸多意见,主要源于行政垄断性行业或监督缺位的自然垄断行业,其高收入在很大程度上并非完全取决于其自身的贡献或绩效,而是取决于其对于资源、市场的垄断以及国家政策的保护。行业间收入差距持续扩大将严重影响劳动者生产工作积极性,影响我国经济总体运行状况。

表5.4　按行业分城镇单位就业人员平均工资（2011年）　单位:元

项　目	合　计	国　有单　位	城镇集体单位	其　他单　位
全国总计	41 799	43 483	28 791	41 323
按国民经济行业分组				
农、林、牧、渔业	19 469	19 253	21 887	23 851
采矿业	52 230	53 387	30 114	52 703
制造业	36 665	43 031	25 031	36 360
电力、燃气及水的生产和供应业	52 723	53 333	36 122	52 377

---

① 王小鲁:《灰色收入与居民收入差距》,《中国税务》2007年第10期。

表 5.4　按行业分城镇单位就业人员平均工资（2011 年）（续）

项 目	合 计	国有单位	城镇集体单位	其他单位
建筑业	32 103	36 071	25 027	32 097
交通运输、仓储和邮政业	47 078	47 318	24 927	48 362
信息传输、计算机服务和软件业	70 918	50 401	40 344	81 005
批发和零售业	40 654	41 337	19 982	42 596
住宿和餐饮业	27 486	28 756	23 327	27 313
金融业	81 109	74 650	52 984	88 882
房地产业	42 837	43 814	29 661	43 183
租赁和商务服务业	46 976	39 447	24 499	60 406
科学研究、技术服务和地质勘查业	64 252	60 316	47 764	76 446
水利、环境和公共设施管理业	28 868	28 812	20 987	33 331
居民服务和其他服务业	33 169	36 923	24 834	30 287
教育	43 194	43 436	36 355	38 912
卫生、社会保障和社会福利业	46 206	47 185	37 853	38 803
文化、体育和娱乐业	47 878	48 690	30 051	44 958
公共管理和社会组织	42 062	42 230	35 277	23 891

资料来源：中国统计年鉴（2012），http://www. stats. gov. cn/tjsj/ndsj/2012/indexch. htm。

3. 不同所有制单位之间工资差距也在逐渐扩大

经济类型收入差距也会通过工资差距来显现。通过表 5.4 可知,2011 年全国按行业分城镇单位就业人员的平均工资,国有单位为 43 483 元,城镇集体单位为 28 791 元,其他单位为 41 323 元,其中,城镇集体单位就职员工的平均工资远低于 2011 年全国城镇就业人员的平均工资 41 799 元。值得注意的是,即便是同一行业,由于所属的经济类型不同,行业工资也有一定差距。以金融业为例,国有单位、城镇集体单位和其他单位三个类型中平均工资分别是 74 650 元、52 984 元、88 882 元。且如果联系近几年的按行业分全国城镇单位就业人员平均工资,就会发现不同所有制单位之间的工资差距还在呈扩大的趋势。由此可见,我国职工工资收入的高低与从业单位的所有制性质有很强的关联性。依目前情况来看,以国有单位平均工资水平为最高。

4. 行业内部、企业内部工资差距呈扩大趋势

企业内部高级管理人员与普通员工的收入差距也成为导致群体间收入差距拉大的重要因素。企业高级管理人员在企业经营中,运用其智力以及能力等要素参与企业决策,对于企业的经营和发展起着重要作用,其收入维持在一个较高的水平也是合理的。但是,近年来,有些国企或部分行业高管凭借其垄断地位,以及工资分配自主权和不平等竞争手段,利用我国高管工资约束管理法规体系不健全的空隙,自行制定远超过工资体系的高水平工资,违背按生产要素分配原则。部分行业高管人员年薪水平已经脱离我国国情,甚至有失控危险。"据不完全统计,2009 年金融保险行业上市公司前三名高管薪酬均值已经达到 692 万元"①,为 2009 年城镇非私营单位在岗职工年平均工资水平的 211 倍,严重拉大居民收入差距。

(二)工资增长具有明显的"马太效应"

马太效应(Matthew Effect)是心理学名词,主要是指强者愈强、弱者愈弱的现象。在我国的工资管理中,也存在"马太效应",主要表现为工资越高者,工资增长越快;工资越低者,工资增长越慢的现象。

1. 工资基数高的行业,工资增长的幅度要高于工资基数低的行业

工资基数高的行业,例如金融业,工资基数低的行业,例如农林牧渔业。从 1999—2011 年的十二年间,农林牧渔业的平均工资从 4 832 元增加到19 469元,增加了 14 637 元,增长后的平均工资是原来的 4 倍;金融业的平均工资从 12 046 元增加到 81 109 元,增加了 69 063 元,增长后的平均工资是原来的 6.7 倍。由此可见,工资基数本来就低的农林牧渔业在工资增长幅度方面要低于工资基数偏高的金融业。按照这样的发展趋势,行业间的工资差距还会进一步拉大。

2. 身份不同的职工之间工资增长呈现"马太效应"

首先,从城镇职工与农民工工资增长的关系来看。根据 2012 年国家统计局统计资料显示,改革开放以来,我国城镇职工的平均工资收入从 1978 年的 615 元增加到 2011 年的 41 799 元,增长了近 68 倍。而农民工的工资水平

---

① 阮晓琴:《金融业超高薪松动 高管薪酬分化有所收敛》,上海证券报,2010 年 04 月 30 日。

却没有得到相应的增长。国务院研究课题组的调研结果显示,从 20 世纪 90 年代至 2006 年,珠三角生产总值年均增速超过 20%,而当地农民工的月工资在十二年间仅仅增长了 68 元。如果扣除物价上涨因素,实际为负增长。虽然近几年沿海地区出现了"民工荒",用人单位提高了用工的工资标准。但是如果连同前几年一直未涨的工资一并计算,农民工的工资增长率也不会赶上城镇职工工资增长速度,更何况,农民工由于受教育水平低、维权意识薄弱,其所在的民营企业大多没有建立健全的工资增长机制和工资发放的规范体系,农民工的工资增长还存在较大程度的不稳定性和随意性。

其次,从企业内部来看,企业高层管理者实行"年薪制",其工资制定具有较大的随意性,且近几年,企业高管的工资呈现出过高趋势,而企业普通职员的工资收入则与企业高管相比还有较大差距,在工资增长速度方面则更是落后于企业高层管理者的"年薪"增长速度。

三、分配秩序混乱,分配制度不健全

在我国市场化改革的过程中,由于过多的市场监管和部分政策的不一致性,使得部分掌握有行政、经济等权力的官员或工作人员背靠公权力,利用其掌握的稀有资源,通过权力寻租,形成以灰色收入、灰色资本和灰色暴利为主体的灰色权力地带,牟取巨额经济利益,成为权贵阶层,严重影响了国家整体利益格局,加剧贫富冲突和劳资冲突。近几年,权力寻租现象还呈现出愈演愈烈的趋势,主要表现为权力寻租的行政级别越来越高且租金规模也越来越大,据《中国经济周刊》2012 年 6 月 5 日报道,从 2000 年到 2011 年,中国十二年间共抓获外逃职务犯罪的逃犯达 18 487 人,缴获的赃款等共计 541.9 亿人民币。"部门权力利益化,部门利益个人化,个人利益商品化已成为权力寻租者的潜规则。"[①]另外,在一些企业中,企业职工还存在着高于工资的工资外收入,诸如各种名目的福利补贴、业务费、创收分成等,也构成对外保密的"灰色收入"。灰色收入是没有按照各种生产要素贡献而合理分配的社会财富,将严重扭曲我国国民财富分配格局,在社会上造成错误的价值导向,对劳动者心理和整个社会心态造成消极影响,助长不正之风,进一步拉大不合理、不公平的收入差距。

---

① 郭飞:《我国当前个人收入分配的主要问题与对策》,《教学与研究》2010 年第 2 期。

造成我国目前收入差距扩大、分配秩序混乱的原因是多方面的,主要原因在于分配制度的不健全。初次分配中,居民收入在国民收入分配中所占比重偏低,而政府财政收入所占比重偏高,再分配过程中,消费性支出占政府支出比重较大,而保障性支出所占份额较低,而保障性支出的内容主要是政府用于对落后地区的财政转移支付,以及支农支出、教育支出、保障支出以及医疗支出,此项支出在政府支出中所占比重越高,低收入者所获的转移支付就越多。而我国目前财政支出以消费性支出为主,所占比重大约达65%以上,而保障性支出所占份额大约仅占10%。政府财政支出的方向、结构是缓解收入分配差距的有力工具,今后我国政府支出必须重视降低消费性支出,增大对科教、农业、医疗以及社会保障的支出力度。另外,在我国的要素资源配置和要素价格形成机制中,市场的基础性调节作用不健全,资源、要素形成机制中非市场因素干扰较多,没有形成充分的市场竞争,使得部分垄断行业获取高额垄断利润,也形成了收入分配领域中的不合理收入。

四、企业工资制度执行不力,监管机制不健全

近年来,农民工欠薪现象一直是社会关注的焦点问题,各新闻媒体也经常报道有关总理为农妇讨薪、由于欠薪引发的群体性事件等新闻案例,这些事实都反映了企业工资制度执行不力,没有按照国家工资指导线的要求并根据企业内部的薪酬标准体系按时足额发放工资,尤其是对于农民工的工资拖欠,这一问题如不解决,将严重威胁社会稳定。再加上农民工维权意识薄弱、议价能力低下,而一些企业则利用其在当地的优势,运用其掌握的政治、人脉方面的资源则更容易对农民工进行不公正的对待。

企业工资制度执行不力还体现在企业主制定的企业内部薪酬标准低于国家行业工资指导线的要求,或变相规避政府相关工资制度。以最低工资制度的执行为例,根据韩兆洲《广东省最低工资研究》课题组调研结果显示,在广州市被调研企业中,有30%的一线工人认为,本企业职工工资有低于最低工资标准的情况,有将近55.9%的职工没有听说过最低工资标准,甚至有16.7%的企业老板认为最低工资标准偏高,在执行中采取措施规避最低工资标准,例如在企业内部施行计件工资制和提成工资制,以达到变相规避最低工资的目的,还有的企业把本不属于最低工资范畴的加班费、津贴费甚至住宿费和午餐费列入最低工资,表面上看工资总和达到了最低工资标准,但实

际上却没有执行本地区最低工资标准。

　　同时,当地政府对于民营企业监管不力,监管机制的不健全也降低了雇主违反工资制度的成本。雇主违反工资制度的机会成本主要来自规避制度后将受到的惩罚,以及受到处罚的概率。而在我国当前相关的劳动法律法规中对于企业规避制度的处罚是很低的,也没有对于劳动者的高额赔偿金。对于地方劳动行政部门而言,面对大范围的企业监管,也因其力量有限而显得力不从心。当地政府官员片面追求政绩,也放松了对于企业的监管。劳动者维权成本较高,而企业规避制度的成本较低,由此造成企业工资制度执行不力。

第六章　马克思工资理论指导下的
我国收入分配关系调整

　　马克思的工资理论以劳动价值论为基础,是剩余价值学说的重要组成部分,其理论内涵对于我国当前进行工资改革及收入分配关系调整具有重要的指导价值。虽然伴随市场经济的发展,特别是我国由计划经济体制向市场经济体制的转型,出现了一些与马克思写作《资本论》时代所不同的新情况,但其所主张的基本理论与基本方法仍然是分析我国现实问题的理论基石。我们既要以马克思工资理论的基本原理指导我国的工资与收入分配实践,又要根据实际情况的变化,创造性地发展、应用马克思的劳动价值理论和工资理论。这也是马克思主义与时俱进的研究方法在我国社会主义实践中的具体体现。

第一节　马克思工资理论指导下
中国工资改革的目标与原则

一、我国工资改革的目标

　　依据马克思工资理论,资本主义条件下资本积累所造成的资本家财富积累与雇佣工人的贫困化形成鲜明的两极分化,资本的主导地位使得工资的增长长期受到挤压,而雇佣工人的收入是其总消费的预算约束线,工人的工资长期处于被压低的状态,将直接影响其消费需求,日益萎缩的消费品量又将直接影响生产过程,甚至引发经济停滞。由此可见,马克思工资理论从宏观视角出发关注低工资对于宏观经济运行的影响,同时,马克思对于资本主义社会资产阶级与无产阶级两极化的收入分配关系也是持批判的态度,呼吁无产阶级联合起来争取自己有限的权益。提高低收入者工资,消除两极分化的研究脉络在我国当前阶段可以归结为提高中低收入者收入,扩大中等收入者比重。在 2013 年 2 月国务院批转的《关于收入分配制度改革的若干意见》中所指出的我国收入分配制度改革的主要目标之一,就是要缓解城乡、区域和居民之间的收入差距,使扶贫对象大幅减少,中等收入群体持续扩大,逐步形成"橄榄型"的分配结构。此种分配结构意味着高收入者和低收入者成为少数派,大部分人的收入将达到中等收入水平,相对于"金字塔型"社会而言,"橄榄型"社会更加具有稳定性、安全性和可持续性的特征。与此相适应,我国工资制度改革的目标也要致力于提高城乡居民收入,尤其是中低收入者收入,扩大中等收入者的比重,促进中低收入职工工资的合理增长,到2020年实现城乡居民人均实际收入比2010年翻一番。

中等收入者的增加有助于较好地解决我国收入分配不公、群体间收入差距过大的问题,使社会绝大多数人的收入水平趋于合理从而促进共同富裕。中等收入者的增加也有助于调节我国的消费结构,目前高收入者除了在满足自身必需生活资料消费之外,将其消费方向集中在国外进行奢侈品消费,而低收入者将其消费集中在生活必需品领域或者具有较强的储蓄动机,因此造成我国的消费市场结构偏低,消费结构会直接制约生产结构,我国不合理的消费结构使得一些高附加值高科技含量的产业因市场需求不足而导致发展受限。中等收入者是社会最大的消费群体,也是拉动内需、启动消费的主要力量,他们的需求主要在国内,增加这一群体的消费需求和消费能力将有力拉动社会总体需求,促进国内工业发展。而收入分配结构也将直接影响需求结构,需求结构所引发的生产结构变动将直接影响我国工业化进程和经济增长。当前扩大中等收入者比重的根本措施要靠发展社会主义市场经济,提供更多的就业岗位,增加城镇居民和农民的就业机会。除此之外,还有一些制度性因素可以对扩大中等收入者比重起到促进作用。

首先,促进中低收入职工工资的合理增长。第一,提高低收入者的收入,是扩大中等收入者比重最为直接的方法。目前我国保障低收入者收入的重要工资政策就是最低工资制度,最低工资标准是否恰当以及企业的执行状况是保证最低工资制度得以顺利实施的重点。应该组织专业的团队对最低工资标准的测定进行严格科学的调研与计算,并根据区域经济发展状况和物价的变动适时调节最低工资标准,使最低工资标准的提高不被通货膨胀率或物价的上涨率所抵消,今年2月份出台的《关于收入分配制度改革的若干意见》中指出到2015年绝大多数地区最低工资标准达到当地城镇从业人员平均工资的40%以上,国家已经对于最低工资制度给予了高度的重视,并注重提高最低工资标准。而标准能否最终实施是该项制度能否真正发挥作用的关键。因此,结合企业的经营情况制定最低工资标准,对企业特别是非公有制企业落实最低工资制度的情况进行监督,提高其规避成本,并加大最低工资政策的宣传,确保最低工资制度落到实处。第二,调整企业内部薪资结构,坚持科学技术等生产要素按贡献参与分配的制度,在企业中对于技术人员或操作人员,给予相应的报酬,并根据劳动者的生产情况给付奖金,以提高劳动者的收入水平。第三,完善社会保障制度。伴随社会经济的发展,我国城乡居民的生活成本越来越高,住房、教育、医疗和养老等现实的生活问题,使工薪阶层背负了巨大的生活压力,制约了中等收入群体比重的扩大,应该通过调控房价、增加教育、医疗补贴、完善社会保障制度等措施为人们减压,使人们逐渐从"住房难""看病难"的困境中解脱出来。同时,社会还要大力发展慈善事业,为弱势群体提供慈善资助。第四,实施积极的创业及就业政策,在资金来源、贷款利率以及审批制度等方面为创业群体提供政策优惠,以扶持一批创业型的中等收入群体。

其次,调节过高收入,取缔非法收入。第一,通过经济的、法律的手段对高收入者的收入进行调节,避免人为因素在初次分配中的影响。对于垄断行业的收入进行控制,防止和控制行政性垄断和行政色彩浓重的行业垄断。从法律方面,颁布专门的反垄断法,对垄断行业的经营及分配行为进行规制,制定相应的制裁和责罚条款,并加强对于垄断行业的监督与监管。在经济方面,降低垄断行业的市场准入门槛,垄断性行业获取高额垄断利润的根源在于垄断经营体制本身,消除行业的市场准入障碍,对特许经营权、重大市政项目等实行社会招标,减少人为因素,引入市场机制促进公平竞争,从而降低其垄断暴利。第二,通过加大税收调节力度,改革个人所得税,控制高收入者的收入,减轻中高低收入者的税费负担,形成有助于保障社会公平的税收制度,对于高收入者征收的税款,通过财政转移支付的功能补贴给社会低收入群体,并考虑制定遗产税与赠予税的实施办法。第三,取缔非法收入,规范收入分配秩序。对目前社会上存在的权力寻租现象以及获取灰色收入、私建"小金库"的行为要严厉禁止。加强党风廉政建设,建立完善的党内监督、群众监督、舆论监督相结合的监督体系。强化对于收入分配的监督和约束,消除分配内部凭借权力进行内部控制所导致的分配差距。

再次,注重发展教育,特别是高等教育,提高劳动者素质。虽然扩大中等收入者比重体现在收入水平上,但是扩大中等收入群体的最终决定因素在于发展教育,特别是高等教育。瑞典、德国等中产阶级队伍庞大的国家都十分重视教育,第二次世界大战之后,德国进入大学的青年人数增长了3倍。高等教育可以为造就中产阶级后备军准备充足的条件,由此产生的中产阶级具备较高的专业能力以从事专业技术密集型产业的工作,也具备较高的权益意识、法律意识和个人素养,而且基本不会出现富而不贵的现象。根据2010年《中国劳动力变动趋势及判断》的统计数据,我国劳动力受教育程度较低,初中及以下教育程度的劳动力占劳动者总量的79.4%,高中程度为13.4%,受过高等教育的劳动者仅占7.2%。劳动者受教育程度偏低使我国劳动生产率的提高以及产业结构的转型升级受到极大限制。受教育程度较低的劳动者大多从事基本制造业加工等劳动密集型工作,这类企业一般而言附加值是比较低的,由此造成这部分劳动者收入水平较低,形成了大量的低收入群体。我国目前城市中存在的就业困难人员,有相当一部分也是由于其自身知识结构与企业需求结构不相符才导致就业困难。伴随科技在生产率提高和经济发展中所起作用的增强,教育不仅能够使劳动者个人素质得到提高,而且将直接影响其收入水平。一般而言,受教育程度较高的劳动者其所得收入也高,受教育程度较低的劳动者其所得收入也较低。因此,提高劳动者受教育程度,尤其是提高高等教育覆盖面,有助于提高劳动者收入,扩大中等收入者队伍。

最后,提高农民收入,构建流动性强的社会结构。扩大中等收入者的比重还应当提高农民的收入。增加农民的收入主要从采取惠农措施以及提高农民工收入两方面着手。国家需要采取支持农业的政策,加大对于农业生产的补贴力度,加大对于农村基础设施建设以及标准农田改造的投资,实施科技惠农计划并积极促进农业的机械化生产,提高农业的生产率,进而促进农民收入增加。除此之外,要采取措施破除城乡二元经济结构,进行户籍制度改革,加快城市化进程,实现城乡劳动力的自由流动,使城乡劳动者能够享受均等的公共服务,拆除农民工进城务工的就业障碍。除此之外,还应深化农村土地所有制改革,让农民形成产权主体,让农民拥有更多财产性收入。我国农村集体建设用地和农村居民的宅基地(使用权)的流转受到诸多市场外因素的限制,既不能买卖和抵押,也不能自由上市流转,大量的土地和房屋长期荒废,农民无法获得相应的财产性收入。今后要让农民成为清晰的产权主体,让土地能够在各产权主体、市场主体之间有序流转,增加农民财产性收入;鉴于农民工受教育程度普遍较低的特点,劳动和社会保障部门要对农民工展开职业技能培训,提高农民工的文化素养和劳动技能,使其能够获取同城镇居民平等的就业竞争机会,扩宽其就业范围,保证农民工的顺利就业。在社会结构上,进一步畅通社会流动渠道,通过教育公平、就业公平等方式促进积极充分的社会流动,杜绝贫困代际传递,为低收入群体提供更加公正、平等的向上攀升实现梦想的机会。

二、我国工资改革的原则

(一)工资应伴随社会劳动生产力的增长而不断增长

近年来,与我国经济持续快速增长形成鲜明反差的是,我国居民劳动报酬占国内生产总值的比重呈持续下降趋势,在 1983 年达到 56.5% 的最高值后,2005 年下降到 36.7%,三十三年间下降了近 20 个百分点。由于我国的市场经济体制是从传统的计划经济体制发展而来,劳动报酬是我国大多数居民的基本生活来源,其占国内生产总值比重的持续走低,将直接影响我国居民的收入状况和生活水平。另外,从我国居民工资增长与社会劳动生产率的关系来看,1998—2006 年,我国非国有企业劳动生产率年均增长 16.27%,全国工业企业职工工资增长 12.85%,工资增长率低于劳动生产率。另据估算,1994—2008 年,劳动生产率增长 20.8%,而同期制造业工资增长 13.2%。因此,从整个经济或者从非国有企业的情况来看,劳动生产率的提高要快于劳动收入的提高,企业的盈余增长要快于职工的工资增长,我国劳动者并没有充分分享经济发展成果,在私营企业中存在着"利润侵蚀工资的现象"。而工资水平是社会对劳动力价值的认可,工人所获工资应该与其所付出劳动效率成正比,"劳动收入占比的降低,事实上是劳动者报酬与平均劳动产出之间差距扩大的宏观体现,如果能弥合工资与劳动生产率之间日益扩大的鸿沟,显然有助于改善中国的劳动收入占比情况"[①]。在马克思工资理论中,工资也不是作为分配要素独立于生产之外的,而是与经济的发展、生产的开展相联系的。我国工资需要与劳动生产力、经济增长保持同步增长,主要是基于以

---

① 张军、刘晓锋:《工资与劳动生产率的关联——模式与解释》,《哈尔滨工业大学学报(社会科学版)》2012 年第 3 期。

下几个因素：

首先，马克思认为在雇佣劳动制度下，工资的本质是劳动力商品的价值或价格。同其他任何商品的价值一样，劳动力商品的价值是由生产从而再生产这种特殊物品所必需的劳动时间决定的。其中包括劳动力养活自己和家人所必需的生活资料费用，以及劳动者进行适当的劳动、教育培训的费用。而同其他商品不同的是，劳动力价值的决定具有历史和道德的因素，其所必需的生活资料需要伴随社会历史条件的变化而做相应的调整。因为"必不可少的需要的范围，和满足这些需要的方式一样，本身是历史的产物，因此多半取决于一个国家的文化水平"①。根据社会历史条件的变化，劳动力及其成员所需生活资料在范围、质量和层次上都要做相应调整，使之分享技术进步和生产力发展带来的成果。而工人生活资料的总和"不仅要满足工人作为劳动力生存的需要，而且也要越来越多地满足工人作为一个'人'的需要，包括精神文化需要、社会交往需要、履行社会职能需要、自我发展需要等等"②。改革开放以来，我国经济社会有了巨大发展，现在已经成为世界第二大经济体，人民生活水平得到不断提高，但是在目前经济转型期的中国，劳动者中的大部分还要面临住房问题、子女上学、看病就医等各方面的困难，而这些却是现实社会所不可逃避的最基本的生活需要，应该纳入"必不可少的生活资料"的考虑范围。伴随着知识经济时代的到来，科技创新力量和管理技术力量在推动经济发展中所起的作用越来越大，企业对于劳动者知识技能的要求也越来越高，因为劳动者通过教育培训提高自身素质所需要的费用也越来越高。因此，伴随着我国生产力的发展、经济的进步，我国劳动者的工资也应该实现同步增长。

其次，依据马克思工资理论，由于通货膨胀、物价变动等因素的影响，居民的实际工资与名义工资常常出现不一致的现象，马克思认为名义工资不能确切反映工人实际生活状况的变化，名义工资的增长并不等于实际工资的增长，如果名义工资增长的幅度小于通货膨胀率，则居民的实际工资反而是降低了，因此，仅仅分析名义工资的升降只是一种表面现象，单从名义工资无法判断工人生活的改善及其所得报酬的增减。伴随经济的发展以及通货膨胀

---

① 《马克思恩格斯全集》第44卷，人民出版社，2001年版，第199页。
② 李志远：《解读马克思关于资本主义工资决定的历史和道德因素》，《马克思主义与现实》2008年第3期。

率的增大，居民的工资标准应该做相应的调节，并应以实际工资作为真正的考察对象，避免通货膨胀率对于居民工资标准提高的抵消效应。对于工资是提高还是降低来说，最重要的是抓住其本质的标志——工资的价值是降低还是提高。所谓工资价值，即工资所代表的用于个人消费的生活资料的社会必要劳动时间，应使居民的工资得到"实际"的提高，使居民能够分享到经济发展带来的成果；从生产力发展角度来讲，马克思在分析相对工资问题时指出，如果劳动生产力提高了，那么工人创造的产品数量也会增加，在这种情况下即使工人所得生活资料的数量有所增长，但是如果其增长的速度比不上剩余价值的增长速度，或者不能和劳动力按照同一比例增长，那么工人的工资还是相对地降低了。

再次，马克思主义工资理论的一个重要历史性贡献就是将工资与生产联系起来，从生产关系的视角出发，认定工资是作为生产要素的劳动，并考察其所具有的客观规定性。马克思在《政治经济学批判导言》中指出："同样，工资也是在另一个项目中被考察的雇佣劳动：在一处作为生产要素的劳动所具有的规定性，在另一处表现为分配的规定性……个人以雇佣劳动的形式参与生产，就以工资形式参与产品、生产成果的分配。分配的结构完全取决于生产的结构，分配本身就是生产的产物，不仅就对象说是如此，而且就形式说也是如此。"①由此可见，马克思认为，工资与生产密不可分，并且还具有对于劳动生产率的杠杆作用。工资还可以从供给和需求两个方面对经济进行调节，因为工人的工资收入是消费能力的主要来源，也直接制约工人群体总需求。从马克思主义理论"消费与生产"的关系来讲，生产决定消费的对象和方式，消费的发展促进生产的发展，消费所形成的新的需要，对生产的调整和升级起着调节作用。要实现社会大生产的顺利运转，就需要使消费和生产相协调，消费要适应生产的规模，反映生产的要求，否则就会出现生产过剩影响经济正常发展。虽然这一观点揭示了资本主义条件下工资对于生产的客观作用，但抛却制度因素，其同样对于我国的社会主义市场经济体制具有重要的现实指导意义。纵观我国长期以来的经济发展模式，投资、出口和消费是拉动经济增长的三驾马车，长期以来我国的经济增长主要依靠投资和出口拉动，消费需求对于经济增长的贡献率很小。然而从社会再生产的角度看，只

---

① 《马克思恩格斯选集》第2卷，人民出版社，1995年版，第13页。

有消费需求才是经济增长真正的、持久的拉动力量,是能够真正实现经济内涵式增长的主要推手。人们购买行为愈踊跃,市场经济就愈繁荣。而工资水平的高低在很大程度上决定着居民消费率的增减,所以要刺激居民消费,就需要打破阻碍居民消费水平提高的瓶颈,提高居民劳动报酬。

提高劳动报酬将会对促进经济发展和产业结构调整产生有利影响:其一,劳动报酬的提高可以促进个人购买力的提升,改善居民消费预期并减少过度储蓄,从而产生新的消费需求,刺激经济增长。其二,企业劳动成本提高,必然挤占企业利润,造成利润的降低,当利润的降低抵达企业的承受下限,就会迫使一些劳动密集型企业引入技术革新,提高企业劳动生产率,主动完成产业升级,实现企业由劳动密集型产业向技术密集型产业的转变,进而促进经济的内涵式增长。其三,伴随居民收入水平的提高,其消费需求结构也会随之产生变化。恩格斯就把消费结构划分为生存消费、享受消费和发展消费三个层次。企业在生产中必然会进行产业结构的升级以迎合消费者的现实需要。按照恩格尔定律,伴随家庭收入的增加,人们用于食品尤其是农产品的消费比重便会相对减少,由此会导致第一产业在 GDP 中所占比重的下降,从而拉动第二产业和第三产业的发展。因此,消费结构的变化不仅意味着居民消费品选择的变动性,而且意味着产业结构的转型升级以及优化的过程。这样,工资的提高就从劳动者需求和生产方供给两个方面促进经济高速增长。伴随着人力资本因素日益成为企业竞争的主导因素,劳动报酬的增加也使劳动者有更加充裕的资金进行自我职业教育和学习,提高劳动者自身素质,改善我国人力资源状况,使高工资和高劳动生产率之间形成良性循环。

(二)应重视工资形成制度与机制的研究

马克思主义经济学认为,由于劳动力价值决定的历史道德因素的存在,劳动力价值决定也因此有了伸缩性较大的两个界限:生理界限和社会历史界限。也就是说,马克思认为工人的工资是可变的,而不是像古典政治经济学家那样认为工人只能得到最低工资,也不认为工人的工资是固定不变的,马克思认为工资是由劳动力价值的生理界限和社会历史界限共同决定的。因此工人应当根据经济的发展状况与社会平均生活条件的改善争取自身经济权益,并努力建立工资的正常增长机制。同时,在工资增长的问题上,马克思指出由于市场竞争或供求变动的存在会出现工资波动,也就是工资围绕劳动力价值或平均工资的涨跌,在工资上涨的阶段工人的工资水平也会有所提高,但是这种提高并不等同于真正的工资上涨,而仅仅是对于社会财富的临时性的分享,而真正的工资提高却能够分享社会财富的增长。伴随生产力的增长,工人所得生活资料也就是实际工资的数量应该能够实现对于社会财富增长的分享,并且这种分享不能够仅仅停留在暂时性的波动的工资上涨上,而是应该建立起工资形成与提高的制度与机制,实现工资对于社会财富的真正分享。

首先,建立健全正常的工资增长机制。在我国经济转型的过程中,部分企业的工资没有得到正常的增长,存在着劳动者工资几年未变的现象,工资正常增长机制的缺失是造成这一现象的主要原因。工资正常增长机制是指企业职工工资伴随社会经济发展与其他相关因素的变化而相应形成协调化、科学化、动态化、规范化的增长机制,保障工资上涨有章可循,其中既包括工资总额、平均工资的增长,还应包括职工工资实际购买力的增长。从劳动工资的数量上来看,应当足够使劳动者及其家庭维持一个不断进步的社会最低生活水平以上的收入量,伴随着不断进步的社会,工资增长也应与整个经济运行相联系,并遵循居民收入增长速度不低于 GDP 增长速度,劳动者报酬增长速度不低于企业利润增长速度的原则,综合考虑影响工资增长的联动因素,如劳动生产率和生活物价指数,实现职工实际工资与经济发展同步增长。健全工资正常增长机制要以构建科学的最低工资保障机制和以民营企业职工工资增长为重点,保障劳动者普遍享受社会发展的成果。

一方面,构建科学的最低工资保障机制。在《雇佣劳动与资本》中,马克思指出:"简单劳动力的生产费用就是维持工人生存和延续工人后代的费用。这种维持生存和延续后代的费用的价格就是工资。这样决定的工资就叫作最低工资。"①最低工资的构成就包括维持工人自身以及延续后代所需要的生活资料的费用以及一定的教育和训练费用。这是马克思对于资本主义制度下最低工资的表述。如果舍去了生产过程中的资本主义性质,从劳动力生产和再生产的一般需要出发,最低工资的这种构成和计算方法也同样可以为社会主义社会中最低工资保障制度的实施提供理论指导意义。为充分保障我国劳动者的合法权益,保证劳动者能够获得与社会和经济发展水平相适应的最低工资,需要从以下几个方面入手,实现此项制度的完善化、规范化。

---

① 《马克思恩格斯选集》第 1 卷,人民出版社,1995 年版,第 343 页。

(1)科学制定最低工资标准。最低工资标准的制定是最低工资保障机制的核心。各地应以区域经济发展状况为前提,在开展调研评估的基础上,综合考虑本地区物价水平、城镇居民消费价格指数、职工平均工资增长等因素,合理测算确定最低工资标准,并逐步提高最低工资标准,扩大最低工资标准的覆盖范围,将农民工、学徒工、小时工等纳入进来,切实使最低工资制度得到落实,保证劳动力的生产与再生产不致发生困难,使最低工资制度作为调节收入分配、作为国家经济和社会发展重要战略的工具作用得到充分的体现。

(2)加强最低工资标准的执行监督。针对部分民营企业存在着用工随意性大、季节性强、周期短,从而未能规范执行最低工资标准的现象,要加强对于最低工资标准的执行监督,加大劳动保障监察执法力度,对于不执行最低工资标准或者变相违反最低工资保障制度的企业,应对其进行财物处罚或进行停业整顿,并借助媒体对于违反最低工资制度的企业进行曝光,积极营造良好的社会舆论氛围。切实保障最低工资能够真正为低收入者带来"福利"。

(3)加大宣传力度,增强劳动者维权意识。各地区劳动部门需采取多种方式,通过发放宣传材料并借助媒体手段向社会宣传相关法律法规,使劳动者能够知法懂法、学法用法。能够了解自身应享受的权益,增强法律意识、自我保护意识和举报监督意识。

另一方面,长期以来,国有企业和垄断企业具有较强赢利能力,其工资标准能够做到及时调整和提高,而民营企业的职工工资却增长缓慢,且工资基数偏低,所以应着重做好民营企业的工资增长调控工作,完善民营企业薪酬给付标准和"三险一金"支付标准,保障民营企业职工按劳分配的权利和获得均等社会保障的权利。

其次,建立和完善工资的集体协商制度。工资集体协商是指由雇主代表与工会或经民主选举产生的职工代表根据政府制定的工资指导线、行业人工成本信息指导制度和劳动力市场工资指导价位,就企业内部的工资收入水平、工资增长水平、工资分配制度等事项进行平等协商、谈判,最后达成一致意见,并签订工资集体协议的行为。工资的集体谈判制度是在社会主义市场经济条件下建立"市场机制调节、企业自主分配、职工民主参与、国家监控指导"的企业分配机制的重要措施,是建立"在政府、劳方、资方三方协商机制基础上形成的工资集体谈判制度是现代工业社会合作主义最具代表性的标志"①,也是在我国现阶段实现劳动者劳动收入分配合理化的重要途径和建设社会主义和谐劳动关系的正确选择。但是,在我国于 2000 年 11 月 8 日颁行《工资集体协商试行办法》以来,该制度在现实中的实施情况却不尽如人意,集中表现为建制率和覆盖面较低、工会组织力量薄弱等问题。工资集体协商制度涉及内容非常广泛,包括工人的基本薪金、奖金、津贴、补贴等分配办法和职工年度平均工资水平及调整幅度等问题,但在现实生活中,却存在着工资集体协商建制率低、谈判过程流于形式、谈判内容过于空泛、协议条款操作性不强等问题,影响了工资集体谈判制度的实施。此项制度若能得到良好的贯彻执行,将会对于保障职工合法权益、稳定企业用人队伍、促进企业健康发展、构建和谐劳资关系起到良好作用。因此,完善企业工资的集体协商制度,是构建良好企业工资形成机制的重要措施,政府、企业及工会都应切实采取措施,提高对于工资集体协商制度的认识,保障该制度能够真正发挥作用,保障劳动者权益。

最后,完善工资指导线制度。工资指导线制度是社会主义市场经济条件下,政府调控企业工资总量、调节工资分配关系,规划工资水平增长、指导企业分配所采用的一种制度。其具体内容为人力资源与社会保障部门以本地区当年经济社会发展目标、本地区年度社会劳动率为依据,综合考虑本地区物价指数、劳动力市场价格、就业状况等因素,制定本地区当年企业工资增长目标并以一定形式向社会公布,引导企业根据自身生产经营状况合理确定职工工资增长水平。工资指导线制度,是国家对企业的工资分配进行宏观管理的一种制度。伴随企业分配自主权的落实,工资的微观决策作用越来越明显,完善工资指导线制度,有利于政府间接调节企业工资水平和社会工资总量,使企业的工资微观分配与国家的宏观政策相协调,实现工资总量的增长与社会劳动生产率的增长相适应,引导企业在经济效益提高的基础上合理确定工资分配。同时,针对目前行业收入差距扩大的现象,还应将工资指导线制度细化为行业指导线的划分,及时调整和引导各行业的工资增长幅度,适当提高收入过低行业的工资标准,而对于工资水平偏高、工资增长过快的国有垄断性行业,则要从严控制其工资增长,不得突破工资指导线的上限,而其

---

①　易重华:《合作主义语境下我国工资集体协商制度建设》,《中南大学学报(社会科学版)》2011 年第 6 期。

他类型企业的年度工资增长水平,也不得低于工资指导线的下限,并不得低于当地最低工资标准,将提低和控高相结合,在缩小居民收入差距的基础上实现居民实际工资水平的上涨。

（三）工资标准制定发挥政府与市场的双重作用

改革开放以前由于所有制形式单一,我国实行高度集中的工资管理体制,国有、集体经济单位的分配采取平均主义的指导思想,工资完全由政府决定,以"大锅饭"和"统收统支"的形式体现。由于体制的制约和政府的计划控制,尽管各类地区、各类人员所拥有的资源禀赋不同,其仍不能够通过市场取得差异性收入。改革开放以后,我国实行了以市场为主导的经济体制改革,市场化程度不断提高,逐步建立了工资决定的市场机制。

市场化改革的过程中,政府不断缩小对微观经济活动的控制,企业拥有越来越多的生产和分配决策权,传统的政府高度集权的计划的分配体制转变为由企业和个人主导的决策权分散的新型分配制度。伴随着市场化改革的逐渐深入,商品市场和要素得到迅速发展,商品、服务和生产要素逐渐由市场机制进行配置。市场经济体制特征主要表现为:以市场作为资源配置的基本手段,一切社会经济活动都直接或间接处于市场之中,通过供求、竞争和价格引导并促进资源的优化配置。市场机制的核心是价格机制,即通过价格的波动引导资源配置的完成。市场经济能够广泛地调动和吸纳人们为追求自己经济利益而向市场提供商品的自发性和主动性,买卖的双方具有平等的地位,并按照等价交换的原则实现交易的过程。

在市场经济的条件下,劳动力商品的资源配置也是由市场来完成的,具体是指劳动者工资变动由劳动力市场的供求双方来决定,二者相互制约、有机联系,劳动力的市场供求状况成为影响工资水平的重要因素。当劳动力供不应求时,由于生产者受竞争的约束和激励,使得劳动力价格上升;当劳动力供过于求时,劳动力价格下降。在工资价格信号的引导下,劳动者凭借其自身劳动力商品的所有权,伴随劳动力个体追求自身利益最大化的动力驱使,使劳动力资源被引领到最需要也是效益最好的环节上去,实现劳动力在不同产业部门之间的流动。优化了劳动力商品的资源配置,提高了个体经济效率,也提高了整个社会活动的经济效率。因此形成一个能够灵敏反映不同质、不同种劳动力资源供求状况的工资价格体系是实现市场配置劳动力资源的关键。此外,伴随要素市场的逐渐发育,在市场经济条件下的各种社会生产活动中,生产要素分属于不同的劳动者并在价值创造中做出了贡献,劳动者凭借其所有权也要求获得相应的收益回报,因此我国的居民收入分配结构也发生了变化,形成了劳动者个人收入来源在不同所有制间的交叉与混合。由此可见,实行市场经济体制对于实现收入分配的效率是大有裨益的。市场经济公平竞争的机制有利于充分调动各种要素投入生产的积极性,促进社会财富充分涌流。而工资决定的市场机制对于优化劳动力资源配置,促进生产起到积极作用。市场机制"看不见的手"的调节作用,使市场经济各行为主体能够充分利用生产要素所有权追求经济利益,提高社会财富分配效率,充分体现工资分配的效率原则,这也是工资实行按劳分配原则的必然要求,由劳动差别产生工资差别才会不断激励人们提高劳动效率。列宁在阐述按劳分配的实际内容时,曾经指出"不劳动者不得食",即劳动平等,"这是工人代表苏维埃掌握政权后能够实现而且一定要实现的最重要、最主要的根本原则"。[①] 并指出:"这个简单的、十分简单的和明显不过的真理,包含着社会主义基础,社会主义力量取之不尽的泉源,社会主义最终胜利的不可摧毁的保障。"[②]

成熟而完善的市场机制是使价格引导机制正确发挥作用的基础,劳动力市场也不例外。然而我国是一个人口众多的发展中国家,受社会经济发展水平和教育因素的制约,高素质劳动者较为缺乏,长期以来历史遗留的城乡二元经济结构和户籍制度等因素的制约使我国并没有形成成熟与完善的劳动力市场,主要表现为制度性因素为劳动力的自由流动造成诸多限制、城镇职工和进城农民未能享受均等公共服务、农民工就业存在社会歧视以及国家行政权力对于某些行业的保护形成行业垄断等等。以上因素的存在阻碍了市场机制形成正确的工资价格信号,再加上政府对于就业公共信息制度供给的缺乏,也就难以对劳动力资源完成合理的配置,甚至还形成了群体间、行业间收入差距过大、农民工工资过低、资强劳弱等一系列"公平失调"的社会现象,不健全的劳动力市场造成市场在工资决定中的基础性作用受到制度的弱化和限制。除却制度因素,单就市场机制本身而言,企业是自主经营、自负盈亏的经济实体,其要努力追求利润最大化以在国际国内的激烈市场竞争中求得生存与发展,必然努力降低包括工资在内的产品成本,并力求提高劳动商

---

① 《列宁全集》(第32卷),人民出版社,1985年版,第315页。
② 《列宁全集》(第34卷),人民出版社,1985年版,第335页。

品使用的经济效益,对于企业而言,工资不是作为"福利"来使用的,而是一种提高生产的方法和工具,受制于市场竞争的束缚,企业对于劳动者的工资水平也会施加向下的压力。从这一角度而言,市场不会自发形成合理的劳动力成本决定机制,如果交由劳动力市场自发作用,劳动力成本会趋向生存工资,分配的公平问题不会得到很好的解决,甚至劳动者的基本权益也不会得到很好的保障。

因此,在工资标准制定中,不仅需要实现市场配置资源的工资分配的"效率原则",还需要政府发挥"看得见的手"的作用,通过制定相关政策和制度来弥补市场机制调节的缺陷,突出政府在维护社会公平正义方面的职能,实现工资制定标准的公平公正,维护总体收入分配格局的总体均衡,实现工资分配政策"效率"与"公平"的统一。具体说来,就是要在市场调节的基础上,加大政府对于工资管理的宏观调控,加强对于工资分配的指导和监管,并建立与市场经济相适应的宏观调控体系,这也是建立我国社会主义市场经济体制的必然要求。政府需要转变其职能,通过工资的集体谈判制度、工资指导线制度、劳动力市场指导价位制度等,制定企业需要遵循的工资政策标准,进而实现政府对企业收入分配的宏观调控。在税收政策方面,对于分配过程中出现的工资水平超过当地平均工资一定倍数的企业要加以限制,提高对垄断行业的缴税力度,也能够对其内部的所获得的超额利润进行控制,达到缩小群体和行业间收入差距的目的。适当减轻民营企业税费负担,为民营企业的发展创造良好的融资条件,并为企业劳动成本的增加留出空间,以提高民营企业职工工资收入。根据居民收入情况和经济发展状况,调整个税起征点,减轻低收入群体的纳税负担,形成有效改善收入分配的机制安排。在经济政策方面,放低垄断行业的准入门槛吸引民间资本进行投资,使垄断企业也能够参与市场竞争,从而达到提高垄断企业服务与产品质量的作用,政府还应采取政策提高中低收入劳动者工资水平,控制高收入劳动者工资增长速度,努力实现橄榄型的国民收入分配格局。

除此之外政府还要更新观念,政府的作用是为保护公民利益的实现而提供公共产品和公共服务,尤其是农民工群体和社会弱势群体更应得到政府足够的保护,由制度性因素引起的城镇居民与农村居民在就业、子女入学和社会保障方面存在的差异应该引起政府足够的重视,通过进行户籍制度改革和采取措施对进城农民工的生活、工作给予妥善的安置为其消除后顾之忧。充分发挥公共媒体的作用,向居民宣传农民工群体对城市建设的重大贡献,农民工群体与城镇居民同样工作同样缴税,应当得到公平的对待而不应在工作与生活中受到歧视。有了好的制度不能切实贯彻执行也是一纸空谈,制度的发挥需要良好的监督和制约机制。政府要加大对企业的监管力度,通过制定有关工资分配的法律法规保障劳动者的合法权益,保障各项工资调控机制的贯彻实行。劳动监管不落到实处,工资支付行为难以规范,政府及劳动保障部门需要对企业存在的违规分配行为进行监督和监察,对企业的支付行为尤其是中小型民营企业的工资支付行为进行监控,采取措施遏制拖欠克扣工资、变相规避最低工资制度、不签订劳动合同等行为。对拖欠农民工工资的现象,政府相关部门更要与新闻媒体加强协作配合,强化执法检查和举报专查,开展联合专项行动,对拖欠农民工工资的企业进行新闻曝光,并对其负责人给予处罚教育。严厉打击各种通过非法和不合理途径谋取暴利和积累财富的行为,清理和规范国有企业和机关事业单位的各种工资外收入以及非货币福利,切断权力寻租以及"灰色收入"等不合理收入的产生渠道。

市场经济条件下,市场调节作用的核心是工资的分配问题,将工资的分配置于市场运行中,能够形成充分反映劳动力市场供求规律的价格信号,促进劳动者的流动并能够为劳动者带来实惠,应尽可能放开劳动价格,做到随行就市,由企业和劳动者自行订立工资待遇。劳动者的定价机制要首先发挥市场在劳动力价格形成中的基础性调节作用,以促进劳动力资源的优化配置。在市场发挥作用的基础上,还应充分发挥政府的宏观调控职能,对过低工资进行调节,对过高收入进行控制,对企业的不合理用工行为进行规范与监督。使劳动者的工资待遇能够伴随经济的发展进行相应的调节,保证劳动者的收入不低于最低工资标准,实现劳动者工资分配效率与公平的统一。

第二节 微观视角下中国特色收入分配体系的构建

一、促进企业转型升级,将劳动报酬与企业盈利挂钩

微观领域内收入分配体系的构建与我国劳动者的工资收入存在直接关系,企业经营效益及企业内部薪酬体系的制定是影响劳动者收入的重要因素。长期以来,利用廉价劳动力资源优势,我国在沿海地区成立了一批以制造业为主的劳动密集型企业,它们大多走低工资战略,承接国际产业转移,从

事科技含量低且附加值低的制造业贴牌生产以及低端加工业务进行低成本扩张,却无法掌握所生产产品的核心技术,过大的劳动密集型产业比重使我国的产业结构处于低水平状态,这种经济发展方式已经不能适应市场竞争的要求,企业若想在知识经济时代立于不败之地,就需要进行产业结构转型升级,提高科技贡献率并提高企业经济效益为企业内部收入分配奠定基础。在我国目前阶段企业内存在着"利润侵蚀工资"的现象,也严重影响劳动者工资的提高,对比2004—2010年劳动者所得工资数据,六年间我国GDP从13万亿元增长到33万亿元,增加了150%左右,而全国城镇职工平均工资增加不到90%,农民工工资只增加了50%左右,是GDP增长的1/3。劳动者工资增长速度严重落后于经济发展速度,劳动者并没有充分享受经济发展成果。

根据马克思主义经济学,"相对剩余价值的生产使劳动的技术过程和社会组织发生根本的革命"[1]。相对剩余价值的产生是由于直接或间接生产生活必需品的部门劳动生产率提高,从而使得劳动力价值下降。在工作时间既定的情况下,必要劳动时间缩短,剩余劳动时间相应延长,资本家取得相对剩余价值。劳动生产率的提高最初是由资本家为了获取超额利润,通过引进科学技术,改善生产管理使得本部门产品的个别劳动时间少于社会必要劳动时间,从而使个别价值低于社会价值,获得超额利润。当这种技术逐渐扩展到整个生产部门时,整个资本家阶级便获得相对剩余价值。由此可见,相对剩余价值的获取最初是由劳动生产率的提高而引起的,劳动生产率的提高则依赖于企业为了在竞争中获取超额利润而引入科学技术、改善生产管理。由此我们可以说相对剩余价值来源于科技的创新、知识的积累,而科技水平的创新来源于劳动者素质的提高。因此,伴随当今知识经济的深入发展,科学技术和先进的管理理念在企业发展中的作用日益突出,我国的企业若希望取得好的经济效益并获得长足发展,仅靠降低劳动者收入以减少生产成本不是有效的办法,反而会使企业陷入恶性循环,甚至会因技术落后或产品结构不合理而遭到市场淘汰,关键是要从产业结构上下功夫,提高科技对生产的贡献率,一方面要引入科学技术,改善经营管理,实现产业结构的转型升级。另一方面则需要注重对劳动者的技能培训及专业教育,完善薪酬制定体系,使劳动者的收入与企业盈利挂钩,对于为企业做出重大贡献的技术研发人员给予

---

① 《马克思恩格斯全集》第44卷,人民出版社,2001年版,第583页。

收入提成,人力资本要素是企业重要的无形资产,要予以重视并形成留住人才、用好人才的用人机制。只有企业的总体发展水平达到较高的层次,企业的收入才会相应增加,用于分配的成果也会有所提升,在总量扩大的基础上更能有效地确立企业内部的薪酬分配体系。

首先,提升科技贡献率,促进产业结构转型升级。其一,从企业生产结构上来讲,近年来由于国外市场不景气,再加上"民工荒"现象的出现,使得我国大量从事制造业生产的劳动密集型企业的生存陷入困境,过去的依赖廉价劳动力资源科技含量低的企业发展路线已经不再适合当今的形势,产业结构的转型升级才是唯一的出路。德国、日本和新加坡也曾经面临与我国相似的状况,但他们并没有采取降低劳动者工资的做法,而是把握住机会实现劳动密集型企业向知识技术密集型企业的转化。我国也应当借鉴这样的经验,通过提高工资的方法对一些企业形成倒逼机制,企业为了实现自身的继续生存,就会采取提高劳动生产率的方法,而提高劳动生产率则依赖于提高技术含量实现产业升级,由此便迫使一些劳动密集型产业引入技术革新。危机有时会成为契机,应利用现在的倒逼机制,积极促成产业结构的转型升级。其二,从企业产品供给结构上来讲,企业供给结构需要同消费者的需求结构相吻合。伴随人们生活水平提高,人类对于消费品的需求也逐渐由生存型向发展型转变,人们对于消费品的需求结构也随之上升。由过去仅仅满足于衣食住行等基本生活需求,转向精神层次的需求,包括对电子产品、优质服务的追求。企业的生产是为了满足消费,消费的需求又会刺激生产范围的扩大,企业在产业机构调整的过程中需要及时了解市场的需求状况,企业应该生产适销对路的产品乃至提供相应的服务,产业结构的转变及发展需要伴随居民消费结构的转变而进行。所以从这个层面上说,居民消费水平的提高可以引导产业结构的高度化发展。而居民消费水平的提高有赖于工人收入的提高,所以工资的提高可以与产业结构的优化形成良性的互动与循环。

其次,将劳动者报酬与企业盈利挂钩,建立合理的薪酬体系。其一,明确科技、管理等人力资本产权,逐渐形成人力资本投入者和物质资本投入者共享利润的分配原则,并合理设计企业中员工及管理者的薪酬结构比例,实现人力资本投入者和物质资本投入者的有机结合和平等合作。在企业中确立人力资本产权的地位并规定相应的薪酬比例,可以有效地保护员工的利益,避免企业经营者在劳动过程中对于劳动者的剥削,使劳动者的报酬与其生产绩效、与企业盈利挂钩。对于为产品研发以及技术进步做出重要贡献的技术人员,要在薪酬结构上对他们予以倾斜,制定"基本工资＋研发提成"的薪酬结构,这不仅是对他们智力及脑力贡献的肯定,也是实现按生产要素贡献分配的必然要求,有利于真正调动员工的积极性和创造性,是为企业留住人才、用好人才的重要措施。其二,开展劳动者职业技能培训,提高劳动者素质。马克思在关于劳动力价值的决定因素中,曾经指出劳动力价值决定中应该包括劳动者的教育培训费用,并将劳动者的教育费用作为其价值决定因素之一摆在了十分重要的位置。因此,企业也要注重教育及职业教育对工人组织生产的影响,定期对工人展开培训,通过教育的方式使先进的技术经验及前沿的职业理论为工人所掌握,只有劳动者的素质提高了才能将科学技术运用到生产中去,否则就会造成科学技术与生产过程的脱节,在造成资源浪费的同时还会影响生产的顺利进行。

二、完善企业工会职能,实行工资集体协商制度

根据马克思的工资学说,劳动者的工资和资本家所得利润都来自工人所创造的新价值,二者是此消彼长的关系,在新价值中工资与利润各自所占比重的变动将直接影响工人和资本家的收入状况。工人分得的工资数量提高,必然导致无酬劳动的减少并直接影响到剩余价值的减少与资本家所得利润的降低。因此资本家为了攫取高额利润,必然采取压低工人工资或延长工作日的方法来加重对工人的剥削,甚至资本家将劳动力价格压低至劳动力价值以下也是常见的现象。劳动力价格低于劳动力价值,不仅仅表明在流通领域资本家克扣工人的工资使之成为剩余价值的一部分,在实质上却是资本家在生产领域将工人的部分必要劳动进行侵占使之成为剩余价值的一个独立来源。因此,马克思提出工人阶级进行经济斗争的意义就在于要把这一部分本属于自己的必要劳动夺回来。

工人的斗争是围绕着工资问题进行的,而工资问题是与劳动力价值问题联系在一起的,通过前面的分析我们知道工资的实质是劳动力的价值或价格,劳动力的价值就是生产和再生产劳动力所需要的劳动时间,它"是由生产、发展、维持和延续劳动力所必需的生活必需品的价值决定的"①。劳动力

---

① 《马克思恩格斯全集》第21卷,人民出版社,2003年版,第189页。

价值由纯生理要素和历史的或社会的要素构成,劳动力价值的低限和高限也由这两种要素决定,因此劳动力价值具有很大的伸缩性。工人阶级就是要通过斗争得到与劳动力价值相符的工资,同时还希望通过斗争改变劳动力价值的界限,来提高劳动力价值本身。由于历史的或社会因素的存在使得"劳动的价值本身不是一个固定的量,而是一个变化的量,即使假定其他一切商品的价值不变,它也是变化的"①。然而资本是一种社会力量,而劳动者所拥有的只是自己的劳动力,从社会力量的对比来看劳动者处于弱势。因此工人必须团结起来、组织起来进行斗争,没有组织起来的工人的工资经常趋于绝对的最低限度,而如果工人能够团结起来进行有效的斗争,则就有可能争取到提高工资、实现劳动力价值的结果,针对这个问题马克思曾经指出:"如果没有工联的抵抗手段,工人甚至连按照雇佣劳动制度规则应得的也得不到。资本家只是由于害怕他眼前的工联,才会不得已而付出他的工人的劳动力的全部市场价值。"②由此可见组织起来的工人阶级进行有效的经济斗争对于争取自己权益的重要性。虽然由于资本主义制度的限制,工人阶级争取工资提高的斗争具有局限性,工资的增长也不会动摇资本家攫取利润的根本,但是工人阶级的联合却能够为自己争取一些有限的利益。

由于社会制度的不同,我国不存在资产阶级和工人阶级的对立,但是在市场经济条件下,各企业主体的经营活动仍然受市场经济基本原则的制约,仍然要参与残酷的市场竞争,其追求的目标也是实现利润的最大化。因此通过降低工人工资、减少人工成本的方式获取高额利润成为我国企业,尤其是民营企业积累财富、节约生产成本的途径之一。这种做法主要是出于企业主的短期激励,但是从长远来看,靠压低工人工资减少生产成本的方法是不可行的,一是不利于提高劳动者的生产积极性,使劳动者对于企业欠缺归属感及认同感,企业追求利润最大化与工人要求工资最大化形成尖锐的矛盾,造成劳动关系的紧张,甚至还有可能成为恶性事件的导火索。二是工人工资的降低必将影响其生活质量的提高,甚至包含在工资决定中的教育培训费用也将被克扣殆尽,这将不利于劳动者素质的提高,而人才是企业长远发展最为宝贵的资源,高素质的人才梯队是企业实现产业结构转型的重要依赖力量,长期偏低的工资水平将对企业发展产生不良影响,确立战略性的薪酬体系对

---

① 《马克思恩格斯全集》第21卷,人民出版社,2003年版,第208页。
② 《马克思恩格斯全集》第25卷,人民出版社,2001年版,第494页。

于企业的发展至关重要。鉴于目前我国民营企业中尚未形成科学的薪酬体系,而企业主对人工成本的控制缺乏科学的分析,在企业内部利润与工资分配的比例差距也在逐渐扩大,资本收益率大大超过普通职工工资率,普遍存在克扣工资的现象导致企业内部两极分化较为严重。由于我国劳动者受教育水平较低、维权意识薄弱,使得其自身的合法权益长期处于被侵害的状态。为了更好地维护劳动者的合法权益,就需要在企业内部引入工资的集体协商制度,在遵守国家法律制度和工资制度的前提下依据企业经营状况与内部分配的实际情况进行集体协商确定工资标准。该制度的实行有利于保障劳动者依法取得收入的权利,有利于在企业中建立规范的薪酬分配体系。应发挥工会、政府和企业的三重作用制定工资标准,着重完善工会职能,发挥工会对劳动者收入的保障职能。

首先,提高企业工会的独立性和专业性,加强区域性、行业性工会的组织建设。劳动关系是工会建立的前提,我国社会主义市场经济条件下的劳动关系矛盾是工会建立的客观基础。长期以来,我国企业工会的经费来源主要依靠行政拨款,而且工会主席也往往兼任一定的行政工作,造成我国工会的独立性较差,当劳动者与企业的利益发生矛盾时,工会有时不能旗帜鲜明地站到工人的立场。应加强工会的相对独立性建设,加大国家对工会组织的财政拨款,消除工会对企业的经济依赖,不仅要提高民营企业的工会建制率,而且还要加强区域性、行业性工会的组织建设,使其以第三方的身份加强对企业劳动关系状况的监督,还应把行业性工会与行业性工资集体协商制度相结合,创造性地开展工作,合理确定行业工资标准与规范,有效杜绝某些企业管理者降低工资的行为,并逐步推进区域性、行业性的工资集体协商;各级工会也要配合劳动保障部门加大对工资集体协商制度贯彻执行情况的监督检查,以促进非公有制企业工资集体协商工作的开展,为民营企业建立正常的工资增长机制打下坚实的基础;对工会干部开展以工资集体协商为主要内容的专题培训,强化工会干部的维权意识和法律素质,提高业务能力和职业素养,增强工会在集体协商中的谈判能力,充分利用考核制度建设,将职工工资增长情况纳入工会主席及工会负责人的考核评价体系,促使工会负责人敢于协商、善于协商。

其次,加大工会集体协商的宣传教育力度,提高对工资集体协商的重要性和必要性的认识。各级工会组织应充分发挥维护职工合法权益的重要作用,配合宣传部门开展工资集体协商制度的宣传教育活动,提高劳动群众以及企业经营者对工资集体协商制度的认识。增强劳动群众的权利意识和法律观念,使其意识到企业单方面决定工资标准的行为既违背了用人单位和劳动者双方地位平等的基本原则,又具有压低工资、侵害职工利益的倾向,要抵制这种倾向就需要实行工资的集体协商制度,双方在平等的基础上共同商定工资分配政策。通过工会的宣传活动还应使企业经营者认识到劳动者的工资长期处于较低的水平将不利于企业的长远发展,实行工资的集体协商制度是构建和谐劳动关系的基础,也是顺利开展生产、维护企业稳定运营的保障,对于促进企业发展至关重要。

再次,政府要加强与集体合同相配套的法律制度建设,并及时出台相关政策,为工资集体协商制度创造良好的政策环境。政府制定的政策是促成劳资双方自愿谈判的前提条件,当劳资双方在工资谈判过程中出现矛盾与纠纷,又不能协商解决时,政府的适度介入就显得格外重要,政府可以直接或间接地进行干预,以调解、调停或仲裁各类纠纷,同时还可以监督企业是否严格按照工资集体协商的具体程序办事。当前在我国缺失关于集体合同制度的专门立法,构成了对于企业制度约束作用的限制,无法对企业的违法行为进行约束,因此国家要加快建立集体合同的专门法律并完善与集体合同制度相配套的法律制度和劳动制度,以及劳动争议处理办法等,从法律上建立保证工资的劳资谈判制度和集体合同制度能够有效履行的运行机制。在国务院2013年2月批转的《关于深化收入分配制度改革的若干意见》中提出,到2015年力争实现集体合同签订率达到80%,并逐步解决一些行业企业职工工资过低的问题。政府的经贸部门还应对企业经营者定期展开人力资源管理的专业培训,使企业主能够将现代的人力资源管理理念运用到企业管理之中,增强对于人工成本的运用和分析意识,逐步使其形成战略性的薪酬理念,为企业内部建立良好的收入分配制度奠定基础。除此之外,政府还应加大劳动保障检查监督和执法力度,保障工资集体协商制度在企业落到实处,重点对劳动者的劳动合同、集体合同、工资协议的签订率进行检查,使集体协商公平、公正,集体合同公平、合理,使协商过程中出现的争议能够得到及时处理,保障三方协调机制能够真正发挥作用。

三、加强政府监督,合理控制企业家收入增长

在马克思的工资学说中,马克思分析了资本家攫取剩余价值的方法,并

指出资本家采取压低工人工资甚至将劳动力价格压低至劳动力价值以下的方法以获取高额的剩余价值,针对这种现象,马克思认为工人阶级应该团结起来,反对克扣工资的现象。但是,这种现象从侧面观察,所反映的也是社会收入两极分化的过程。资本家获取高额剩余价值,占取了工人所创造新价值的绝大部分,而工人却仅仅只能占有极小部分。这种现象从企业内部的收入分配结构上所反映的是企业内资本家与工人收入的两极化。虽然我国已经建立起社会主义制度,并实行社会主义市场经济,并不存在阶级对立的问题。然而近年来,在我国企业的内部分配中,存在着财富分配过分地向企业经营管理者倾斜,普通职工与管理者收入差距较大且增长缓慢的现象,集中表现为企业职工劳动收入份额降低,而企业高层管理人员薪酬却快速增长,且呈现薪资过高的特点。特别是民营企业和少数金融保险业表现最为突出。少数金融国有企业高管的年薪水平是社会平均工资的 100 多倍,而个别企业高管的天价薪酬是社会平均工资的 2 000 多倍,严重拉大居民收入差距。虽然目前伴随经济发展形式与内容的变化,科学与管理等因素对于生产的贡献率越来越大,我们也应该深化对于科技人员和管理人员在社会生产和价值创造中所起重要作用的认识,并给予相应的回报,但也应使企业管理人员的薪酬制定标准保持在合理的范围内,其工资水平不宜与普通职工相距太远,其工资增长幅度也不应超出普通职工的工资增长幅度。在我国企业薪酬制定体系中,企业处于强势地位,职工的正当权利得不到有效维护,收入差距的加大将严重影响职工的工作创造性和积极性,引发怠工懈工、浪费资源、效率低下等问题,应采取措施使劳动者工资与企业家收入增长保持适当比例,维护社会公平正义与和谐稳定。

政府应对高层管理人员的工资分配进行合理的控制与监管,将按劳分配和按企业家才能分配有机结合,并完善企业家薪酬的考核机制。一个企业的经营效果好坏,与企业家的经营管理才能有密切关系,一位优秀的企业家甚至能够搞活一个企业。因此必须科学确认和合理界定企业家的特殊劳动价值,并使之合理合法地参与收益分配。一方面需要将其薪酬与职位贡献和企业经营状况挂钩,明确企业家的业绩考核并建立操作性强的职位评价体系,将企业家收入与其经营业绩相挂钩,同时还应建立与高层管理人员的职务特征相适应的股权激励、股票期权等多层次的薪酬体系,以形成对于经营人员的多层次、中长期激励机制,以更好地留住人才,创造财富;另一方面政府应出台相关法律法规,规定职工工资的增长与企业高层管理人员的薪酬增长比例,减缓劳动者心理落差,避免企业家工资与劳动者工资差距过大,国务院办公厅2013年2月9日批转的《国务院办公厅关于深化收入分配制度改革重点工作分工的通知》中指出:"加强国有企业高管薪酬管理。对行政任命的国有企业高管人员薪酬水平实行限高,推广薪酬延期支付和追索扣回制度。缩小国有企业内部分配差距,高管人员薪酬增幅应低于企业职工平均工资增幅。对非国有金融企业和上市公司高管薪酬,通过完善公司治理结构,增强董事会、薪酬委员会和股东大会在抑制畸高薪酬方面的作用。"除此之外,还要将普通职工工资收入标准与增长机制的确立作为其业绩考核的一个重要部分,以解决企业经营者较普通职工工资增长过快的问题,建立分红制度,使职工能够从企业发展中获利。政府应协同职工与工会加强对各项制度落实情况的监督,明确企业家各项收入来源,切断利用职位特权获取"灰色收入"渠道,尽快推进高层管理人员财产收入的申报和公开,切实杜绝各种非法收入。

企业家市场的培育对于通过市场竞争确立合理的企业家才能价格具有重要作用,应加快建设企业家队伍,实行职业经理人制度,建立健全国有企业经营者市场竞争和流动机制,使市场充分发挥对企业家才能的识别、配置功能,对企业家实行合理激励。

第三节　宏观视角下中国特色收入分配体系的构建

改革开放以来,我国经济社会发展取得巨大成就,现在已经成为世界第二大经济体,可用于财富分配的"蛋糕"越来越大。可是,在对国民财富进行分配的过程中,不同群体对于经济社会发展成果的分享却存在巨大差异,社会成员收入差距不断扩大。收入分配承载着人们对民生的期待,关系到人民群众的切身利益,关系到改革发展全局的稳定。收入差距的不断扩大,已经严重成为影响我国社会稳定和经济发展的重大问题,也是与社会主义制度所要求的共同富裕背道而驰的。因此,准确分析当前工资收入分配形式,从宏观上把握经济方针、政府公共决策等与收入分配的关系,对于合理解决收入分配问题、构建中国特色收入分配体系具有重大意义。

一、转变经济增长方式，增大经济总量，提高劳动分配率在 GDP 中的比重

以劳动为分配的尺度是马克思收入分配理论的重要思想。马克思、恩格斯主张在共产主义第一阶段即社会主义阶段要以劳动为唯一尺度，实行按劳分配的分配方式，虽然马克思、恩格斯已经认识到按劳分配理论有其自身的弊病，内在地蕴含了事实上的不平等，但他们认为在共产主义的第一阶段仍要实行按劳分配，因为按劳分配体现了以劳动为尺度这个正确的分配原则，作为刚刚从资本主义社会里产生的社会形态，这种"阵痛"是不可避免的；马克思的劳动价值论认为活劳动是创造价值的核心和唯一的源泉，要承认劳动在价值创造中的作用。劳动作为生产的要素，要在分配中体现其价值。由于劳动力价值决定的社会历史因素的存在，劳动者的工资标准也不应仅仅满足于维持生存，而是应该能够有足够的收入购买商品和服务，让劳动者过上体面而有尊严的生活。我国现在处于社会主义初级阶段，实行的是市场经济制度，这是马克思、恩格斯所未见也未设想到的。但是，马克思认为分配方式取决于生产方式，我国现在以公有制为主体的所有制结构决定了按劳分配在我国收入分配方式中的主导地位，鉴于目前我国公有制所具有的多种实现形式以及多种所有制企业的存在，根据分配方式取决于生产方式的原理，我国实行坚持以按劳分配为主体，多种分配方式并存的分配制度，并确立劳动、资本、技术和管理等生产要素按贡献参与分配的原则。确立尊重劳动，根据劳动者提供劳动的数量及劳动的社会实现给予劳动者相应的报酬，是我国按劳分配原则的主要内容。在收入分配过程中注重在初次分配和再分配中都要处理好效率与公平的关系，并强调再分配更要注重公平，此处的公平也表明必须坚持按劳分配的原则。

然而，近年来在我国的国民收入初次分配中却没有形成国家、企业、居民三者合理的分配关系。集中表现为在财富分配上，我国国民收入分配出现了向政府和企业倾斜的现象，居民收入在国民收入分配中的比重偏低，政府部门和企业部门可支配收入占国民可支配收入的比重却逐年上升，导致"两个比重"即劳动报酬在初次分配中所占比重和居民收入在国民收入分配中所占比重不断降低，劳动者难以分享到经济社会发展所带来的成果。从 1997 年到 2007 年在我国初次分配环节中，政府财政收入占 GDP 的比重从 10.95%

上升到 20.57%,企业分配比率从 21.23% 上升到 31.29%,劳动者报酬所占比重从 53.4% 降至 39.74%。居民、企业、政府三者分配关系合理与否,不仅关系各利益主体间的此消彼长,还关系到国民经济的发展是否协调可持续。国民收入分配向企业与政府倾斜将直接导致居民消费不足,特别是在当前全球金融危机情况下,消费对于经济的拉动举足轻重,而这种贫富差距扩大的趋势以及居民分配份额"缩水"的现状却使消费对经济的贡献率越来越小,严重制约我国经济的持续发展和增长方式的转变。为了维护社会公平正义,为了国民经济健康稳定长期发展,需要深化收入分配制度改革,加大收入分配调节力度,在初次分配中健全和完善按劳分配制度体系,提高劳动报酬的比重,合理确定各种要素贡献度,兼顾效率与公平。

第一,坚持公有制为主体,多种所有制经济共同发展的基本经济制度,根据公有制实现形式的多样化,形成按劳分配实行形式的多样化。我国劳动报酬所占比重下降很大程度上与公有制的主体地位弱化有关,私营企业主为了获取高额的利润必然会压低劳动者的工资标准,由于我国的经济增长很大程度上依靠投资拉动,技术、物质资本的大量投入必然也要求获取相应的回报,这些都是导致劳动报酬在国内生产总值中所占比重出现下滑的直接因素。因此要坚定公有制的主体地位,要充分利用现代管理理念并采取效益优良的管理方法对社会主义公有制的实现形式进行完善,使之在国民经济的关键部门充分发挥其主导作用。适应公有制实现形式的多样化,也要积极探索公有制企业劳动者的分红制度,实现按劳分配的多种实现形式。要认真对待现阶段在国有企业存在的一些负面社会舆论,对国有企业进行积极引导并进行整改,努力发挥国有企业的正面影响力。对于私营企业则要加强对其劳动关系的监督和监察,使之切实贯彻我国目前关于工资分配的制度与措施,对私营业主定期展开经营与管理培训,提高其对于法律制度的了解与认知程度,使其认识到守法经营的必要性,以及员工收入的提高对于企业稳定经营和构建和谐劳动关系的重要意义,遏止私营业主的不良及违法行为。在我国目前家庭的收入总额中,工资收入所占比例高达 70% 以上,保障居民的充分就业对于劳动者收入的增长具有关键性意义。促进各类企业的快速发展以催生更多的就业岗位,也是提高劳动报酬的现实需要。

第二,实行市场化改革和经济社会管理体制改革,贯彻市场作为初次分配的基础条件和原则,打破计划经济体制下形成的行业垄断与个人特权。我国目前处于社会主义初级阶段,生产力发展水平较低呈现多层次性,且没有一个计划部门能够掌握市场的全部供求信息,公有制企业与非公有制企业都是参与竞争的市场主体,劳动力资源和各种生产要素都要由市场来配置,因此我国目前必须发挥市场作为资源配置的基础性方式。其一,积极开展市场化改革。由于我国传统的计划经济体制遗留下来的凭借个人所持有的特殊权力掌握市场资源、抢占发展先机的情况存在,使得普通劳动者在参与市场竞争的初始阶段就处于不利的位置;历史遗留的城乡二元经济结构以及户籍制度的存在,为劳动力资源的流动设置了重重壁垒,导致劳动力价格对于劳动力市场的反应不敏感;再加上以行政权力为保护的行政垄断行业对市场公平竞争环境的破坏,使得国民收入的初次分配过程中,劳动者处于弱势地位。今后应坚持进行劳动力市场与要素市场的市场化改革方向,破除行政垄断、制度壁垒和人为控制因素,形成劳动者平等参与竞争的市场机制,降低垄断行业诸如电信、建筑等的准入门槛,使各要素在公平的市场竞争中形成均衡的要素价格,明确劳动力产权,并建立专门的方法体系,科学确定各种生产要素在财富创造过程中对国民经济的真实贡献率。规范交易行为,保障所有者权益,限制各种不合理的高收入。其二,实行经济社会管理体制改革。在我国社会中广泛存在着各种"潜规则"的现象,如利用手中掌握的个人特权牟取私利产生灰色收入、利用行政权力获取行业优先发展、对行政垄断行业的高额垄断利润收缴不力以及社会诚信缺失等问题,都导致了收入分配秩序的混乱。各种设租、寻租的行为让政府官员侵害了普通人的基本权利,行政授权以及利益集团对政府政策的干预导致收入和资产分配的长久不平衡,使社会资源与发展机会更多地流向利益集团,增加了低收入者的投资风险,严重违背了收入分配中的公平原则,制度的缺陷构成非法非正常收入滋生的根源,因此,要积极展开经济社会管理体制改革,政府的某些配置生产性资源的职能需要逐渐交给市场由市场机制去配置,打击通过不合法手段牟取私利积累财富的行为,从源头上加强法治与制度建设,铲除违法乱纪行为以及腐败行为产生的土壤,为实现共同富裕打下坚实的物质基础。

第三,转变经济增长方式,增加经济总量。一定条件下经济的快速增长对于收入分配是有益处的。经济发展所带来经济总量的增长是进行收入分配、消除贫困的重要物质基础和条件。马克思曾经指出:"分配方式本质上毕竟要取决于有多少产品可供分配"①,由此可见经济总量的增长对于分配的重要意义;根据奥肯定律,伴随 GDP 每增长 3 个百分点和产量缺口每减少 3 个百分点,失业率就会下降 1 个百分点。经济的增长有助于充分利用社会资源,有利于促进企业投资的增加并带动就业的增长。若企业建立工资的正常增长机制,则人均国民收入也会随之提高,带动居民消费需求和投资需求的上涨,收入分配状况也会伴随经济增长而不断得到改善。转变我国经济增长方式,首先要积极推进产业结构调整,实现我国经济发展方式由粗放型向集约型转变。多年以来我国经济发展方式粗放,虽然 GDP 总值增长较快,但我国的经济增长是建立在高投资、高能耗基础上的。据统计,自 2003 年以来我国的投资率都维持在 40% 的高位上,而世界各国平均投资率一般维持在 20% ~ 23% ,大约比我国低 20 个百分点。虽然我国正处于工业化和城市化的中期阶段需要依靠投资来拉动经济增长,但过度的投资必然会挤占消费,使经济患上投资依赖症。大量的资本投资作为要素参与了生产,必然要求获取相应的回报,造成我国居民的劳动报酬所占国内生产总值的降低,阻碍了国内需求的增长,陷入经济恶性循环的怪圈,另外我国长期以来形成的依靠高投入、高消耗的粗放型经济增长方式对我国的生态环境及资源造成严重破坏,导致生态环境脆弱。我国每单位能源消耗对 GDP 的贡献率,仅相当于发达国家的 1/4 左右。要实现高质量的工业化,全面增强企业的自主创新能力和科技驱动能力,需要努力掌握关键核心技术并提高技术转化为成果的能力,全方位提高企业的科技创新水平。积极推进产业结构调整的步伐,形成以高新技术产业为先导、基础产业和制造业为支撑、服务业全面发展的产业格局。使产业结构按照经济发展的历史逐步实现由低级水平向高级水平的发展,使第一产业在产业结构中占优势比重逐步向第二、三产业占优势比重演进,由劳动密集型企业占优势比重向技术资金密集型企业占优势比重演进,由制造初级产品的产业占优势比重向制造最终产品占优势比重演进。转变经济增长方式,保持国民经济持续发展。其次,实现经济发展产业结构转型,不能单纯依靠投入劳动力和资本的数量,而要依靠投入劳动力和资本的质量。实现二者质量提高的关键之处就在于重视人才的作用,重视人力资本的投资。人力资本投资可以通过提高个人的获利能力的途径提升劳动者个

① 《马克思恩格斯选集》第 4 卷,人民出版社,1995 年版 ,第 691 页。

人劳动收入。人力资本主要从生产能力和配置能力两个方面影响劳动者的获利能力,生产能力可以通过对劳动者组织专业的训练得到直接提高,而配置能力则是体现劳动者及时发现机会、把握机会,并能够最有效地使资源变为产出的能力。在市场经济条件下,这种能力无论对于劳动者自身的生产能力发展还是对于企业创新能力的提升都具有重要的作用。一般来说受教育程度较高且人力资本存量丰厚的人更易于拥有较强的配置能力。因此在我国经济发展方式由粗放型向集约型发展的过程中,需要加大人力资本投资并注重对人才的培养、教育和管理,提高劳动者的生产能力和配置能力,提高经济发展质量。再次,在经济发展战略上,以追求公平和社会稳定为目标,采取均衡发展战略。经济发展战略有非均衡发展和均衡发展两种。非均衡发展战略是国家为了加速工业化进程而集中有限的人力、物力和财力重点发展国民经济中的关键行业和部门,充分发挥这些部门的先导作用和辐射作用从而带动其他产业发展。在这一目标的指导下,国家的宏观政策必然倾向于采取投资倾斜或重点区域开发政策,允许一部分地区一部分人先富起来,这样势必会形成收入分配差距,导致地区间、行业间、部门间收入差距的扩大。而采取经济发展的全面进步和协调发展均衡战略,则会为地区间、产业间以及部门间的增长做出综合部署,促进投资结果的合理性和协调性,并注重强调产业间的协调性和投资的不可分性,就会有利于经济全面发展目标的实现。实行经济的均衡发展战略会增强发展过程的协调性从而影响收入分配的平衡性,有利于实现分配的公平增长,也有利于促进社会的稳定。但是经济增长和效率提高的结果是否令人满意,则要视具体情况而具体分析。2008年金融危机爆发以后世界经济处于波动之中,若要依靠国际市场保持国内经济稳定发展是行不通的。因此,必须要将目光转向国内,致力于拉动国内需求的增长来促进经济发展。

二、坚持按劳分配为主体,多种分配方式并存的分配制度

按照马克思主义经济学的观点,一个社会的分配关系是由特定阶段的生产关系决定的,"消费资料的任何一种分配,都不过是生产条件本身分配的结果"①。而生产条件本身的分配就是指物质的生产条件和人的生产条件的归

① 《马克思恩格斯选集》第3卷,人民出版社,1995年版,第306页。

属问题,也就是指作为生产关系基础的生产资料所有制和要素产权制度,这两者决定了一个社会在某一历史阶段的分配关系和分配制度。我国目前实行的是以按劳分配为主体,多种分配方式并存,劳动、资本、技术和管理等生产要素按贡献参与分配的分配制度。实行这一分配制度也是我国目前特定的所有制结构和要素产权制度以及我国目前的生产力发展水平决定的。

第一,我国生产力发展水平和所有制结构决定我国实行以按劳分配为主体,多种分配方式并存的分配制度。改革开放以来,为了促进社会经济发展,我国在坚持公有制主体地位的前提下,不仅采取了公有制多样化的实现形式,而且还大力发展私营经济、外资经济等非公有制经济。一方面,关于社会主义公有制的实现形式问题,马克思并没有提出一劳永逸的现成方案,而是认为将来的人们应该做什么取决于人们将来不得不在其中活动的特定历史环境。伴随经济的发展和改革的深入,我国公有制的实现形式采取了股份制、承包制、租赁制等多种形式,因此,必然产生按劳分配以外的多种分配方式。另一方面,伴随经济的发展,非公有制企业也获得了较大发展并对经济发展做出独特贡献,私营企业为社会提供大量就业岗位,我们应该对它们所做的贡献给予肯定。目前我国之所以允许非公有制经济存在并将其视为社会主义市场经济的重要组成部分,是因为我国目前处于社会主义初级阶段,生产力发展水平呈现多层次性且水平较低,而社会主义的最终目标是实现共同富裕。共同富裕需要建立在生产力取得较大发展的基础之上,为了充分调动各方面的积极性,与我国目前的具体国情和生产力水平相适应,我国形成了"以公有制为主体,多种所有制并存"的所有制结构。马克思认为分配的结构取决于生产的结构,生产要素所有制决定分配制度,与我国的所有制结构相适应,现阶段我国必然存在多种分配方式,因此我国建立了以按劳分配为主体,多种分配方式并存的分配制度。

第二,生产要素按贡献参与分配的必要性。生产要素参与分配是以产权制度的改革为前提的,伴随我国由计划经济体制向市场经济体制的改革,我国的要素产权制度也由过去的单一公有产权制度逐步转变为以公有产权和非公有产权并存的多元产权制度。伴随非公有制经济的发展,私人要素产权也得到了迅速发展。目前我国已经形成了公有产权和非公有产权并存的多元产权制度。这种产权结构也是市场经济发展的必然要求,市场经济的发展要求市场上形成多元化的利益主体,各要素所有者按照市场经济的规则投入生产要素,就要获得相应的收入。在资本主义市场经济的发展中,马克思已经对于按生产要素分配对生产力发展的推动作用给予肯定。生产要素分为劳动要素和非劳动要素,对于劳动要素参与分配的问题,学界的看法已经基本一致。关于非劳动要素参与分配,学界目前仍然还有争论。笔者认为:首先,伴随我国社会主义市场经济运行的深入发展,要深化科技、管理、知识等生产要素在推动生产力发展中的重大作用,伴随生产社会化和信息化程度的不断提高,脑力劳动、智力劳动在生产中的作用日益增强,虽然科学技术本身并不创造价值,但是科学技术一旦为人掌握就可以使劳动者提高劳动生产率,它参与了价值形成的过程,并有助于创造出更多的价值和使用价值,所以应深刻地认识科学技术的作用。其次,马克思主义经典作家也曾批判过离开生产资料片面强调劳动作用的错误观点,指出生产资料所有制是生产的前提和基础,是决定价值分配的重要因素,并强调了所有制对于劳动者占有劳动产品的决定性意义,他指出:"如果认为,在一切生产状态中,生产,从而社会,都建立在单纯的劳动同劳动的交换上,那就错了。在劳动把它的生产条件看作是自己的财产的各种形式中,劳动者的再生产绝不是由单纯的劳动所决定的,因为劳动者的所有权关系,不是他的劳动的结果,而是他的劳动的前提。"①由此可见,马克思认为生产要素所有权是价值分配的决定因素,因此在我国目前生产要素所有者可以参与价值分配。再次,生产要素属于稀缺资源并分属于不同的所有者,生产要素的所有者必然要求从其生产要素参与生产的产品价值中获取收益,这是市场经济的内在要求,也是对于生产要素为生产过程所做贡献的肯定。给予生产要素所有者产出回报,有利于充分调动要素市场的活跃度,使社会财富充分涌流。若不允许生产要素所有者参与价值分配,必将造成资源浪费,并将导致资源枯竭。在我国目前社会主义市场经济条件下,机械地遵循谁劳动谁收获的原则,将不利于社会财富的源泉充分涌流以及资源的有效配置。

在肯定生产要素按贡献参与分配的同时我们也应认识到,我国现在所实行的"确立劳动、资本、技术和管理等生产要素按贡献参与分配的原则"与萨伊的"三位一体"公式是不同的:我国现阶段实行的生产要素按贡献参与分配的理论基础是马克思的劳动价值论和价值分配论,其目的是为了促进社会主

---

① 《马克思恩格斯全集》第30卷,人民出版社,1995年版,第511页。

义生产力的发展,其分配的内容是劳动者所创造的全部价值,伴随我国社会主义高级阶段的到来,其必然被按劳分配和按需分配所代替。而萨伊"三位一体"公式的理论基础是要素价值论和"效用价值论",其目的是为了说明统治阶级的收入来源具有其历史必然性和合理性,试图掩盖资本家对工人的剥削,其分配方式是资产阶级对工人所创造价值的无偿占有和剥削,并被资产阶级经济学家视为永恒的分配方式。

三、推进教育体制改革,促进劳动者供给结构合理化发展

依据马克思工资学说,工资标准主要由劳动力价值决定,但供求关系也会对工资水平产生影响。当从事某种职业或具有某种特殊技能的劳动者在市场上处于稀缺地位时,这类劳动者的收入水平就会提高,这是由劳动力商品的供求关系所决定的。很多农民工长期只能挣得最低工资,从事简单重复的工作,这也与其自身素质不能适应产业结构转型升级的需要有关。在我国目前的劳动力市场上存在着"就业难"问题,而"就业难"主要集中于高校毕业生与城市就业困难群体,大批高校毕业生面临技能与市场需求不匹配的情况,城市就业困难群体受制于自身较低的教育水平,劳动力就业的结构性矛盾突出,就业压力依然巨大。由此可见,我国的失业问题在很大比例上是结构性失业,即劳动市场有职位空缺,但是由于人们没有所需要的技能,结果继续失业,结构性失业所反映的也是劳动力的市场供给与需求不匹配的问题。这种劳动力供给与需求脱节的现象严重影响我国劳动力的就业形势。就业是人们获得经济收入的主要来源,失业使人们的物质生活蒙受损失,造成社会贫富差距的进一步拉大,并容易产生一系列社会问题,提高了整个国民经济所必须承担的社会成本,因此解决失业促进就业,不仅是经济问题更是民生问题,需要引起我们足够的重视。

在当前阶段,解决劳动力供给与需求的结构性矛盾关键靠教育。在马克思的收入分配理论中,人的智慧、才能与创造能力占有重要的地位,人类摆脱奴隶般分工的基础就是要实现人的自由全面发展,而要实现这一目标就需要通过教育的手段培育个人生产力。从劳动力市场本身来看,劳动力资源的市场配置必然使高人力资本存量的群体获得较高的收入,而使较低的人力资本存量的群体获得较低收入,因此人力资本存量是造成群体间收入差距扩大的原因,人力资本收益的差别也将扩大收入差距。教育是最常用也容易得到的

人力资本变量,教育程度越高的人越具有较强的生产能力和配置能力,由于其自增强机制的存在,这些能力还会得到进一步加强,劳动者收入也会增加。对于一个人或一个社会因增加其受教育的数量而得到的未来净经济报酬的测量就是教育收益率。根据中国社会科学院人口与劳动研究所 2002 年对中国 5 座城市的调查数据显示,教育的收益率大约为 10% 左右。由此可见,教育对于社会财富总量的增加和人民收入的持续提高具有明显持续的意义,教育不仅有助于缓解我国目前的结构性失业现状,从长远来看教育水平的提高还有助于我国高素质劳动力的培养。

首先,通过教育培养模式的改善,可以缓解我国目前的结构性失业现象。针对由于人力资本供求不匹配引起的结构性就业难的问题,劳动部门需要联合教育部门增加对劳动者的培训,提高其知识和技能进而提高生产率,使劳动力与企业人才需求结构相匹配。同时国家也应进行高校教育体制改革,调整高等教育的专业培养体系,使高校的专业设置与社会需求建立直接联系,实现人才培养目标与市场需求标准的一致。因此,一方面劳动部门应增强劳动者的职业教育,改善劳动者职业教育培养模式,将职业培训与市场机制相联系。加强与其他企业的横向联系,及时交流先进技术与管理经验,另一方面国家也应在高等院校实行人才培养机制改革,改善高校专业培育模式与学科培养体系,培养市场需要的人才,使劳动力的培养结构与经济发展所需要的人才结构实现对接,提高劳动力资源的使用效率,提高人才与劳动力市场的匹配度。这将会在很大程度上缓解我国的就业问题,同时也将在一定程度上增加劳动者收入并提高劳动者素质。劳动力素质的提高也可以更好地吸引高技术投资,实现我国产业结构的转型升级,改变我国在全球产业链和分配链中的不利地位,进而提高劳动者的收入预期,实现收入增长与经济发展的良性循环。

其次,注重教育公平性建设、实现教育的均衡化,可以为打造高素质劳动者队伍奠定良好基础。一个人的受教育状况是其参与社会竞争的起点,社会应为其提供平等的受教育机会,使人们享受平等且有质量的教育。然而我国教育发展的区域不平衡以及劳动者受教育的起点与基础的不平等,是导致部分劳动力素质偏低的重要原因。在当今社会,教育水平在很大程度上影响收入水平,因此教育的不公平也是造成收入差距扩大的重要因素。我国社会成员受教育的机会与其先赋性条件(家庭背景等)和制度壁垒性条件(户籍或地区等)产生直接联系。由于家庭背景、城乡或区域差异等多种因素的影响,使得人们实际享受教育机会的能力存在差别。就家庭背景而言,父母受教育程度高、经济条件较好的家庭子女通常比处于不利地位的家庭子女能够享受更加优质的教育资源,有调查显示父母为管理者的子女比父母不是管理者的子女平均受教育年限要多三年左右;从制度壁垒性条件来讲,在我国教育资源分布不均衡,城市比农村拥有更多的教育资源、更强的师资力量以及更好的办学条件,西部地区相较之中东部地区更是缺少足够的教育资源,即便是有办学条件其教育实质内涵也远不及中东部地区丰富。教育制度因素是导致城乡之间、地区之间收入差距扩大的一项重要因素。因此,劳动者素质的普遍提高,以至收入的提高和分配的公平都需要公平公正的教育制度做支撑,教育的公平可以为社会的公平打造坚实的基础。政府应采取措施将教育发展的重点放到促进区域均衡发展、注重提高教育质量、加强教师队伍建设上来,并加快实现基本教育公共服务均等化。其一,把公平作为教育的基本政策,实现不同地区的教育均衡性发展,加大教育投资在 GDP 中所占比重。坚持教育的公益性和普惠性,缩小区域之间、城乡之间和学校之间的差距,对教育资源薄弱的地区要加大教育专项资金的投入力度,使教育资源向农村地区、偏远地区、民族地区重点倾斜,并保障实现义务教育的资源均衡化和服务标准化,保障这些地区的儿童享有公平的受教育机会,使之摆脱贫困循环的陷阱。目前我国的城乡免费义务教育已经全面实现,为我国基础教育的实施奠定良好基础。其二,完善对于进城农民工随迁子女的教育资助政策,并着力保障残疾儿童以及经济困难家庭的儿童能够享受均等的教育机会。其三,把提高教育质量和加强教师队伍建设作为教育改革发展的核心任务,实现教育的内涵式发展。实现均衡性教育基础在规模、核心在质量。要加大对学校办学条件、师资力量以及教育教学过程的评估,保障办学质量。把教师队伍素质的加强作为教育事业发展的基础性工作,着力加强农村教师队伍建设,提供优惠条件鼓励高校毕业生到农村或薄弱学校任教。其四,在教育内容上实现由应试教育向素质教育的转化,注重实践能力与思辨能力培养。

四、转变政府职能,加大政府公共政策对收入分配支持力度

关于国家对经济生活的干预,并不是以凯恩斯经济学基础上的国家干预为起点的,在资本主义生产方式发展初期,国家就以法律的形式对生产过程

加以干预。马克思也曾就此指出:"资本在它的萌芽时期,由于刚刚出世,还要依靠国家政权的帮助才能确保自己榨取足够数量的剩余劳动的权利。"①而马克思关于国家对经济行为进行干预的必要性,已经被逐渐发展的资本主义社会和社会主义社会来验证是正确的,马克思对于市场经济所分析出来的一些原理,对现在社会依然适用。除此之外,马克思工资理论的特征之一就是阶级性。资本主义的发展史就是一部资本家对于工人阶级的剥削史,资本主义的生产过程就是剩余价值的生产过程。然而从我国现阶段的企业生产过程来看,无论企业的所有制性质如何,《资本论》中所提到的增大剩余价值生产的诸如延长劳动时间、提高劳动强度等不公平现象,在我国的企业中是真实存在的,强资本弱劳动也是我国企业中劳动关系的真实写照。要关注在承认矛盾的前提下致力于解决矛盾,是马克思主义者应有的态度之一。我国政府要关注收入分化与劳动关系对于劳动者所产生的不良影响,从国家的长治久安出发,应当采取措施,尽快扭转收入分配差距扩大的趋势,维护社会的和谐稳定。

我国政府还应实现向服务型政府的转型,应将其履行职能的注意力放在提供关键性的公共服务上面,政府不应是公共部门的庇护者,而是市场活动的守夜者,社会公平的保障者。在政府职能上,应实现由管制型政府向服务型政府的转变,坚持以人为本,以公民为本位,注重保障公民基本权利,以增进社会公共利益为政府管理的主要责任,做人民利益的忠实维护者和代表者。提供更多的社会公共品和公共服务,特别是提高在基础设施建设、教育医疗、环境保护、生态建设、公共安全和社会福利等方面的社会服务,来增进公共利益。同时放松对社会经济事务的管理,从市场竞争中退出来,实现经济职能的收缩,由直接管理转变为通过宏观调控的方式间接介入经济活动,树立平等意识和服务意识,更多地让公民和社会进行自我管理,政府需要做的则是"寓管理于服务之中";在政府模式上,实现由全能政府向有限政府的转变,增强法治建设,对政府的权力做出明确的规定,将政府的职能限定在政治性公共领域,旨在实现公共利益;健全社会法治体系,也是服务型政府建设的必然要求,只有通过法治才能确定政府权力行为的清晰界限。

(一)做好二次分配,保障社会公平

国民收入的再分配是指在初次分配的基础上根据规定标准和程序对国

---

① 马克思:《资本论》第 1 卷,人民出版社,2004 年版,第 312 页。

民收入进行的再次调配,多数情况下是在初次收入分配基础上进行的单方向的收入转移。再分配是政府履行其社会管理职能、调节收入分配差距、提供公共产品、维护社会公平等事项的需要。由初次分配所产生的收入差距,在很大程度上需要依靠政府采取合理的财政政策、税收政策和社会保障政策来进行弥补,因此国民收入的再分配对于缓解收入分配差距,实现社会公平正义具有重要的意义。

首先,控制政府财政开支,调节财政支出结构,增强政府支出的透明度。长期以来,我国政府财政支出结构存在诸多不合理之处,财政支出缺乏宏观调控,行政管理支出等非生产性财政支出增长过快,而具有较强社会效应和外部效应的公共服务及社会保障支出严重不足,严重阻碍了社会的发展。而"美国政府的财政支出以转移支付和保障性支出为主,这两项支出一直稳定在62%左右,而中国的财政支出比重则以消费性支出为主,所占比例一直高达65%以上,其次是投资性支出,稳定在23%～30%之间,而保障性支出比例最小,一直低于10%"①。政府财政支付的规模和结构是国民收入二次分配的重要内容,其支付方向是"兼顾公平"的重要指针,将直接影响到最终收入分配。因此,政府需要将公共财政应着眼于社会平衡,着力于调节社会收入差距。第一,需要控制政府财政开支,调节财政支出结构,增强政府支出的透明度。政府应建立健全财政支出预算制度,提高政府财政对社会保障基金的投入比重,加大基础教育、健康卫生方面的公共投资,完善社会医疗和社会保障体系,扩大社会保障覆盖面,使政府财政更多向民生倾斜,更多关注弱势群体的生存权益。第二,政府财政应加大对农村地区和贫困地区的财政资金支持,改善经济落后地区的基础设施和投资环境,缩小地区间人民生活水平的差异和收入差距,创造条件推动落后地区收入增长。鉴于我国存在的二元经济结构和城乡户籍壁垒,为了使社会保障职能得到更好的发挥,应深化户籍制度改革,取消城乡二元结构的管理体制,使农村居民能够和城市居民享受到均等的社会公共服务,缩小城乡收入差距。为切实保障财政支出项目的运作效率和具体落实,还需建立健全责任追究制度和财政支出审计和公示制度,加强财政支出的透明度,接受社会监督,使各项支出做到有源头可查,通过各种再分配手段,将社会的财产分布差距控制在大体可以接受的水平。

---

① 杨文芳、方齐:《财政收入、财政支出与居民消费率》,《当代财经》2010 年第 2 期。

其次，积极稳健推进税制改革，优化强化税收的再分配功能。税收可以有效地对过高收入进行调节，把社会成员的收入差距控制在合理范围。进一步推进个人所得税"综合与分类相结合"的改革，根据居民收入情况和经济发展状况，调整个税起征点，减轻低收入群体的纳税负担，降低劳动收入的税负，形成有效改善收入分配的机制安排；调整消费税的征收原则和范围，既维护群众的基本消费需求，又对奢侈品消费进行有效调控；加大税收征管力度，特别是做好高收入群体应税收入的管理和监控，将税制改革与世界接轨，研究考虑制定遗产税、赠予税的制度框架，对高收入阶层的收入以及由此带来的收入差距进行适当调控。在行业范围内，要对涉及国家安全、国家机密等确需垄断的行业征收垄断税，因为其垄断高价，并不是由于其高技术性要素引发高劳动生产率所得，而是由国家赋予其垄断地位所得，所以应通过垄断税的方式上缴国家，而不是留在企业内部；降低垄断行业的经营门槛，让更多的企业特别是民营企业积极参与市场竞争，并适当减轻民营企业税费负担，为民营企业的发展创造良好的条件。企业的税费负担减轻了，才可以为企业劳动成本的增加留出空间，以提高民营企业职工工资收入。

再次，建立充分覆盖的社会保障体系。马克思认为在一个社会的经济运行与发展之中，由于社会物质资料的再生产具有风险性和不确定性，需要社会保障提供必要的社会条件和物质基础。马克思在分析不变资本再生产时，提出："不变资本在再生产过程中，从物质方面看，总是处在各种会使它遭到损失的意外和危险中……因此，利润的一部分，即剩余价值的一部分，从而只体现新追加劳动的剩余产品（从价值方面来看）的一部分，必需充当保险基金。"[1]此外，马克思提出对社会上的未达到劳动年龄的人口、由于年老不能参加劳动的人口以及因残疾不具备劳动能力的人口都需要社会给予基本生活保障。当前在我国推动日趋公平的市场经济增长的过程中，社会保障的缺口将侵蚀人们承担风险的能力，而且会削弱社会凝聚力并影响公众对改革的支持。全球化和市场化进程在带来机遇的同时也带来了更大的不确定性，在这种情况下社会保障将越来越重要。目前我国已基本建立社会保障体系的制度框架，社会保障制度初见成效，社会保险覆盖范围也进一步扩大。但是由于我国就业形式和所有制结构调整，城镇地区的非国有部门从业人员、灵

---

① 《马克思恩格斯全集》第46卷，人民出版社，2003年版，第960页。

活就业人员是社会保障的薄弱点所在,城市化进程中数以亿计的农村转移劳动者也没有被纳入社会保障体系,而大多数的就业机会是由非国有部门创造的,因此要扩大社会保障体系的覆盖范围,把在非国有部门就业的居民和外来人员都纳入其中,由于农民工群体和社会就业困难群体受教育程度普遍较低,其就业方向大多局限在规模较小的私营劳动密集型企业,这类企业存在用工不稳定、季节性强等特点,再加上社会保险项目的缴费过重,导致无论企业还是劳动者自身,都缺乏参加社会保险的积极性,使得劳动者及其家庭暴露在劳动力市场风险之下。要扩大社会保障体系的覆盖面,可以适当降低社会保险缴费在工资中所占的比重,或者采取变通降低某些社会保险项目缴费标准的方式,为劳动者降低参保费用。目前我国已经建立的包括农民工在内的全国统一的城镇职工基本养老保险关系转移接续的办法,充分考虑了劳动者的市场流动性,对于提高农民工参保的积极性也具有积极的作用;目前农村青壮年进城务工后,针对留守儿童和老弱人群的保障机制仍是制度缺口,按照统筹城乡发展的要求,为农村留守人群建立相应制度保障和公共服务机制迫在眉睫;在城市中也应逐步提高各类社会保险标准,目前我国由政府管理的社会保障收入与美国、日本等国相比还存有较大差距,社保收入占 GDP 的比重仍然偏低,在今后一段时期我们还需要进一步扩大社会保障覆盖面,稳步提高社保收入比重。

最后,优化国民收入分配格局需要加强法制建设。用法律来规范各分配主体的权利和地位,在宏观上规范政府、企业和个人的收入和支出,规范职工的最低工资标准和社会保障标准,将各项收入分配关系纳入法律体系,形成刚性制度,切实做到收入分配有法可依,从劳动立法的角度,矫正工资集体协商制度的力量,确保劳动者得到合理劳动收入。在微观上,建立合理的薪酬管理体系,规范收入分配秩序,明确个人贡献与收入的分配原则,建立操作性强的要素贡献评价体系。同时,健全监督体系,加大惩戒力度,强化个人收入分配的制约与监督机制,打击各种非法和不合理途径牟取暴利和积累财富的行为,清理和规范国有企业和机关事业单位的各种工资外收入以及非货币福利,深入开展"小金库"治理工作,切断权力寻租以及"灰色收入""隐性收入"等不合理收入的产生渠道。

在政府做好"二次分配"的同时,还应注重积极促进"三次分配"。三次分配涉及社会责任的问题,建立在公民的社会责任感和历史道德感基础之上,是指富人在自愿的基础上拿出自己的部分财富资助穷人,帮助改善他们的生活、教育、医疗条件。三次分配不仅可以在一定程度与一定范围内调节群体间收入差距过大的状况,弥补社会保障制度的漏洞,而且能够以软性的方式调节社会矛盾,具有针对性强,应变灵活的特点,有助于实现社会的和谐,也有助于公民责任意识的增强。政府应当积极促进中国慈善事业的发展,为在慈善事业方面做出重大贡献的企业或个人给予表彰、奖励或给予税收政策方面的优惠。在今年2月份发布的《关于深化收入分配制度改革的若干意见》中,也提出要大力发展社会慈善事业,积极培育慈善组织并简化公益慈善组织的审批程序。对于企业公益性捐赠支出超过年度利润总额12%的部分,允许结转以后年度扣除。

(二)健全劳动力市场制度,创造公平的就业环境

目前我国的劳动力市场上出现了一些难以理解的现象,形成了认识上的困惑,即企业"用工难"与劳动者"就业难"现象的同时存在。"民工荒"从沿海扩展到内地,大范围的缺工成为企业挥之难去的心病。企业出现用工难与长期以来压低农民工劳动收入有直接关系,伴随国家中西部崛起计划和惠农计划的实施,农民工基于自身外出成本考虑也使进程农民数量减少。长期以来农民工在城市中遭受劳动歧视、且不能与城镇人员享受均等的劳动待遇,如果企业能够为农民工提供一条在职业领域前进上升的通道,使农民工产生归属感,"用工"也许不会如现在这般"难"。因此,企业用工短缺并不意味着失业压力的减轻,反而要求政府和企业对用工难的原因展开反思,对一直以来企业与社会对待农民工的政策性态度进行反思,同时这也对政府积极就业政策提出了更高的要求。可以说,在中国并不缺少农民工,缺少的是能够提升农民工薪酬的企业与经济结构,缺少的是完善的劳动力市场制度、健全的社会保护机制以及政府提供积极的公共服务。因此,采取措施建立完善的劳动力市场制度,对劳动者工资进行合理定价,为劳动者提供完善的就业信息并保障其基本权益,对于实现劳动者充分就业、提高劳动者收入具有现实意义。

首先,注重工资决定的市场机制,在此基础上对企业的工资待遇进行外部调节,并定期对企业管理者展开经营管理方法及理念的相关培训。要充分发挥市场对于工资分配的基础性调节作用,有关工资待遇可由企业与劳动力自行议定,市场形成的工资标准有助于引导实现劳动力的合理流动,政府可

通过实行最低工资制度、行业工资指导线等工资调控机制从外部对企业工资标准的确定进行控制,有助于实现工资制定的微观决策与宏观指导的有机结合。政府的宣传工作部门及经贸部门可以定期对企业管理者展开培训,使其意识到劳动者工资的提高对于企业的长期发展是有利的,有助于劳动者形成企业认同感和归属感,减少企业的人力资源管理成本,同时劳动者工资的提高也有助于形成和谐稳定的劳动关系,为企业的平稳运营提供优质的发展环境。

其次,降低农民工的落户门槛,自下而上推行户籍制度改革。长期以来,在我国的劳动力市场中由于户籍管理制度及劳动力市场的二元分割的存在,影响了劳动力的自由流动,导致劳动力市场配置劳动力资源的低效率,也造成了农民工城市就业的劳动力市场歧视现象,所以历史遗留下来的制度性因素成为阻碍劳动力市场对于劳动力资源有效配置的重要原因,影响工资价格信号功能的发挥,并造成城乡居民在劳动力市场上不能够展开平等的竞争,进而产生收入差距。因此,需要改革户籍管理制度,降低农民工落户门槛,并通过购买普通住房、积累缴纳社会保险年限、稳定就业合同等方式,使更多农民工有机会实现市民化,从而均等地享受公共服务。户籍制度的宽松化也可以逐渐形成对人口迁移较为宽松的制度环境,实现人才资源的市场配置。

再次,完善劳务市场信息网络,建立和完善公共就业服务体系,帮助失业人员实现再就业。由于我国的劳动力市场仍处于发育初期,在就业信息、职业中介以及岗位供求调节等方面的功能不尽完善,使得我国劳动力市场上的供需匹配存在较大的摩擦系数。政府应增大公共投入的力度,加强信息、中介和培训等公共就业服务,建立公共就业服务体系,并逐步实现劳务信息管理的系统化和现代化,为劳动者提供就业信息资料,逐步消除目前劳动者与雇佣之间存在的信息不对称问题。将增强的政府制度供给与劳动者制度需求相结合,必将有力推动劳动力市场制度创新的进程。

最后,加强市场法制化建设,建立市场运行秩序。在劳动力市场的正常运行中,劳动者与企业之间难免出现争议,必须将法律手段引入劳动力市场,保证市场的正常运行与发展。同时还应利用法律手段对企业中出现的规避最低工资、使用童工、拖欠工资等现象进行制度约束,维护劳动者的合法权益,并保证劳动力市场有秩序地运行。

(三)积极推进工业化与城市化进程

工业化是近现代世界经济发展的基本历史轨迹,也是一个国家和地区由不发达走向发达的必然选择。纵观发达国家工业发展史可以发现,工业化过程是劳动密集型、资金资源密集型、技术密集型逐步推进的过程。在此过程中,产业结构的调整为工业化的逐步推进提供动力。工业的发展、产业结构的迅速转变引起区域工业化的提高,从而带动非农产业就业比重的相应提高,非农产业就业人员的提高则引起向城市迁移的人口逐步增多,使得城市人口比重越来越大。而这种人口向城市或城市地带集中的现象或过程就是城市化。城市化到一定程度也会促进工业化的发展。根据经济发展史,当工业化和城市化率共同发展到大约13%左右的水平时,伴随人们收入的提高会相应形成消费、就业、服务等方面的需求,而工业结构内部的调整无法适应需求的扩大,因此就会催生第三产业的发展,城市规模会逐步扩大,城市提供的就业岗位也逐渐增多,为整体提高工资水平创造条件,创造能够拉动经济增长的消费需求。

从我国城市化过程中,农民收入水平角度来分析:改革开放以前我国实行从农业中抽取资金支持工业发展的政策,导致传统农业部门基础设施薄弱、发展动力不足,长期以来农业生产率偏低导致农业收入相应下降。改革开放以来,与我国大量增加的人口数量相伴而生的就是农村大部分土地已经被耕种,人多地少的矛盾日益突出,而城市正处于工业化和城市化的发展阶段,对于劳动力的需求日益增加,于是农村的劳务输出成为一项极具效率的人力资源开发方式。然而,我国的户籍管理制度及劳动力市场的二元分割,影响了劳动力的自由流动,成为劳动力市场配置劳动力资源低效率的制度性因素,虽然我国户籍制度有所松动,但城乡二元分割的局面并未真正解决。在我国城市化进程中,我国特有的户籍制度、社会福利制度以及城镇就业制度都导致城乡居民遭受不平等待遇,城乡居民在社会保障、教育资源、医疗资源方面都存在较大差异,形成城乡收入差距扩大的基础,集中表现为工资工时没有保障、无法享受与城镇就业人员同等的社会保障与福利待遇、子女入学与住房问题形成很大负担等等,直接导致农民工工资标准长期偏低并与城镇居民的收入差距逐渐拉大,制度因素成为农民工权益保障的瓶颈。同时,我国的劳动力市场还被分割为主要和次要两个劳动力市场,由于职业歧视和垄断等制度性的存在,就业人员在两个劳动力市场间的流动比较困难,一般而言进城农民工和城镇下岗职工大多集中在工资福利待遇较差的次要劳动力市场,与主要劳动力市场的员工收入差距很大。因此户籍制度的限制和劳动力市场的分割造成劳动力低效配置。我国目前所处的市场经济与城乡二元经济结构并存的局面也使得农村的经济发展状况雪上加霜。首先,在市场经济条件下,投资作为拉动经济发展的重要因素之一,生产要素所有者为追逐利润,往往将资金、技术等生产要素投向产业集群性较强、发展环境较好的、回报优厚的场所,如此则更加剧了城市与农村在经济发展程度和市场化程度上的差距。其次,由于一些对城乡二元经济结构起强化作用的制度的存在和农业劳动生产率的提高,再加上农民受教育程度较低,使得农村剩余劳动力向非农产业转移不畅,影响农村居民收入规模的扩大。

农民工收入水平长期偏低将会对我国经济的发展造成不良影响并威胁社会的和谐稳定:一方面,农民工收入偏低意味着其购买力低,从长远来看不利于我国内需的扩大和经济的发展,另一方面意味着农民工有可能会选择消极怠工甚至离开工厂,将不利于我国投资市场的扩大和企业生产的顺利展开。根据刘易斯的估计,只有当外出打工工资高于农民在农村耕种所得超过30%的时候,农民才会选择离开家乡外出工作,否则农民工将会返回农村,这将直接导致企业用工短缺。近几年出现的"民工荒"就是这种现象的真实写照。因此积极推进城市化过程,实现农业转移人口市民化,对于缓解农村人多地少的现实矛盾,实现农村土地的规模化和机械化经营,提高农民收入从而提高他们的消费能力具有直接的现实意义,也是彻底解决三农问题、破除城乡二元结构的根本途径。工业化和城市化的逐步推进能够为经济的发展带来一系列连锁的良好经济效益。但是,城市化过程中大量涌入的人口将对城镇地区形成一定压力,城镇地区对于转移人口的吸纳能力、城市化成本承受能力以及对于既定的生产关系和社会保障制度的承受与变革能力都是我们需要考虑的。如若忽视这些问题,将直接影响进城农民的生活和工作。因此,需要对工业化和城市化的过程做出统筹部署:

第一,促进产业结构转型升级,积极推进工业化进程。产业结构对于收入分配的影响主要体现在两个方面:其一,产业结构的层次决定收入分配的总量。其二,工业化的不同实现途径对收入分配带来不同影响。一个行业中各产业部门相互联系形成递次联系的加工链,在整个加工过程中,加工程度越深,产品的附加值也就相应增高,用于收入分配的总量也会增大。在提高工业化的过程中,产业部门间发展次序的不同也会影响收入分配总量,实行以轻工业和农业的发展带动重工业的发展战略,将会同时促进就业和居民收入水平的提升。鉴于目前我国农村劳动力受教育水平偏低,劳动力供给结构与需求结构部分错位的状况,在推进产业结构优化升级的过程中,也要促进劳动密集型产业的发展,暂时完善有利于劳动密集型产业经营发展的制度和政策环境。同时,逐步实现劳动密集型产业向中西部迁移,实现中西部地区农村人口的区内城市化转移,既可以提高各阶层的收入,还能够缓解当前部分地区存在的贫困现象。

第二,实现城市化与工业化的良性互动,进而带动第二产业和第三产业的发展。伴随科学技术在产业升级中的运用,第二产业伴随有机构成的提高使得其吸纳劳动的能力呈现了下降了趋势。但是,第三产业大多是劳动密集型和知识技术密集型产业,能吸纳较多的劳动就业。据统计,1980—2001年我国第三产业吸纳劳动力的速度是第二产业的3.56倍,因此第三产业将成为我国吸纳劳动力的主要就业渠道。全面发展服务业,不仅要运用现代化的技术手段对传统服务业的经营管理进行改造,还要积极推动新型服务业如通信、金融保险、房地产等行业的市场化进程,消除束缚其发展的制度掣肘,促进服务业特别是现代服务业的发展。除此之外还要积极发展农村第三产业,开辟为农业产前、产中、产后进行服务的现代服务业,实现农村剩余劳动力的转移,从而优化第一产业的结构,提高整体的经济效益和社会效益。

第三,城市化的过程关键是农业转移人口市民化,未来的城市化要从单纯的人口比率的变化,转向更加注重扩大公共服务覆盖面的范围和内涵,通过提升公共服务包容性消除常住人口城市化率与非农户籍人口比率之差。城镇地区政府要加强社会建设、创新社会管理,妥善处理好进城农民生产生活的一系列问题,加大人力资本投资,拓展人力资本的各项内容,增大城市在社保、医疗资源和教育资源的制度容量,破除制度约束,使农民工能够作为一个存量在城市中固定下来,而不是作为一个补充的增量在城市人力资本制度空间外游离。逐步消除二元劳动力市场分割,并实现进城农民与城镇居民平等地享有工资收入与福利保障政策,实现公共服务均等化,防止出现违反劳动法规、侵害劳动者权益的现象发生,从而稳定农民工群体及其家属的劳动力供给;政府还应增加就业岗位,积极提供就业培训、就业信息,促进就业,加大廉租房建设力度和城镇周边地区住宅用地市场的开发,并解决进城农民的子女入学问题,如此妥善安置他们的生活,实现进城又落户、迁徙也定居,消除进城农民的后顾之忧;通过开展劳动培训提高劳动力受教育水平,保障劳动者生存权益,实现劳动力自身素质的提升;加大对农业生产部门的投资,提高农业劳动生产率,加快转移农村人口和农村人口的城市化融合,减少城乡差距,逐步消除二元经济体制。除此之外,由于进城农民无论在生活还是思想上都有一个逐步适应的过程,因此各地推行城市化还应按照当地的经济社会发展规律有步骤有计划地进行。

结　　语

马克思工资理论形成于 19 世纪中期，是在资本主义生产方式已经完全成熟、资产阶级和无产阶级之间的矛盾日益尖锐的历史背景下创立完成的。马克思工资理论以唯物史观为方法论指导，以劳动价值论为理论基础，研究了资本主义大生产条件下工资的本质、形成过程及其与宏观经济运行的关系，并构建了未来社会公有制条件下的收入分配框架。马克思工资理论不仅关注对于资本主义生产过程中工资问题的辩证分析，而且关注工人现实的生活状态与劳动力补给，实现了科学研究与人文历史的统一。文章以史论结合相统一的方法，系统梳理了马克思工资理论的形成过程，论述了其基本理论内涵，并结合我国当前工资及收入分配领域所存在的问题与不足，挖掘马克思工资理论对我国工资及收入分配问题的指导价值。由于比较分析更有利于发掘事物的本质与特点，本书研究了马克思工资理论对古典政治经济学工资理论的批判与继承，并将马克思工资理论与西方经济学工资理论进行比较，以更好地把握马克思工资理论的理论实质，更好地凸显马克思工资理论的理论特征。通过研究，主要得出以下结论：

第一，本书通过系统梳理马克思工资理论的形成与发展过程、分析马克思工资理论对于古典政治经济学工资理论的批判与继承、比较马克思工资理论与西方经济学工资理论的相同点与不同点，论述了马克思工资理论的研究视角与基本内涵，表明马克思工资理论具有鲜明的阶级性、历史性、科学性特征以及宏观性与社会历史性相统一的研究视野。

首先，马克思工资理论是在批判地继承和发展古典政治经济学派研究成果的基础上建立起来的。马克思工资理论对古典政治经济学工资理论的继承主要表现在以下三个方面：其一，马克思工资理论继承了古典政治经济学在研究思路上的转换。古典政治经济学建立于资本主义制度的上升期，代表产业资本的利益，因此其理论研究范围也就由交换领域转向了生产领域，与此相适应其研究对象也转换为对于生产关系的研究，开创了将生产关系作为政治经济学研究对象的先河。马克思继承古典政治经济学在研究思路上的转换,把工资放置于资本主义大生产的社会历史背景之下加以考察,挖掘在工资表象背后所隐藏的生产关系,这种研究思路对于考察资本主义生产过程具有重大意义;其二,马克思在研究资本主义工资问题的过程中继承了李嘉图劳动价值论的观点,并在其基础上加以发展和完善。马克思坚持活劳动是创造价值的唯一源泉,科学区分了劳动与劳动力并确定了劳动力商品的价值,对于揭示资本主义工资的本质与标准具有关键性意义;其三,马克思继承了古典政治经济学派研究工资问题时所运用的抽象思维方法。在对资本主义工资问题进行考察时,马克思抽掉了掩盖工资本质的一系列表象,得出工资的本质是劳动力价值或价格的科学结论,在此基础上又采用从抽象回到具体的分析方法,以工资的本质剖析为起点分析工资的成熟形态及其与社会宏观经济运行的关系,使马克思工资理论具有高度的逻辑严密性。马克思对古典政治经济学的批判主要集中在以下三个方面:其一,马克思批判了古典政治经济学工资理论所具有的非历史性缺陷。古典政治经济学工资理论具有将工资问题静止化、永恒化的理论研究特点,并将资本主义特殊的经济规律视为永恒规律。马克思将他所创立的历史唯物主义运用于工资问题的研究之中,着重指出资本主义生产方式的历史暂时性,并认为政治经济学中所引起变革的全部内容,都与世界的物质性及其运动的辩证性相关联,工资是一个历史范畴,伴随生产力的发展和生产关系的调整,收入分配关系也必然随之发生变化,无产阶级的历史任务也在于进行政治斗争推翻资本主义制度;其二,马克思批判了古典经济学家关于"工资是劳动的价值或价格"的观点,并科学地将劳动与劳动力区分开来,指出工人出卖的不是劳动而是劳动力,工资在本质上是劳动力的价值或价格,工资的表象只是劳动力价值或价格的掩蔽形式;其三,马克思通过科学界定劳动力价值的决定标准,批判了古典经济学家关于工人能且只能够获得仅限于维持生存的最低工资的观点,指出劳动力价值由生理性因素和社会历史因素两个伸缩性较大的界限构成,工人所得工资应该与其劳动力价值相一致,即便是最低工资也不应仅仅满足于工人的最低生理需求,其必需生活资料的总和取决于一个国家经济、文化的发展水平,其范围和质量也应当足以使劳动者在正常的状态下维持自己。

其次,马克思工资理论的形成、理论内涵及其理论特征。从马克思工资理论的形成历程分析,该理论经历了初期探讨、深入发展和成熟完善的过程。从 19 世纪 40 年代至 50 年代初期是该理论的初期探讨阶段,马克思和恩格斯在这一时期还没有明确区分劳动与劳动力,并多次使用"劳动价格""劳动商品"的概念,带有明显的受古典政治经济学派影响的痕迹。虽然没有关于"劳动力"思想的明确表述,但是在完成于1847年的《雇佣劳动与资本》中实际上已经显露出有关"劳动力"思想的端倪。在这一时期马克思通过对异化劳动的分析,指出工人所受剥削的渊源以及由制度内生性所造成的工人贫困,分析了名义工资、实际工资和相对工资之间的关系,探讨了工资与利润的对立并进一步指出了工人与资本家的对立,显示了马克思研究工资理论所包含的社会历史视野;从19世纪50年代中期到60年代中期是该理论的深入发展阶段,同时也是马克思剩余价值理论构建的关键时期,马克思在《1857—1858年经济学手稿》中第一次明确区分了劳动与劳动力,并对劳动力价值进行了初步界定。马克思在剩余价值理论视野下分析工资的实质,工资与劳动力价值、与必要劳动的关系得到强调,马克思工资理论得到全面深入的发展;以1865年《工资、价格和利润》的发表为标志,马克思工资理论进入彻底完善时期,马克思科学界定了工资的本质及其与劳动力价值的关系,分析了工资的实质并揭示了资本主义生产的剥削本质,马克思将工资问题放在资本主义大生产的背景下进行讨论和思考,对实际生活中工资低于劳动力价值的现象进行了解释,并指明了由资本主义制度内生性所决定的工资下降趋势。从马克思工资理论的理论内涵进行分析,马克思工资理论与剩余价值论密不可分,其基本内涵不仅包括从剩余价值视野下对资本主义工资本质的界定,还包括马克思对工资的标准、形式、变动及其与宏观经济运行关系的考察。除此之外,马克思也对社会主义社会的收入分配关系进行了展望。可以说,马克思不仅采用科学抽象法对工资的本质进行了剖析,还以此为出发点,把工资放置到社会经济运行的具体环境中进行了考察,体现了马克思研究工资问题的宏观视野与历史逻辑。由马克思的工资理论初期带有明显古典政治经济学影响痕迹至马克思逐步区分劳动与劳动力,由马克思将历史唯物主义运用于工资问题的理论分析至马克思将工资问题放在宏观经济运行的过程中考察,无不体现出马克思工资理论所具有的阶级性、历史性和科学性特征。马克思劳动价值论对于劳动创造价值的肯定,以及对于资本主义私有制条件下资本家对无产阶级进行剥削与压迫的分析,使得马克思认为无产阶级要取得真正的解放就需要推翻雇佣劳动制度,充分体现了其阶级性;马克思将历史唯物主义应用于政治经济学研究,为工资理论的形成提供了科学的方法论指导，使得马克思以历史性的视角展开对工资理论的研究；理论前提的正确性、工资研究视野的宏观性使得马克思工资理论体现出鲜明的科学性。

再次，比较经济视野下马克思工资理论的理论实质及其理论立场。一般而言，通过比较能够更加透彻清晰地把握事物的本质与特点。本书通过将建立在劳动价值论基础上的马克思工资理论与建立在效用、边际和均衡分析基础上的西方经济学工资理论进行比较分析，挖掘二者在研究方法、理论基础、研究目的和工资决定标准等方面的不同，总结得出二者理论研究的不同点与其阶级立场密不可分的观点。西方经济学工资理论代表资产阶级利益，其理论研究意图证明资产阶级获取收益的合理性，而马克思工资理论则通过证明劳动创造价值的科学性，肯定工人劳动的价值，指明资本主义背景下资产阶级对无产阶级的剥削渊源，体现出崇尚劳动以及维护劳动者利益的价值关怀，充分展现其人文精神与无产阶级立场。

第二，注重马克思工资理论对于我国当前工资及收入分配制度改革的指导意义。根据我国目前社会主义初级阶段的具体国情及市场化改革方向，需要坚持无产阶级立场，坚持马克思工资理论的指导。

首先，在当前工资制度改革层面，应确立提高中低收入者收入，扩大中等收入者比重，逐步形成"橄榄型"分配结构的工资制度改革目标。积极促进中低收入职工工资的合理增长，到2020年实现城乡居民人均实际收入比2010年翻一番。依据马克思对于工资理论的科学分析，应合理确定工资标准，提高劳动者工资水平，确立工资伴随社会劳动生产力的增长而不断增长的良好机制，重视工资形成制度与机制的研究，充分发挥市场在劳动力价格形成中的基础性调节作用，在此基础上更好地发挥政府的宏观调控职能，实现工资标准确定过程中效率与公平的统一。

其次，在微观收入分配领域，提高科技贡献率，积极促进企业结构转型升级，提高企业经济效益。马克思工资理论承认工会组织在维护工人权益方面所起的重要作用，在当前我国私营企业内部应充分发挥工会对于劳动者权益保障的职能，重视工会的独立性和专业性建设，加强区域性、行业性工会的组织建设，组织实施工资的集体协商制度。马克思的工资理论坚持无产阶级立场，代表劳动人民的利益，在企业的内部分配中要切实提高劳动者的劳动收入，将劳动者报酬与企业盈利挂钩，并建立合理的薪酬标准体系，合理控制企业家的收入增长速度，防止企业内部收入的两极分化。

再次,在宏观收入分配领域,需要提高经济发展的质量并扩大经济总量,把中国的经济蛋糕做大做好,为居民分配奠定物质基础。依据马克思劳动价值论对于劳动创造价值的肯定以及按劳分配对劳动的崇尚,当前阶段要致力于提高劳动报酬在初次分配中所占比重和居民收入在国民收入分配中所占比重。依据我国现阶段以公有制为主体,多种所有制经济共同发展的基本经济制度与以公有制为主体,多种所有制并存的所有制结构,目前应坚持按劳分配为主体,多种分配方式并存的分配制度。依据马克思工资理论,劳动者所得工资标准还要受到劳动力市场供求的影响,当市场上某种劳动力供过于求时,此种劳动力的价格就会下降,反之则会上升。目前我国劳动者工资收入偏低很大程度上与其自身受教育水平不能满足用人单位对于高素质劳动力的需求有直接关系,因此积极推进教育体制改革,依靠教育解决劳动力供给与需求的结构性矛盾,促进劳动者供给结构合理化发展,提高人力资本存量是提高劳动者素质从而提高劳动者收入的重要路径,也是实现我国经济结构转型的重要推动力量。为保障收入分配的公平性,政府还发挥其财政支出所具有的再分配功能,加大公共政策对收入分配支持力度,缩小收入分配差距。

第三,在坚持马克思主义经济理论的同时,结合中国的实际探索马克思工资理论新内涵,以发展的观点探索中国特色社会主义市场经济的工资及收入分配制度体系。

虽然马克思对于公有制条件下的按劳分配进行了展望,但是由于我国所处的社会主义初级阶段的具体国情,生产力发展呈现出多层次性和不完善性,使得按劳分配原则的具体实现机制与马克思所设想的按劳分配实现模式存有不同。我国应从现实出发,在坚持马克思工资理论指导作用的前提下,积极探索能够更好地促进收入分配制度改革的具体方法,探索市场型的按劳分配体制,实现按劳分配实现形式的多样化,激发国家、企业和个人的生产积极性、主动性和创造性。工资与收入分配问题是与居民的生活息息相关的问题,收入的变化将直接影响人们物质生活和精神生活的质量和层次,收入分配格局的调整将直接影响利益格局的变化。工资标准作为一项重要的经济指标,也与宏观经济运行具有密切的联系。

工资问题研究作为经济学所必涉及的重要内容,迄今已有两百多年的研究历史,而马克思工资理论以及特有的阶级性及科学性特征为我国工资及收入分配制度改革提供了独特的价值指导,随着经济的发展,对于工资问题的研究必将继续深入下去。笔者通过几年的学习与领会,将马克思工资理论与我国的工资、收入分配问题确定为自己的研究领域,可以说,本书的写作是我对这一领域进行理论研究的开端。由于理论及研究水平有限,书中难免有疏漏和不当之处,敬请各位专家批评指正,以保证今后的研究能够得到进一步的深入、拓展与提高。

参 考 文 献

著作类：

[1]《马克思恩格斯全集》第 31 卷,人民出版社,1998 年版。

[2]《马克思恩格斯全集》第 44 卷,人民出版社,2001 年版。

[3]《马克思恩格斯全集》第 25 卷,人民出版社,2001 年版。

[4]《马克思恩格斯全集》第 3 卷,人民出版社,2002 年版。

[5]《马克思恩格斯全集》第 6 卷,人民出版社,1961 年版。

[6]《马克思恩格斯全集》第 30 卷,人民出版社,1995 年版。

[7]《马克思恩格斯全集》第 32 卷,人民出版社,1998 年版。

[8]《马克思恩格斯全集》第 46 卷,人民出版社,2003 年版。

[9]《马克思恩格斯全集》第 34 卷,人民出版社,2008 年版。

[10]《马克思恩格斯全集》第 47 卷,人民出版社,1979 年版。

[11]《马克思恩格斯全集》第 2 卷,人民出版社,1995 年版。

[12]《马克思恩格斯选集》(1—4 卷),人民出版社,1995 年版。

[13]《资本论》第 3 卷,人民出版社,2004 年版。

[14]《毛泽东文集》第 6 卷,人民出版社,1999 年版。

[15]《列宁全集》第 1 卷,人民出版社,1984 年版。

[16]《配第经济著作选集》,商务印书馆,1983 年版。

[17]《李嘉图著作和通信集》第 1 卷,商务印书馆,1981 年版。

[18]威廉·配第:《爱尔兰的政治解剖》,商务印书馆,1974 年版。

[19]亚当·斯密:《国民财富的性质和原因的研究》上卷,商务印书馆,1981
年版。

[20]克拉克:《财富的分配》,商务出版社,1983 年版。

[21]马歇尔:《经济学原理》下卷,商务印书馆,1981 年版。

[22]蒋自强、张旭昆等:《经济思想通史》(1—4 卷),浙江大学出版社,2003
年版。

[23]高鸿业:《西方经济学(微观部分)》,中国人民大学出版社,2011 年版。

[24]张人价:《重农学派的经济理论》,农业出版社,1983年版。

[25]陈岱孙:《从古典经济学派到马克思》,上海人民出版社,1981年版。

[26]程恩富主编:《马克思主义经济学研究》,中国社会科学出版社,2012年版。

[27]吴易风、顾海良、张雷声:《马克思主义经济理论的形成和发展》,中国人民大学出版社,1998年版。

[28]何自力、张俊山、刘凤义:《高级政治经济学——马克思主义经济学的发展与创新探索》,经济管理出版社,2010年版。

[29]逄锦聚等编:《马克思主义基本原理概论》,高等教育出版社,2007年版。

[30]吴易风等:《马克思主义经济学与西方经济学比较研究》,中国人民大学出版社,2009年版。

[31]宋涛:《政治经济学教程(第9版)》,中国人民大学出版社,2011年版。

[32]王儒化、张新安:《马克思主义政治经济学辞典》,中国经济出版社,1992年版。

[33]逄锦聚:《政治经济学热点难点争鸣》,高等教育出版社,2004年版。

[34]尹连英、高晓红:《〈资本论〉与中国社会主义经济发展》,东南大学出版社,2008年版。

[35]白暴力:《劳动价值理论热点问题》,经济科学出版社,2002年版。

[36]王冰、屈炳祥:《马克思商品经济理论与中国市场经济建设》,经济科学出版社,2006年版。

[37]黄孟复:《中国民营企业劳动关系状况调查》,中国财政经济出版社,2008年版。

[38]李楠:《马克思按劳分配理论及其在当代中国的发展》,高等教育出版社,2003年版。

[39]李建平:《〈资本论〉第一卷辩证法探索》,社会科学文献出版社,2006年版。

[40]姚开建:《经济学说史》,中国人民大学出版社,2003年版。

[41]柳欣、王璐:《经济思想史》,人民出版社,2009年版。

[42]江建平:《我国经济转型中的分配思想演进》,中国财政经济出版社,2006年版。

[43]何诚颖:《中国产业结构理论和政策研究》,中国财政经济出版社,1997

年版。

[44]世界银行:《中国:推动公平的经济增长》。

[45]何增科:《中国政治体制改革研究》第 2 版,中央编译出版社,2008 年版。

[46]曾湘泉:《劳动经济学》,中国劳动社会保障出版社,2005 年版。

[47]黄有光:《澳大利亚经济学家黄有光文集——经济与改革》,改革出版社,1994 年版。

[48]新加坡联合早报编:《李光耀 40 年政论选》,现代出版社,1994 年版。

[49]经济学消息报编:《诺贝尔经济学奖得主专访录——评说中国经济与经济学发展》,中国计划出版社,1995 年版。

[50]晋利珍:《劳动力市场双重二元分割下工资决定机制研究》,经济科学出版社,2010 年版。

[51]董克用:《中国转轨时期薪酬问题研究》,中国劳动社会保障出版社,2003 年版。

[52]康士勇、王永书:《薪酬设计:薪酬理论与政策环境》,中国劳动社会保障出版社,2006 年版。

[53]丁守海:《劳动剩余与工资上涨条件下的工业化》,中国人民大学出版社,2010 年版。

[54]杨河清:《劳动经济学》,中国人民大学出版社,2002 年版。

[55]常凯:《中国劳动关系报告——当代中国劳动关系的特点和趋向》,中国劳动社会保障出版社,2009 年版。

[56]刘家珉、林原:《从马克思劳动力价值与工资理论看现实经济危机》,中国经济出版社,2010 年版。

[57]吴红列:《工资集体协商:理论、制度与实践》,浙江大学出版社,2011 年版。

[58]康士勇:《工资理论与工资管理》,中国劳动社会保障出版社,2008 年版。

[59]中国经济改革研究基金会、中国经济体制改革研究会联合专家组:《收入分配与公共政策》,远东出版社,2005 年版。

[60]李萍:《转型期分配制度的变迁 基于中国经验的理论阐释》,经济科学出版社,2006 年版。

[61]廖泉文:《我国劳动力市场的理论与实践》,山东人民出版社,2000 年版。

[62]高培勇:《收入分配:经济学界如是说》,经济科学出版社,2002 年版。

［63］胡放之：《中国经济起飞阶段的工资水平研究》，中国经济出版社，2005年版。

［64］张定富：《〈资本论〉问题解答》，宁夏人民出版社，1982年版。

［65］龚基云：《转型期中国劳动关系研究》，安徽人民出版社，2006年版。

［66］薛进军：《中国的不平等——收入分配差距研究》，社会科学文献出版社，2008年版。

［67］权衡：《转型期中国经验与理论——"收入分配—经济增长"的现代分析》，上海科学院出版社，2004年版。

［68］保罗·斯威齐：《资本主义发展论》，商务印书馆，1997年版。

［69］白暴力：《让城乡居民收入稳步增长》，人民出版社，2008年版。

［70］（日）宫川彰：《解读〈资本论〉》，刘锋译，中央编译出版社，2011年版。

［71］（美）斯蒂格利茨：《社会主义向何处去》，周立群、韩亮、于文波译，吉林人民出版社，2011年版。

文献、论文类：

［1］江泽民：《加快改革开放和现代化建设步伐，夺取有中国特色社会主义事业的更大胜利》，在中国共产党第十四次全国代表大会上的报告。

［2］江泽民：《高举邓小平理论伟大旗帜 把建设由中国特色社会主义事业全面推向二十一世纪》，在中国共产党第十五次全国代表大会上的报告。

［3］江泽民：《全面建设小康社会 开创中国特色社会主义事业新局面》，在中国共产党第十六次全国代表大会上的报告。

［4］胡锦涛：《高举中国特色社会主义伟大旗帜 为夺取全面建设小康社会新胜利而奋斗》，在中国共产党第十七次全国代表大会上的报告。

［5］胡锦涛：《坚定不移沿着中国特色社会主义道路前进 为全面建成小康社会而奋斗》，在中国共产党第十八次全国代表大会上的报告。

［6］国务院批转：《关于深化收入分配制度改革的若干意见》，2013-2-5。

［7］国务院：《关于公私合营企业工资改革中若干问题的规定》，1956-10。

［8］国务院：《工资改革决定》，1956。

［9］劳动部：《关于工业、基本建设、交通运输部门建立和改进奖励工资制度的指示（草案）》，1956。

［10］劳动部：《关于改革现行职工工资标准的初步方案及进行试点的意

见》,1965。

[11]国务院:《关于国营企业实行利润留成的规定》,1979。

[12]国务院:《关于扩大企业经营管理自主权的若干规定》,1979。

[13]国务院:《关于国营企业发放奖金有关问题的通知》,1984。

[14]国务院:《关于进一步扩大国营企业自主权的暂行规定》,1984。

[15]国务院:《关于国营企业工资改革问题的通知》,1985。

[16]国务院:《机关工作人员工资制度改革实施办法》,1993。

[17]国务院:《事业单位工作人员工资制度改革实施办法》,1993。

[18]劳动部:《关于印发〈企业最低工资规定〉的通知》,1993。

[19]劳动部:《关于实施最低工资保障制度的通知》,1993。

[20]劳动部、国家计委:《关于对部分行业、企业实行工资指导线办法的通
知》,1996。

[21]《中共中央关于国有企业改革和发展若干重大问题的决定》,1999。

[22]《工资集体协商试行办法》,2000。

[23]劳动保障部:《集体合同规定》,2004。

[24]国务院:《促进就业规划(2012—2015 年)》,2012 - 2 - 8。

[25]国务院:《国家人权行动计划(2012 - 2015 年)》,2012 - 6 - 11。

[26]温家宝:《关于发展社会事业和改善民生的几个问题》,《求是》2010(7)。

[27]发展改革委、财政部、人力资源社会保障部:《关于深化收入分配制度改
革的若干意见》。

[28]杨晓玲:《马克思主义经济学本体论研究特征及当代价值》,《教学与研
究》2006(12)。

[29]方敏、赵奎:《解读马克思的工资理论》,《政治经济学评论》2012(7)。

[30]胡靖春:《论马克思工资理论的当代意义》,《海派经济学》Vol. 29,2010。

[31]王生升:《马克思主义经济学的工资理论》,《政治经济学评论》2007 卷
第 1 辑。

[32]石峰:《马克思工资理论的三大历史性贡献及其现实意义》,《时代论丛》
1997(4)。

[33]杨衍江:《马克思的工资理论与我国市场工资机制的完善》,《经济问题
探索》2000(1)。

[34]杨成林、何自力:《重树马克思科学抽象法在经济学研究中的重要地

位——马克思主义经济学和西方主流经济学方法论的比较分析》,《当代经济研究》2011(11)。

[35]郭继强:《马克思工资和失业理论的现代经济学理解》,《教学与研究》2007(5)。

[36]李善明:《略谈马克思工资理论的创立》,《经济理论与经济管理》1983(5)。

[37]朱富强:《马克思经济学的基本分析思维及其实践价值——古典经济学与新古典经济学的研究路线之比较》,《福建论坛》(人文社会科学版)2011(5)。

[38]魏埙:《关于马克思主义经济学与当代西方主流经济学的比较研究——与樊纲同志商榷》,《南开学报》1997(1)。

[39]乔晓楠、王鹏程、王家远:《跨越"中等收入陷阱":经验与对策——一个基于马克思主义经济学的视角》,《政治经济学评论》2012(7)。

[40]李钟谨、陈瀛、齐昊等:《生存工资、超时劳动与中国经济的可持续发展》,《政治经济学评论》2012(7)。

[41]薛欣欣:《我国国有部门与非国有部门工资决定机制差异的实证研究》,《产业经济评论》2008(3)。

[42]关柏春、刘慧:《论马克思的工资、利息范畴创新》,《岭南学刊》2006(4)。

[43]张存刚:《马克思的相对过剩人口理论与凯恩斯就业理论的比较》,《教学与研究》2001(7)。

[44]唐小丁:《工资决定机制的变革》,《财经科学》1997(2)。

[45]魏民:《马克思对市场经济工资运动的系统分析及其现实意义》,《当代财经》1996(9)。

[46]张佑青、刘学敏:《简议马克思早期的工资理论》,《兰州商学院学报》1987(10)。

[47]柳昌清:《相对剩余价值来源于知识的积累和创新》,《中共郑州市委党校学报》2012(1)。

[48]胡钧:《资本的生产过程:相对剩余价值的生产》,《改革与战略》2012(2)。

[49]李志远:《解读马克思关于资本主义工资决定的历史和道德因素》,《马克思主义与现实》2008(3)。

[50]王学力：《当前我国工资收入分配存在的问题及政策建议》，《中国劳动》
2010(10)。

[51]朱荣科：《马克思的经济福利思想》，《求是学刊》1995(3)。

[52]柯阳：《马克思工资理论中直线和曲线的辩证法》，《华东经济管理》1986
(3)。

[53]郭铁民：《马克思工资理论探讨》，《当代经济研究》1999(1)。

[54]程恩富、胡靖春、侯和宏：《论政府在功能收入分配和规模收入分配中的
作用》，《马克思主义研究》2011(6)。

[55]董全瑞：《马克思的收入分配理论及其当代价值》，《海派经济学》Vol.
4,2011。

[56]何炼成：《也谈"分配不公的主要矛盾、根源和解决的途径"》，《经济学动
态》2010(11)》。

[57]苏海南：《调控收入分配需要形成制度合力》，《中国经济导报》2010年6
月29日。

[58]蔡继明：《我国当前分配不公的成因和对策》，《中共中央党校学报》2010
(6)。

[59]朱春燕：《西方主流收入分配理论与马克思收入分配理论比较》，《山东
社会科学》2005(2)。

[60]黄永香：《以社会管理创新推进收入分配改革》，《华东经济管理》2012
(6)。

[61]戴洁、李华燊：《社会正义论视角下我国收入分配问题与对策》，《江苏社
会科学》2012(1)。

[62]贾康：《贫富差距七种成因剖析》，《人民论坛》2011(3)。

[63]蔡丽华：《收入分配不公与社会公平正义探析》，《当代世界与社会主义》
2012(1)。

[64]王卫星、纪成君：《基于收入分配公平视角的工资制度研究》，《南京审计
学院学报》2012(6)。

[65]赵振华：《调整国民收入分配格局的思考》，《理论学刊》2009(10)。

[66]王卫星、丁恒龙、赵东安：《我国现阶段收入分配差距：性质、成因及调
控》，《常州大学学报(社会科学版)》2012(4)。

[67]谷亚光、董全瑞：《马克思的收入分配理论及其当代价值》，《管理学刊》

2011(5)。

[68]王中汝:《论马克思主义收入分配理论在当代中国的创新与发展》,《当代世界与社会主义》2011(3)。

[69]乔榛、杜秋颖:《马克思初次收入分配理论的当代价值》,《当代经济研究》2012(9)。

[70]王中汝:《马克思恩格斯收入分配尺度思想的多维解读和启示》,《中共福建省委党校学报》2011(9)。

[71]龚刚、杨光:《从功能性收入看中国收入分配的不平等》,《中国社会科学》2010(2)。

[72]迟成勇:《评析〈1844年经济学哲学手稿〉中的异化劳动理论》,《广西大学学报(哲学社会科学版)》2007(5)。

[73]于金富:《马克思主义分配理论与我国国民收入分配结构及其调整》,《长春市委党校学报》2011(4)。

[74]财政部财政科学研究所课题组:《影响收入分配关系的五个问题与八点建议》,《经济社会体制比较》2012(2)。

[75]张军、刘晓锋:《工资与劳动生产率的关联——模式与解释》,《哈尔滨工业大学学报(社会科学版)》2012(3)。

[76]覃雪梅:《马克思收入分配理论的现实意义》,《改革与战略》2010(7)。

[77]贾怀东、于宁:《论按劳分配与按劳动力价值分配》,《吉林大学社会科学学报》2000(3)。

[78]邢春冰:《不同所有制企业的工资决定机制考察》,《经济研究》2005(6)。

[79]胡放之:《我国当前工资决定机制研究》,《求实》2006(11)。

[80]吴宣恭:《分配不公的主要矛盾、根源和解决途径》,《经济学动态》2010(11)。

[81]程恩富、胡靖春:《论我国劳动收入份额提升的可能性、迫切性与途径》,《经济学动态》2010(11)。

[82]郭飞:《我国当前个人收入分配的主要问题与对策》,《教学与研究》2010(3)。

[83]赵玉琳:《两种工资理论的借鉴与创新》,《经济纵横》2011(10)。

[84]邵晓、任保平:《就业与工资关系的两种不同理论研究比较研究》,《经济纵横》2009(8)。

[85]宋晶:《工资决定理论:古典经济学与现代经济学的比较》,《财经问题研究》2011(3)。

[86]胡靖春:《新古典工资决定理论的缺陷与马克思工资决定理论的替代性解决》,《经济学研究》2010(3)。

[87]周玉燕:《论西方经济学个人收入分配理论的三次转型及其意义》,《上海交通大学学报(哲学社会科学版)》2005(2)。

[88]赵雪芹、谭黎阳、张建森:《马克思主义经济学与西方经济学分配理论的比较和借鉴》,《学术月刊》2000(11)。

[89]马强、孙建平:《西方收入分配的主要思想理论述评》,《现代管理科学》2011(1)。

[90]张德远:《关于现代西方效率工资理论的评述》,《财经研究》2002(5)。

[91]刘福海、刘秉泉:《行业工资管理体制研究》,《经济研究参考》1999(8)。

[92]易重华:《合作主义语境下我国工资集体协商制度建设》,《中南大学学报(社会科学版)》。

[93]于桂兰、宋冬林:《我国我国劳动力价值实现程度与劳动争议关系的实证研究》,《马克思主义研究》。

[94]杨文芳、方齐:《财政收入、财政支出与居民消费率》,《当代财经》。

[95]刘茜、吴城华:《收入跟不上通胀 工资倍增成焦点》,《南方日报》。

[96]宁光杰:《中国最低工资标准制定和调整依据的实证分析》,《中国人口科学》。

[97]韩兆洲、魏章进:《我国最低工资标准实证研究》,《统计研究》。

[98]龚强:《最低工资制在完全与不完全市场中的影响——一个理论分析框架》,《南开经济研究》。

[100]黄岩、杨方:《最低工资制度的保障性程度分析——以广东省深圳市为例》,《中国人口科学》。

[101]都阳、王美艳:《中国最低工资制度的实施状况及其效果》,《中国社会科学院研究生院学报》。

外文资料类:

[1]Yingyi Qian,Roland,G.,1998,"Federalism and the Soft Budget Constraint",American Economic Review,December 1998,Vol.88,No 5.

［2］Andrew Mason. Will Population Change Sustain the "Asian Economic Mira-cle"［J］. Asian Pacific,1997(10) .

［3］David E. Bloom,Jeffrey G. Williamson. Demographic Transitions and Eco-nomic Miracles in Emerging Asia,The World Bank Economic Review,1998, 12(3).

［4］David E. Bloom,David Canning,Jaypee Sevilla. The Demographic Dividend: A New Perspective on the Eco－nomic Consequences of Population Change. RAND,2002.

网站类：

［1］温家宝:《我们要使人们生活得更有尊严,让每个人都过上更体面的生活》,参见中国广播网 2010 年 12 月 26 日。

［2］人民网财经频道 http://finance. people. com. cn/.

［3］人民网理论频道 http://theory. people. com. cn/GB/index. html.

后　记

本书是在我的博士论文基础上修改而成的。从最初选题到现在成书，期间学习生活的经历一幕幕浮现在我的眼前。

2010 年我硕士毕业，选择继续留在南开攻读博士学位，当时心中充满着对于未来的期待。博士阶段的学习不仅使我在专业领域有了更深的涉猎，我想更重要的是，这三年的学习让我明白了如何做事、以怎样的心态做事，在那期间我曾经矛盾过、遇到困难动摇过，但是最后的结果让我明白空想是做不出成果的，只有坚定信念、踏实去做才能有所进步。这些感触会让我一生受用，感谢三年的学习生活让我的内心得到成长，感谢在我一生的黄金阶段有学业伴我度过。

我很庆幸，我的学生生涯的最后一站是在南开大学马克思主义教育学院度过的。追忆起硕士和博士阶段在南开大学马克思主义教育学院学习生活的点点滴滴，每想到一处地点，脑海中都是温暖的回忆，那是我一生中最值得珍惜的时光和最值得骄傲的回忆，在这里有太多值得我去留恋与感谢的人。

首先最值得留恋和感谢的是我的导师杨晓玲教授，能够成为杨老师的第一名博士生我感到非常的荣幸。杨老师学识渊博，她所进行的学术研究的范围之广泛、见解之深刻为我所敬仰，当论文的写作陷入困境、难以领悟时，都承蒙恩师的耐心启发、认真指导，使我对整个论文的要点和写作方向有了明确的认识，也让我时常有柳暗花明的透彻之感。感谢恩师的谆谆教诲和宽容大度，使我增强了信心而更加努力，老师对待学术的追求和对待生活的态度也将慢慢融入我的脾性之中。

同时也感谢南开大学马克思主义学院马克思主义基本原理教研室的老师们，杨谦老师的严谨和大气、刘娟老师的和蔼和优雅、吴克峰老师的睿智和风趣、赵春玲老师的才情和气质、孙寿涛老师的才智和幽默都给我留下深深的印象，各位导师举手投足之间带给我们的都是教诲，都为我们树立了杰出的治学典范。

感谢邢华彬、魏华、史凤阁、李茗茗，和你们一起在杨老师门下求学，很开心,很幸福!感谢陈希、周琨、高媛媛、王茜、李宗健、王雪超、赵鲁臻等同窗提供的帮助,与你们相遇在美丽的南开园,共度丰富而有趣的学习生活,很快乐,很幸运!

博士论文就像是一扇门。在门的这一端是青青校园和单纯的学生时代,门另一端是社会、工作和新的一段人生。2013年博士毕业后,我回到了家乡,回到了本科时期的母校——聊城大学,成为一名高校教师。面对熟悉的校园、熟悉的老师,让我很快地投入到工作之中。大学时期给予我们谆谆教诲的老师,现在依然对我关怀备至。感谢唐明贵老师对我教学与科研工作的关心、李卫红老师对我生活的关怀,还有政管学院同事们的帮助,都使我在教学与科研的道路上不断前行,继续探索。同时,还要感谢黑龙江人民出版社编辑李珊老师,是她的鼎力相助,拙作才得以在黑龙江人民出版社出版。

最后我要深深地感谢我的父母和亲人。他们赐予我生命,给予我永不枯竭的亲情和关爱,是我前行途中永远的支持和动力。父母参与了我生命中所有的重大决策,在最关键和最困难的时刻,是他们为我的内心注入坚强的力量,是我前进途中永不失去的支柱和归宿。

一路走来有过困难、遇过挫折,但是有这些熟悉的人走入我的生活,让我的生命底色变得真实,变得有温度有色彩。感谢是口头的,行动才能代表一切。在以后的日子里,我将继续深入学习与钻研,以回报所有关心和支持我的人。

2018 年 6 月